THOMAS DARNSTÄDT
Der Richter und sein Opfer

THOMAS DARNSTÄDT

Der Richter und sein Opfer

Wenn die Justiz sich irrt

Piper München Zürich

Mehr über unsere Autoren und Bücher:
www.piper.de

MIX
Papier aus verantwor-
tungsvollen Quellen
FSC® C014496

ISBN 978-3-492-05558-1
© Piper Verlag GmbH, München 2013
Gesetzt aus der Swift
Satz: Kösel, Krugzell
Druck und Bindung: GGP Media GmbH, Pößneck
Printed in Germany

Für Helene,
meine liebste Leserin

Inhalt

ERSTES KAPITEL
Kein Vorwort   11
Der »Badewannenmord von Rottach-Egern« –
Die Justiz: Ein schwerer Fall – Jeder Vierte
unschuldig ins Gefängnis? – Ein Richter klagt an –
Der Autor und seine Gehilfen

ZWEITES KAPITEL
Anatomie eines Irrtums   20
Der Fall Harry Wörz – »Wo waren Sie heute
Nacht?« – Bürgeraufstand in Gräfenhausen –
Plastikhandschuhe überall – Zivilrichter sind
entspannter – Wer hat noch Nerven?

DRITTES KAPITEL
Verdacht   54
Der Fall Kachelmann – Anleitung zum Glücksspiel –
»Wie ein Stück Dreck« – Das Bayes-Theorem – Blut
am Messer – Psycho-Haft für einen Bio-Lehrer

`Zu Protokoll`   85
»Es ist ja alles im Kopf.«
Der Psychologieprofessor Günter Köhnken über
die Wahrheit von Zeugenaussagen

VIERTES KAPITEL
Geständnisse   **94**

Der Fall Rupp – Rollos runter – »Ja, ich hab's
getan« – Der DNA-Trick – Doktorspiele in Franken – Fressen Hunde Menschenfleisch? –
»Wächter des Gesetzes« – Der Perseveranzeffekt

FÜNFTES, SCHWÄRZESTES KAPITEL
Missbrauch   **129**

Der Fall Jenny – »Aus tiefster Seele« – Mehr Wumm
mit Violetta – Guido gibt es nicht – Finger im
Po – Ende einer Familie – Isabell nickt – Ein
Richter entschuldigt sich – »Zurück an den
Absender«

    Zu Protokoll   **168**

    »Faul und phantasielos.«
    Der Strafverteidiger Johann Schwenn über
    falsche Beschuldigungen und manipulierte
    Urteile

SECHSTES KAPITEL
Gutachter   **179**

Der Fall Rohrbach reloaded – Geheimnisse im
Ofenrohr – Spiritus ist überall – »Allet wird jut« –
Das HO-Schema – Der Gorillamasken-Fall –
Überfall mit kleinem »ü« – Die Wahrheit von
Amts wegen

    Zu Protokoll   **217**

    »Ich bin mir hundertprozentig sicher.«
    Der Strafrichter Hans E. Lorenz über seine
    Methode der Wahrheitsfindung

SIEBTES KAPITEL
Beweise 228
Der Mordfall Böhringer – »Falsch, alles falsch!« –
Glas Nummer 6 – I oder nicht I? – Der Fall Monika
Weimar – »Hexe!« – Friede im Taunus – Bruder
gegen Bruder – Der Lügendetektor-Test

Zu Protokoll 266
»Wer die Menschen nicht mag,
versteht nichts.«
Der BGH-Richter Thomas Fischer über die
Wahrheit, überforderte Juristen und Deals mit
der Gerechtigkeit

ACHTES KAPITEL
Ein Deal 282
Das Geheimnis der Seltenen Erden – Ein Acht-
Millionen-Geständnis – »Gute Erlediger« –
»Mir egal« – Versteuert, versichert, verplombt

EIN KAPITEL FÜR SICH
Schuldlos hinter Gittern 291
Der Fall Mollath – Wittenberg in Schutt und
Asche – Ein Sammeltick – Vorhang wieder auf

SCHLUSSKAPITEL
Bilanz 303
Die vier großen Probleme der Justiz – Die sechs
Punkte für ihre Lösung

ANHANG

Verzeichnis der Interviewpartner 347
Personenregister 349

ERSTES KAPITEL

Kein Vorwort

»Ich war's nicht!«

Nichts spricht dafür, dass Manfred Genditzki ein Mörder ist. In der Wohnanlage in Rottach-Egern am Tegernsee, wo er als Hausmeister arbeitete, galt der stille schmächtige Mann als »Kümmerer«. Das ist einer, dem es Spaß macht, unentbehrlich zu sein und mit seinem Talent für Praktisches jedermann im Haus zur Hand zu gehen. Zu der alten Frau K. im ersten Stock war er sogar richtig fürsorglich.

Die ehemalige Geschäftsfrau Lieselotte K., 87, war gehbehindert, schwer krank und einsam. Hausmeister Genditzki kümmerte sich um die alte Dame wie ein Sohn. Er fuhr sie zum Friseur und zum Arzt. Er wusch ihre Wäsche. Er kaufte für sie ein. Er frühstückte mit ihr und hörte es sich geduldig an, wenn die verbitterte Alte über ihre Verwandtschaft schimpfte. Und nachmittags kam er noch mal zum Kaffeetrinken, brachte sogar seine Frau und seine Kinder mit.

100 Euro extra gab Frau K. dem Hausmeister im Monat dafür, dass er Tag und Nacht für sie in Rufbereitschaft war, dazu ein Trinkgeld, wenn er wieder einmal die Tüten für sie geschleppt hatte. Der geduldige Manfred hatte Zugang zu ihren Konten und ihrem Bankschließfach – er musste ihr ja das Bargeld von der Bank holen. Aber regelmäßig ließ sie ihn antreten zum Abrechnen. Jeden Cent. Frau K. vertraute niemandem. Ihr Menschenhass und ihre

diktatorische Art hatten sie immer einsamer werden lassen. Der Hausmeister, ihr »Manfred«, war der Letzte, den sie hatte. Er war es, der ihr Zwieback und Tee ans Bett brachte, wenn es ihr mit ihrem chronischen Durchfall schlecht ging. Genditzki, Jahrgang 1960, war der Letzte, den die Geduld mit der alten, streitsüchtigen Dame nie verlassen hatte.

Am 28. Oktober 2008 gegen 18 Uhr 30 finden Mitarbeiter des Pflegedienstes Frau K. ertrunken in ihrer Badewanne. Das Wasser läuft noch aus dem Hahn. Die Tote ist bekleidet. Der Unterschenkel ihres linken Beins hängt aus der Wanne.

Monatelang versuchen Ermittler vergeblich herauszubekommen, was an diesem 28. Oktober in der Wohnung mit Frau K. passiert ist. Es bleibt rätselhaft. Es gibt keine klaren Beweise für eine Gewalttat, aber auch keine Anhaltspunkte für einen Unfall. Gerichtsmediziner finden Hämatome unter der Kopfhaut, die könnten von einem Schlag herrühren – oder von einem Sturz. Es gibt keinen Hinweis, warum jemand die alte Dame geschlagen oder gar getötet haben sollte, nichts fehlt in der Wohnung. Es gibt auch keine Anhaltspunkte dafür, dass jemand Fremdes bei Frau K. gewesen ist. Außer ihrem Manfred natürlich, wie immer. Der hatte nachmittags mit ihr Kaffee getrunken. Als er ging, hatte er den Reserve-Wohnungsschlüssel in der Tür von außen stecken lassen, damit, so sagt er, der Pflegedienst hineinkonnte, auch wenn Frau K. eingeschlafen sein sollte.

Nach monatelanger, vergeblicher Spurensuche lässt die Staatsanwaltschaft Manfred Genditzki wegen Verdachts des Mordes an Lieselotte K. verhaften. Alles, was die Ermittler gegen ihn in der Hand haben: dass niemand bekannt ist, der nach ihm die Tote lebend gesehen haben könnte. Und dass es keine andere Erklärung für ihren Tod gibt als einen Mord durch seine Hand.

»Ich war's nicht«, sagt Genditzki. Doch sie stellen ihn vor Gericht, und das Landgericht München II verurteilt ihn wegen Mordes zu lebenslanger Haft.

»Ich war's nicht«, insistiert Genditzki, und bald wird sein Fall immer prominenter. Die Gerichtsreporter großer Zeitungen und Magazine machen den stillen Hausmeister im ganzen Land bekannt. Ein klarer Fall von Fehlurteil? Kann es sein, dass ein Mensch als Mörder verurteilt wird, für dessen Tat es keinen einzigen Beweis gibt, ja nicht einmal einen Beweis dafür, dass überhaupt eine Straftat geschehen ist? Kann man jemanden als Täter verurteilen, einfach weil man keinen anderen hat?

Der Fall Genditzki ist offen. Wenn dieses Buch seine Leser erreicht, kämpft der Mann aus seiner Gefängniszelle heraus noch immer – mit schwindender Erfolgsaussicht – gegen den Schuldspruch. Und natürlich kann niemand außer ihm selbst sagen, ob der Hausmeister nicht vielleicht doch ein Mörder ist. Aber nicht nur für viele Zeitungsleser, sondern ebenso für eine steigende Zahl von Juristen ist der Fall zum Prüfstein für die Glaubwürdigkeit der deutschen Strafjustiz geworden. Die Verunsicherung ist groß. Haben sich Polizisten, Ermittler, Staatsanwälte, Richter vergaloppiert?

Was sind die Standards der Wahrheitsfindung vor Gericht? Verfügt die Justiz über hinreichende Kontrollmechanismen, um grobe Fehler zu erkennen und zu reparieren? Wie können wir sicher sein, dass nicht Unschuldige zwischen die Mahlsteine der Justizmühlen geraten und darin zerrieben werden? Was passiert, wenn es morgen den Nachbarn trifft, dem wir immer vertraut haben wie die Leute am Tegernsee dem Manfred Genditzki?

Was passiert – wenn es uns selbst trifft?

Dass einer schreit: »Ich war's nicht!« – und keiner glaubt ihm, das kommt häufig vor. Gut 3000 Strafurteile werden jeden Werktag vor deutschen Gerichten verkündet, und viele Täter beteuern auch danach noch ihre Unschuld.

Doch wie häufig kommt es vor, dass einer schreit »Ich war's nicht!« – und er hat recht?

Es gebe keinen Grund zur Beunruhigung, versichern Strafrichter, Staatsanwälte, sogar die meisten Strafverteidiger. Die Justiz irre sich nie, jedenfalls fast nie. Und wenn doch, dann merke es die nächste Instanz. Die Zahl der bekannt gewordenen Justizirrtümer wird in keiner amtlichen Statistik ausgewiesen. Wie verschwindend gering sie sei, wird häufig damit belegt, dass es nur wenige Wiederaufnahmeverfahren gibt. So verzeichnet die Statistik für das Jahr 2010 nur 1176 Fälle, in denen Strafgerichte sich nach der rechtskräftigen Verurteilung eines Täters mit neu aufgetauchten Zweifeln an der Wahrheit des Schuldspruchs auseinandersetzen mussten. 1176 von mehr als 800 000 im Jahr: Das ist eine verschwindend geringe Zahl. Ist sie zu vernachlässigen?

Die Arbeit eines Richters ist ähnlich verantwortungsvoll und gefährlich wie die eines Arztes. Nun stelle man sich ein Krankenhaus vor, in dem von 1000 Patienten im Jahr nur einem einzigen der falsche Lungenflügel amputiert oder das falsche Organ transplantiert wird. Wer würde sich freiwillig in so ein Krankenhaus begeben? Doch die Zahl der Menschen, deren Leben irrtümlich oder leichtfertig durch die Justiz ruiniert wurde, ist sehr viel größer.

Wie groß sie ist, hat erst kürzlich ein Richter enthüllt. Ralf Eschelbach, als Richter am Bundesgerichtshof einer der mächtigsten und erfahrensten Juristen Deutschlands, fällt über die Justiz ein vernichtendes Urteil. Es sei die »Lebenslüge« der Justiz, schreibt der Mann, der seit 1988 als Richter arbeitet, dass es »kaum falsche Strafurteile gebe«. Nach Eschelbachs Schätzung ist jedes vierte Strafurteil ein Fehlurteil.

Seinen Alarmruf verbreitete der hohe Richter 2011 in einem Kommentar zur Strafprozessordnung: Das Justizsystem »deckt Entscheidungen, die mit überwiegender Wahrscheinlichkeit falsch sind«. Kontrollen und Rechtsmittel würden in einem Maße versagen, das »in einem Rechtsstaat inakzeptabel« sei. In Wiederaufnahmeverfahren würden alle Zweifel »systematisch abgeblockt«, die Kollegen erzeugten zu Unrecht den Eindruck der Unfehlbarkeit: »Die tatrichterliche Überzeugung von der Richtigkeit eigener Urteile ist eine gefährliche Selbsttäuschung.«

Doch niemand, empört sich Eschelbach, gebe diesen Justizskandal zu: »Die Furcht des Gesetzgebers und der Rechtsprechung vor den Konsequenzen, die sich daraus ergeben könnten, verhindert die Verbesserung der Lage.«

Es spricht für die Justiz, dass sie einen Kritiker dieses Kalibers in eines der höchsten Richterämter befördert. Es spricht gegen sie, dass sie seinen Alarmruf sorgfältig überhört. So offene Kritik an prominenter Stelle ist unter Juristen ungewöhnlich. Doch niemand in der Branche hat den Vorstoß offen zur Kenntnis genommen. Eschelbachs Texte werden wie Kassiber zu den Akten genommen – dann mahlt das große Mühlwerk der Justizmaschine ungerührt weiter, als wäre nichts passiert. Jedes vierte Urteil ein Irrtum – ach, der Eschelbach!

Wenn der Mann recht hat, werden jeden Werktag in Deutschland 650 Menschen zu Unrecht wegen einer Straftat verurteilt. Wenn er recht hat, müssen 10 000 Menschen pro Jahr unschuldig hinter deutsche Gitter. Aber hat er recht?

Es kann jeden treffen

Tatsächlich ist die Öffentlichkeit gerade in den letzten Jahren verunsichert durch eine ganze Reihe spektakulärer Justizirrtümer in Deutschland. Dieses Buch berichtet nicht nur über die Opfer und ihre Richter – es analysiert auch, wie es zu den groben Fehlleistungen gekommen ist, die oft genug harmlose Menschen für den Rest ihres Lebens ruiniert haben. Viele der Opfer erzählen die gleiche Geschichte: Wie sie völlig überraschend und völlig wehrlos mit ungeheuerlichen Vorwürfen konfrontiert den einzigen tröstenden Gedanken hatten: »Das ist ein Irrtum, das klärt sich alles auf.«

Nichts klärt sich von selbst auf. Es waren meist Zufälle, die in den hier berichteten Fällen oft erst nach Jahren Irrtum und Wahrheit ans Licht brachten. Doch selbst dann mussten viele erleben, wie die Justiz all ihre Macht einsetzte, um die eigenen Fehler zu vertuschen und den Opfern ihre Rehabilitation vorzuenthalten. In einigen Fällen drängt sich der Verdacht auf, der Irrtum sei gar kein Irrtum gewesen, sondern Ergebnis einer vorsätzlichen Intrige. »Es wird die Gefahr übersehen, wie einfach und gebräuchlich es ist, unerwünschte Personen im Wege des Strafverfahrens aus dem Verkehr zu ziehen«, warnt BGH-Richter Eschelbach.

Viel spricht dafür, so zeigt die Analyse, dass Eschelbachs Befürchtungen stimmen. Muss man Angst haben vor der Justiz? Es ist das bange Gefühl, das jeden Leser des meisterhaften Albtraumschilderers Franz Kafka überkommt, wenn er den ersten Satz seines weltberühmten Romans *Der Prozess* gelesen hat: »Jemand musste Josef K. verleumdet haben, denn ohne dass er etwas Böses getan hätte, wurde er eines Morgens verhaftet.«

Josef K. wird im Roman nie wieder glücklich nach diesem ersten Satz. Und mit Kafka verbindet sich die Urangst, die viele Menschen verfolgt: dass es ihnen genau so gehen könnte, dass sie Opfer eines Irrtums, einer Intrige gar werden könnten, und niemand, niemand sie schreien hört: »Ich war's nicht!« Es ist der mit Justizopfern erfahrene Kölner Anwalt Ralf Höcker, der bestätigt: »Letztendlich kann es jeden treffen.«

Dieses Buch berichtet über die Mechanismen, nach denen Justizirrtümer entstehen: vom ersten Verdacht über die Verhaftung, den Prozess, die erfolglose Revision, die Rechtskraft des Schuldurteils, die Versuche, im Verfahren der Wiederaufnahme doch noch die Unschuld beweisen zu können. Es lohnt sich, genau hinzusehen, wie die Polizei- und Justizmaschine ihre Schlinge um die Opfer immer weiter zuzieht, wie Polizisten, Staatsanwälte und Richter mit oft leichtfertigen Beschuldigungen und halsbrecherischer Beweisführung Menschen erwürgen – und niemand ihnen in den Arm fällt. Es ist dem dringenden Verdacht nachzugehen, dass Justizirrtümer keine Fehler im Einzelfall sind, sondern dass in der Maschinerie der Gerechtigkeitsbranche etwas nicht stimmt. Ist die Strafjustiz eine Fehlkonstruktion? Einige Indizien, so wird sich zeigen, sprechen dafür.

Das Mahlwerk der Justizmaschine steht nie still. Gründliche Inspektionen sind nur bei laufendem Betrieb möglich. Täglich liefert der Apparat neue Resultate seiner Arbeit, wir kommen mit der Analyse kaum hinterher. Während dieses Buch entstand, ging auch der Fall des Hausmeisters Genditzki seinen Weg durch die Justiz, mit immer neuen Wendungen und immer neuen Enttäuschungen. Wir werden ihn im Auge und den Leser zum Aktenzeichen 1Ks 31 Js 40341/08 auf dem Laufenden halten.

Das wird Ärger geben. Richterschelte gilt als gemein. Ist es nicht ungerecht, den Arbeitern im Weinberg der Gerechtigkeit, die Tag für Tag unter Zeitdruck und Ungewissheit weitreichende Entscheidungen treffen müssen, so hartnäckig hinterherzurecherchieren? Sind Ermittlungen gegen die Wahrer der Gerechtigkeit nicht sogar ein Eingriff in deren verfassungsrechtlich verbürgte Unabhängigkeit? Ist es nicht eine Anmaßung, sich ein Urteil über ein Urteil zu erlauben, das die Richter nach oft monatelanger Auseinandersetzung mit komplizierten Lebenssachverhalten und den psychologischen Hintergründen der Beteiligten nach gründlicher Beratung mit den Kollegen der Kammer gefällt haben?

Ihre Unabhängigkeit enthebt die Richter nicht der Verpflichtung zu ordentlicher Arbeit. Und der einzig legitime Beleg für die Qualität der Arbeit eines Richters ist sein Urteil. Es ist in der Hand des Richters, überzeugende Begründungen für seine Urteile abzugeben. Nur begründete Urteile sind rechtsstaatliche Urteile. Und nur Begründungen, die ein Urteil wirklich tragen, sind rechtsstaatliche Begründungen.

Dass jeder diese Begründungen lesen kann, ist Voraussetzung dafür, dass Urteile »im Namen des Volkes« ergehen. Das Volk – nicht nur das im Gerichtssaal – darf die Richter an ihren Begründungen messen. Und nur Begründungen, die jeder – und nicht nur ein Eingeweihter – verstehen kann, wenn er sich ein bisschen bemüht, können wir gelten lassen.

Der erste Griff im Zweifel über die Justiz muss also der Griff nach den Urteilen sein. Die Analyse der Texte, die Rekonstruktion ihrer Entstehung ist die Grundlage jeder kritischen Untersuchung. Oft genug reicht das schon, um zu entdecken, dass es mit der Gerechtigkeit ist wie mit des Kaisers neuen Kleidern: Der Kaiser ist nackt, es darf nur keiner sagen.

Doch Akten sind nicht alles: Viele Richter und Betroffene haben in großer Offenheit über ihre Erfahrungen und Bedenken Auskunft gegeben. Nur in einem Fall hat die Justiz geblockt und dem Autor den Zugang zu einem inhaftierten Verurteilten gegen dessen Wunsch verboten. Das war, man muss es sagen, die Justiz mit den meisten spektakulären Fehlleistungen: die bayerische.

Die großen Mengen an Akten, Material und Informationen und die vielen Einsichten, die in diesem Buch verarbeitet sind, wären nie zusammengekommen, hätte der Autor nicht kollegiale und oft genug freundschaftliche Unterstützung für das Projekt von vielen gehabt, die manches besser wussten als er. Dazu gehören neben namenlosen Richtern und Staatsanwälten die Kollegen von *Spiegel*, *Spiegel Online* und *Spiegel* TV, insbesondere Gisela Friedrichsen, Thomas Heise, Dietmar Hipp, Bertolt Hunger, Beate Lakotta und Utta Seidenspinner. Zu chemischen Spezialitäten hat mich Dr. Hans-Willhelm Meyer, Hamburg, beraten, zu wissenschaftstheoretischen Feinheiten Professor Dr. Helmut Rüßmann, Saarbrücken. Die Interviewtexte hat Margareta Hüttenberger betreut. Nur was die Fehler betrifft, die sich vielleicht auch in diesem Buch finden, gilt ganz klar: Ich war's.

ZWEITES KAPITEL

Anatomie eines Irrtums

»Ich will mein Leben zurück«

Nicht die Wahrheit ist gefährlich, sondern die Suche danach. Inquisition – mit diesem Wort verbinden sich dunkle Berichte über die Endzeit des Mittelalters, in der die wütende Suche nach der göttlichen Wahrheit Menschen mit Feuer und Folter vernichtete. Inquisition, die Jagd nach der Wahrheit mit aller Macht, kann auch heute, im Zenit der Neuzeit, Leben vernichten. Ein Mensch, der heimgesucht wird von bewaffneten, zu allem entschlossenen Wahrheitssuchern, muss ihre Fragen beantworten können, glaubwürdig, überzeugend. Wehe ihm, wenn nicht.

Harry Wörz, damals 30, konnte es nicht. Dabei war die Frage ganz einfach: »Wo waren Sie heute Nacht?«

Na, in meinem Bett.

»Haben Sie dafür Zeugen?«

Der Bauzeichner Harry Wörz lebte und schlief damals allein. In Gräfenhausen, gleich bei Pforzheim in Baden-Württemberg, wohnte er nach der Trennung von seiner Frau Andrea unterm Dach im Haus seines Vaters. Morgens musste er früh raus, mit dem Auto erst einen Arbeitskollegen abholen, dann gemeinsam zur Frühschicht in das Metallschienenwerk in Höfen, da hatte er einen Job. An jenem Apriltag 1997 hatte er mit seinem Passat noch den Oldtimer seines Freundes Guido nach Pforzheim in die Garage geschleppt und war dann nach Hause gefahren.

Sein Auto – das war einer der Fehler, die er später bereuen musste – hatte er nicht vor seiner Haustür abgestellt, sondern 200 Meter entfernt in der Kettelsbachstraße, auf einer Kuppe, wo die Straße in ein Gefälle überging. So konnte er in der Kälte am nächsten Morgen einfach losrollen, falls der Passat – wie gelegentlich – Startprobleme haben sollte.

Doch dazu ist es nicht mehr gekommen. Die Probleme, die Harry Wörz in dieser Nacht bekam, waren sehr viel schwerer. Sie sollten ihn für Jahre hindern, wieder am Steuer seines Autos zu sitzen.

Der Anruf kam im Morgengrauen. Um 5 Uhr 12 zeichnet die Mailbox von Wörz' Telefon die Stimme des Kriminalhauptkommissars Maischein auf: Er möge »in einer seine Ehefrau betreffenden Angelegenheit« zurückrufen. Ein Anruf von der Polizei – für Wörz nichts Alarmierendes, Kontakt zur Polizei hatte er sehr lange sehr direkt. Andrea, seine Ex, war ja selber Polizistin, deren Vater, sein ehemaliger Schwiegervater Wolfgang, gehörte auch zur Firma, und um die Sache komplett zu machen: Thomas H., der Neue von Andrea, war ebenfalls dabei, war sogar der Ausbilder der Streifenpolizistin gewesen, die einmal Harrys Frau gewesen war, der Mutter seines Sohnes Kai. Eine große Familie ist die Polizei in Pforzheim – nur Harry, der Bauzeichner, gehörte nicht dazu, und sollte es auch nicht. War nicht Wolfgang Z., der Polizistenvater der Polizistentochter, schon immer gegen eine Ehe mit diesem Verlierer-Typen gewesen? Der ist nix für eine toughe Polizistin, die von ihrem Vater trainiert bei Polizeisportwettbewerben einen Pokal nach dem anderen holt. An diesem Morgen auf dem Anrufbeantworter ist Andrea eben immer noch seine »Ehefrau«. Doch: Warum rufen sie um diese Zeit an? »Soll das ein Witz sein?«, fragt Wörz, als er zurückruft. Kein Witz, ein Blick aus dem Fenster hätte ihn leicht überzeugen können. Das Haus war umstellt von bewaffneten Uniformierten. Alles Andreas Kollegen.

Wörz hat noch Nerven genug, seinen Kollegen Jochen anzurufen, dass aus der gemeinsamen Fahrt zur Arbeit heute nichts wird. Dann zieht er sich an und begibt sich vors Haus in die Hände der Staatsgewalt. Der Mann, so verzeichnet später der Polizeibericht, »ließ sich um 5 Uhr 25 durch die vor dem Anwesen wartenden Polizeibeamten widerstandslos festnehmen«. Der Vorwurf lässt den Festgenommenen zusammenklappen: versuchter Mord an der Polizeibeamtin Andrea Z.

»Wo waren Sie heute Nacht?«

Na, in meinem Bett.

»Haben Sie dafür Zeugen?«

Die Suche nach Wahrheit endet im Rechtsstaat mit einem Strafurteil. Und wenn das Urteil rechtskräftig ist, alle Möglichkeiten legalen Widerspruchs verbraucht sind oder sich als unzulässig erwiesen haben, dann ist das Ziel erreicht – die Wahrheit. Es ist eine Wahrheit, die wie einst die göttliche allen irdischen Wahrheiten weit überlegen ist. Denn was Menschen, die keine Strafrichter sind, für wahr halten, ist zu widerlegen. Selbst was Naturwissenschaftler für wahr erkannt haben, gilt nur, bis jemand es widerlegt. Wenn einer nicht beweisen kann, dass er in der Nacht zum 29. April 1997 in seinem Bett geschlafen hat, dann wird die Wahrheit »im Namen des Volkes« rechtskräftig für ihn festgesetzt. Diese Wahrheit ist wie ein Würgeeisen. Sie erstickt jeden Widerspruch: »Unzulässig!«

Was geht in einem Menschen vor, der als Einziger sicher weiß, dass er die Nacht zum 29. April 1997 schlafend in seinem Bett im Dachgeschoss in Gräfenhausen verbracht hat, wenn er die Wahrheit erfährt, die nach langem Prozess »im Namen des Volkes« das Landgericht Karlsruhe rechtskräftig über ihn verhängt hat?

»Etwa um 2.00 Uhr am 29.04.1997 verließ der Angeklagte seine Wohnung, begab sich zu Fuß zu seinem … Pkw und fuhr zu dem etwa 3,5 km entfernten Wohnviertel in Birkenfeld, in dem das von Andrea Z. bewohnte Anwesen liegt ... Er führte eine weiße Plastiktüte im Format ca. 20 mal 30 cm bei sich. In dieser Plastiktüte befanden sich neben einem olivfarbenen Dreieckshalstuch und einem weiteren baumwollenen, olivfarbenen rechteckigen 520 mm mal 480 mm großen Taschentuch ein Latexeinweghandschuh und zwei Vinyleinweghandschuhe sowie eine Zigarettenschachtel der Marke ›Marlboro‹ (rot) und eine Zigarettenschachtel der Marke ›Marlboro-Lights‹ (weiß). Die ›weiße‹ Marlboro-Lights-Schachtel enthielt sieben durchsichtige, verschweißte Plastiktütchen mit jeweils 1 g Amphetamin. In der ›roten‹ Marlboro-Schachtel befanden sich 3 aufgeschnittene, mit braunem Klebeband an der Schnittstelle wieder zugeklebte Folienbeutelchen ohne Inhalt.«

Nein! Ich habe geschlafen, ich weiß nichts von Marlboro-Schachteln, ich habe nichts mit Rauschgift am Hut: Immer wieder beteuert Wörz das. Es hilft nichts. Man unterbricht das Gericht nicht.

Weiter: »... begab er sich zu der zur im Souterrain des Einfamilienhauses gelegenen Einliegerwohnung führenden Eingangstür. Mit einem in seinem Besitz befindlichen Schlüssel schloss er die Eingangstür zur Einliegerwohnung auf, betrat das Haus, zog die Eingangstür ins Schloss und verschloss sie wieder mit dem Schlüssel. Ohne Licht zu machen, stieg er sodann die vom Souterrain/Kellerbereich in das Erdgeschoss des Hauses führende Treppe hinauf, stellte die von ihm mitgeführte Plastiktüte ... ab, öffnete die unverschlossene, zur Erdgeschosswohnung führende Tür und gelangte so in den Wohnungsflur der Erdgeschosswohnung. Nachdem er die Tür zur Kellertreppe wieder geschlossen hatte, wandte er sich nach links und betrat durch die vom Wohnungsflur abgehende Tür das zum Garten hin gelegene Schlafzimmer, in dem Andrea Z. auf der der Schlafzimmertür zugewandten Hälfte des dort befindlichen Doppelbetts lag und schlief. Welches Geschehen sich nun genau im Schlafzimmer abspielte, konnte nicht festgestellt werden. Fest steht aber, dass Andrea Z. aus dem Schlaf erwachte, die Nachttischlampe einschaltete und den in ihrem Schlafzimmer befindlichen Angeklagten erkannte. Zwischen ihr und dem Angeklagten kam es zu einer verbalen Auseinandersetzung.«

Wie kann, mag sich Harry Wörz gefragt haben, Andrea mich erkannt haben, wenn ich gar nicht da war? »Es steht fest«, sagt das Gericht. Und damit steht es fest. Schließlich ist ein Nachbar, der bei offenem Fenster schlief, sogar aufgewacht von dem Streit im Haus von Andrea Z. Seine Digitaluhr hatte 2 Uhr 16 gezeigt, und die ging genau. Und mit Hörversuchen haben Polizeisachverständige später überprüft, ob die Stimmen durch die gekippte Terrassentür von Andreas Schlafzimmer wirklich bis zum Bett des Nachbarn dringen konnten. Eine Stimme: »Ich bring' dich um, ich schlag' dich tot. Mit mir kannst du das nicht machen!« Harrys Stimme? Eine Männerstimme. Jedenfalls war es eindeutig Andrea, die mit »weinerlicher Stimme« (so der Nachbar) antwortete: »Was willst du denn von mir? Ich hab' dir doch nichts getan! Mach' mir doch nichts!«

Das Gericht: »Der Angeklagte, der jedenfalls jetzt an seinen Händen Einweghandschuhe aus Vinylmaterial trug oder diese anzog, entschloss sich zwischen 2.16 Uhr und 2.31 Uhr, seine Ehefrau Andrea Z. zu töten. Er ergriff einen in der Wohnung von Andrea Z. ... aufbewahrten Wollschal, trat auf Andrea Z. zu ... und schlang den Wollschal einmal fest um ihren Hals. Sodann überkreuzte er die beiden Enden des Wollschals, die er jeweils mit einer Hand festhielt, im Bereich unterhalb des rechten Ohres von Andrea Z., und zog die so überkreuzten, möglicherweise auch verdrillten Enden des Schals mit aller Gewalt zusammen. Andrea Z., der die Luftzufuhr abgeschnitten wurde, versuchte, sich gegen den Drosselungsangriff zu wehren. Dies gelang ihr nicht. Der Angeklagte setzte die Drosselung mit aller Kraft fort ... Schließlich verlor Andrea aufgrund des Sauerstoffmangels das Bewusstsein. Der Angeklagte verbrachte seine Ehefrau während des ca. 3 bis 5 Minuten andauernden Drosselungsangriffs aus dem Schlafzimmer in den Wohnungsflur der Erdgeschosswohnung, wo Andrea Z. schließlich unmittelbar vor der Tür zum Abgang in das Untergeschoss zu liegen kam. Der Eintritt des Erstickungstodes, von dem der Angeklagte ausging, wurde allein durch das Eingreifen des Vaters von Andrea Z., Wolfgang Z., verhindert. Wolfgang Z. war nämlich in seinem Bett im Schlafzimmer der Souterrain-Wohnung aufgrund der durch das Tatgeschehen in der Erdgeschosswohnung verursachten ›Rumpel-Geräusche‹ aus dem Schlaf erwacht und hatte sich durch einen Blick auf die Armbanduhr davon überzeugt, dass es exakt 2.34 Uhr war ... Der Angeklagte ... verließ das Haus durch die nicht abgeschlossene Haupteingangstür der Erdgeschosswohnung, lief unbemerkt zu seinem in der Nähe des Anwesens abgestellten Pkw und fuhr mit diesem nach Birkenfeld-Gräfenhausen zurück. Dort stellte er seinen Pkw wieder auf der Kuppe in der Kettelsbachstraße ab, lief zu dem etwa 200 m entfernten Anwesen seines Vaters und begab sich in seine Dachgeschosswohnung, die er vor 2.55 Uhr erreichte und bis zu seiner Festnahme um 5.25 Uhr nicht mehr verließ.«

Das Opfer rang im Krankenhaus noch immer mit dem Tod: »Aufgrund der mit dem Drosselungsvorgang verbundenen Unterbrechung sowohl der Blutzufuhr als auch der Sauerstoffversorgung zum Gehirn erlitt Andrea Z. eine ausgeprägte diffuse ... Hirnschädigung. Im Wesentlichen blieben lediglich ihre vegetativen Hirnfunktionen, namentlich der Atemantrieb sowie die Körpertemperatur- und Kreislaufregulation erhalten. Schwerste Ausfallerscheinungen betreffen vor allem die Wahrnehmung, den sprachlichen Ausdruck sowie Planung und Ausführung von Handlungsabläufen.« So stellt es das Urteil fest.

Eine schlimme Geschichte. Kaum einem »Tatort«-Krimi würde es gelingen, den Mordversuch an der Polizistin Andrea so hautnah zu schildern, wie es die Strafkammer des Karlsruher Landgerichts fertiggebracht hat. Doch beim Fernsehen kämen die Richter mit ihrer Geschichte mit Sicherheit nicht an. Das Drehbuch würde als völlig unglaubwürdig zurückgewiesen. Was ist denn das für ein Quatsch? Warum hätte Wörz seiner Ex das antun sollen? Mit Andrea Z. verband den Bauzeichner nur noch ein gepflegtes Nichtverhältnis, beide hatten neue Liebschaften, nur gelegentlich gab es Rangeleien um die Frage, ob Sohn Kai auch einmal über Nacht bei seinem Vater bleiben darf. Und dann diese Plastiktüte samt genau geschildertem Inhalt: Die hat doch mit der Tat gar nichts zu tun. Warum trug Wörz sie mit sich herum? Und warum brachte er diese Tüte zu Andrea mit? Und dann diese Mordhandschuhe: Wer zieht sich denn, wenn er aus Wut und ungeplant seinen Expartner würgen will, erst mühsam Handschuhe an?

Die Richter, die über Harry Wörz zu befinden hatten, konnten sich auch keinen Reim darauf machen. Besonders die Frage nach dem Motiv für die Untat, räumten sie ein, fände keine Antwort. Weil es einerseits »fest«-stand, dass Wörz es war, andererseits die Geschichte nicht so recht logisch war, schlossen die Juristen mit der Wahrheit einen kleinen Kompromiss: Sie verurteilten den Angeklagten nicht wegen Mordversuchs, sondern nur wegen versuchten Totschlags. Mord ist rechtlich gesehen ein »qualifizierter« Totschlag und wird darum in der Regel auch mit lebenslanger Haft bestraft. Doch in welcher ein-

schlägigen Weise das Verbrechen zu qualifizieren war –
niedere Beweggründe, Befriedigung der Sexualgier, Versuch, ein anderes Verbrechen zu vertuschen –, konnten
die Richter nicht sagen. Die halbe Wahrheit reichte für die
Verurteilung zu elf Jahren Gefängnis.

Es dauerte nicht elf, es dauerte 13 $^1/_2$ Jahre, bis die Justiz
endlich akzeptierte, was Wörz »bei Gott« geschworen,
geschrien, gefleht hatte: Er war's nicht. Erst 2010 wurde
durch ein Urteil des Bundesgerichtshofs im Wiederaufnahmeverfahren eine neue Wahrheit rechtskräftig: Freispruch.

13 $^1/_2$ Jahre unter dem Bann einer Wahrheit, aus der es
offenbar kein Entrinnen gab, vier Jahre davon hinter Gittern: Für Harry Wörz, mittlerweile 44, war das zu viel.
Ein kleiner, scheuer Typ mit tief liegenden Augen, der
langsam spricht und langsam denkt – er hat sich zurück-
gezogen, man soll ihn in Ruhe lassen. »Man hat mir alles
gestohlen, alles, nicht nur meinen Sohn, Eltern, Verwandte, Bekannte«, sagt er verbittert in einem SWR-Film.
Kai, nun bald volljährig, hat er seit Jahren nicht mehr gesehen. Rund 42 000 Euro Haftentschädigung für 1500 Tage
im Gefängnis erhielt er, doch was bringt das schon?
Allein seine Schulden bei Rechtsanwälten betragen mehr
als 200 000 Euro. Um jeden Euro Schadensersatz für Ver-
dienstausfall, Arztrechnungen, für ein zerstörtes Leben
müssen seine Anwälte mit der Justiz ringen. Und Geld verdienen kann Wörz nach dieser Tortur vorerst nicht mehr.
Er ist krankgeschrieben. Er hat psychisch die Wahrheitssuche nicht durchgestanden, ist zwischendurch zusammengebrochen, braucht seitdem psychologische Hilfe: De-
pression. »Ich will mein Leben zurück«, sagt Wörz, »kein
Mensch kann sich vorstellen, wie's mir geht.«

»Wie eine Herde Elefanten«

Was lief falsch im Fall Harry Wörz?

Alles.

Der Fall Harry Wörz ist ein Super-GAU in der bundesdeutschen Justizgeschichte. Das Rechtssystem Deutschlands, einer der größten und reichsten Industrienationen der Welt, des Landes mit der weltweit größten Richterdichte, hat nicht nur irrtümlich das Leben eines Menschen ruiniert, es ist einfach durchgebrannt. Es sind nur wenige Fälle bekannt geworden, in denen der große Apparat, die Menschenmühle der Strafjustiz, so fehlerhaft gearbeitet hat, ohne dass auch nur eine einzige Sicherung herausgeflogen wäre. Der Fall Wörz war für die Justiz ein Stresstest: Wie viel Unfug kann die große Wahrheitsmaschine schlucken, ohne dass sie »Error« meldet? Das Testergebnis ist eindeutig: durchgefallen.

Ohne den Mut Einzelner, die sich gegen das Mahlwerk der Maschine gestemmt haben, würde Wörz noch heute um die Wahrheit betteln. Am Beispiel des Justizopfers Wörz lässt sich der fatale Mechanismus genau studieren. Vom ersten Polizeinotruf bis zum letztinstanzlichen Urteil offenbart der Fall, wie die Justiz ihre Wahrheiten findet – und was dabei alles schieflaufen kann.

Erstens: Die Ermittlungen

Der erste Ermittler am Tatort war für die Suche nach der Wahrheit genau der falsche Mann. Wolfgang Z., angesehener und erfahrener Beamter bei der Polizeidirektion Pforzheim, war nicht nur der Kollege, sondern auch der Vater der jungen Frau im rosa T-Shirt, die nun, den Unterleib entblößt, halb tot auf dem Boden ihrer Erdgeschosswohnung lag. Vater Z. war schon seit dem Vortag im Haus der Tochter, der 28. April war sein 49. Geburtstag. Er war zum Gratulieren nachmittags zu Andrea nach Birkenfeld gekommen. Sie hatte ihn mit einem selbst gebackenen Kuchen überrascht, er sich gerührt mit einem 100-Mark-Schein bedankt. Es wurde ein netter Abend mit der Tochter und dem Enkel Kai, damals zwei Jahre alt. Wie häufig verzog sich Kais Großvater dann nach unten, um in der Einliegerwohnung zu übernachten – das ganze Haus war ja irgendwie seins, er hatte es der Tochter gekauft, als Belohnung sozusagen dafür, dass sie sich endlich von »diesem Wörz« getrennt hatte, von dem der Schwiegervater nur zu sagen wusste: »Keine Arbeit, kein Geld, nur der Rocker-Club.« Ja, Harry war ein begeisterter Motorradfahrer, Mitglied im »Whitebirds«-Club. Seine Begeisterung für die schnellen Maschinen hatte ihn zwei Fingerglieder gekostet, die ihm nach einem Unfall amputiert werden mussten. Weil er häufig Schmerzen an den Stümpfen spürte, zog er regelmäßig Plastikhandschuhe zum Arbeiten an.

Plastikhandschuhe. Man kann sich kaum dagegen wehren, schnelle Schlüsse zu ziehen und Harry Wörz unter Verdacht für die Mordgeschichte zu stellen. Wir werden sehen.

Kurz nach halb drei eilt der Vater, vom Gerumpel über ihm geweckt, die Kellertreppe hinauf, kann die Tür zur Erdgeschosswohnung nur mühsam gegen den Körper seiner dahinter am Boden liegenden Tochter aufdrücken, findet sein Kind leblos, knüpft den Schal auf, versucht mit Wiederbelebungsversuchen vergeblich, ihren Atem zurückzuholen. Dann erwacht der Polizist in ihm. Z. ruft die Notrufzentrale der Polizeidirektion Pforzheim an, seine Jungs, ordert erst einen Notarzt, dann verkündet er den Kollegen gleich sein erstes Ermittlungsergebnis: Keine Einbruchspuren, offenbar Beziehungstat, als Täter kommen nur zwei Männer in Betracht: der Kollege Thomas H., Ausbilder und Geliebter von Andrea, und natürlich Harry

Wörz. Die Kollegen spuren schnell. Schon kurz vor drei sind die Häuser von Thomas H. und Wörz umstellt.

Der Rest ist eigentlich Routine. Thomas H., von den Ermittlern kollegialiter im Morgengrauen aus dem Bett geholt, reagiert auf die schlimme Nachricht vom Überfall auf seine Geliebte hochprofessionell. Fragt nicht entsetzt: Oh Gott! Wie geht's ihr? Sondern erklärt: »Ich war die ganze Nacht zu Hause.« Zeugen? Ja klar! Thomas H. schläft nicht allein. Außer seiner Geliebten hat er seine Frau Daniela, die steht neben ihm, hinter ihm. Vor einer guten Stunde, bestätigt sie, habe man noch Sex miteinander gehabt.

Was Wunder, dass sich nun alle Ermittlungen auf Harry Wörz konzentrieren. Der wird in die Mangel genommen von Beamten, die zugleich Kollegen, Freunde von Andrea und Thomas H. sind. »Wenn du nicht gestehst, dann sind 600 Polizisten hinter dir her«, sollen sie ihm gedroht haben. Natürlich bestreiten sie das, natürlich gibt es keine Zeugen. »Wörz, das wollen wir nicht hören!«, sollen sie ihn angebrüllt haben, als er seine Wahrheit erzählte, langsam, in breitem Schwäbisch, immer dasselbe: »Ich hab' geschlafen.«

Was auch immer sie mit ihm gemacht haben, schließlich hat er gestanden. Auf einen Zettel schrieb Harry Wörz: »Hiermit gebe ich alles ohne Wenn und Aber zu. Ich will nur noch meine Ruhe.« Aber dann geht es erst los.

»Wie bist du nach Birkenfeld gekommen?«

»Mit meinem Auto.«

»Wo hast du geparkt?«

»Zwei oder drei Häuser weiter vorne.«

»Welche Autos waren in der Straße?«

»Andreas und noch eins, Marke weiß ich nicht mehr.«

»Welche Lampen waren an?«

»Die vor dem Haus war an.«

»Wie bist du in das Haus gekommen?«

»Die Tür war auf.«

»Wo war Andrea?«

»Im Bett.«

»Und dann?«

»Wir haben Streit bekommen, ich zog meinen BW-Schal vom Hals und habe sie damit gewürgt, bis sie regungslos zusammenbrach.«

Spätestens an dieser Stelle müsste der vernehmende Beamte gemerkt haben, dass mit diesem Geständnis etwas nicht stimmen kann: Tatsächlich wurde Andrea Z. ja nicht mit einem mitgebrachten Bundeswehr-Schal, sondern mit einem Schal aus ihrem Haushalt gewürgt. Den hatte die Großmutter einst für den kleinen Kai gestrickt, Vater Harry musste ihn kennen. Die Polizei brach dann auch die Vernehmung als ergebnislos ab, der Dialog ist später von Wörz selbst rekonstruiert und in dieser Fassung in die Gerichtsakten aufgenommen worden. So wie es da steht, ist das Geständnis eher entlastend: Warum sollte jemand, der eine eigene Tat gesteht, wider besseres Wissen einen falschen Tathergang berichten?

Doch dem einzigen Beschuldigten nutzte das wenig. Die Spurensicherung am Tatort brachte ihn weiter in die Klemme. Verdächtig war den Ermittlern vor allem die Plastiktüte mit den Rauschgift-Tütchen, den beiden Zigarettenschachteln und den Handschuhen. Brauchbare Fingerabdrücke fanden sich nur auf einer der Schachteln – es waren die von Andreas Polizistenvater Wolfgang Z. Wie kam das? Kollegen konnten schnell klären: Oberpolizist Z. hatte am Tatort ein bisschen mitgeholfen, den Inhalt der Tüte – »wahrscheinlich Müll« – auf den Boden gekippt und mit nackten Fingern die rote Marlboro-Schachtel aufgehoben.

»Wie eine Herde Elefanten«, so urteilte Jahre später ein kritischer Richter, hätten die Ermittler im Eifer, den Mörder ihrer Kollegin zu finden, am Tatort gewütet. Die Räume wurden nicht, wie vorgesehen, versiegelt, ein Mülleimer wurde ungeprüft ausgeleert, auf Tatortfotos sind wichtige Gegenstände mal zu sehen, mal haben sie ihren Platz verlassen. Auch ein roter Pullover gehört dazu, der angeblich dem Kollegen Thomas H. gehörte.

Mehr Sorgfalt wandten die Ermittler bei dem Taschentuch auf, das ebenfalls in der Tüte steckte. Es wurde untersucht, gewaschen, vermessen. Denn ein ähnliches, wenn auch geringfügig größeres fand sich bei einer Hausdurchsuchung in Wörz' Wohnung. Und dann natürlich die Plastikhandschuhe: Ganz ähnliche fanden sich bei Wörz zu Hause, bei Wörz im Auto, kein Wunder, er brauchte wegen seiner kaputten Finger ja häufig welche. Ein Schönheitsfehler der Ermittlungen allerdings: Auch in Thomas H.s Auto fanden sich, warum auch immer, solche Handschuhe.

Der entscheidende Fund am Tatort hatte ebenfalls mit Plastikhandschuhen zu tun: Zwei abgerissene Fingerlinge entdeckten die Fahnder, einen in der Nähe des Fundorts von Andrea im Flur, den anderen im Bett unter der Bettdecke. Diese Fundstücke kosteten den Beschuldigten Wörz letztlich seine Freiheit: Zwei Handschuhfinger von dem fingeramputierten Wörz, abgerissen offenbar bei der Gewalttat, am Tatort zurückgeblieben bei der eiligen Flucht, ebenso wie die weiße Plastiktüte mit Handschuh-Nachschub. Als das Labor den DNA-Befund schickte, schien die Sache klar. Fingerlinge außen: genetische Spuren von Andrea, Fingerlinge innen: genetische Spuren von Wörz.

Eine Art Siegestaumel muss Andreas Kollegen überfallen haben. Da passte nicht ins Bild, was bei einer erneuten Durchsuchung ein Kollege auf einer Ablage im Badezimmer fand: eine ganze Tüte voller einzelner Fingerlinge, neben einer Packung Kinder-Fieberzäpfchen. Andrea wäre nicht die einzige Mutter, die ihrem Kleinen mit solchen Fingerlingen die Zäpfchen in den Po schiebt. Und dass sie so etwas gelegentlich auch in ihrem Bett machte, wo man eines der Beweisstücke fand, erscheint angesichts der kaum beachteten Tatsache wahrscheinlich, dass Kai häufig – wie auch in der Tatnacht – an der Seite seiner Mutter schlief.

Die Fingerlings-Tüte verschwand spurlos. Das Gericht, das Wörz verurteilte, hat von der Entdeckung nie erfahren. Wie sollte es auch: Wie durch Zauberhand waren auch die Aktenseiten verschwunden, die den Fund festhielten.

Ein Versäumnis auch, kann ja mal vorkommen: Die erste Standardmaßnahme wäre es gleich nach dem Alarmruf zum Tatort und den Informationen von Andreas Vater gewesen, die Restwärme an den Motoren der beiden Verdächtigen-Autos zu überprüfen. Ein Handgriff am Pkw des Kollegen Thomas H. vorm Haus hätte genügt, um festzustellen, ob das Auto drei Stunden zuvor bewegt wurde oder nicht. Hat niemand von den Beamten, die da stundenlang vor dem Haus wachten, die Berührung gewagt? Oder hat nur keiner gewagt, das Ergebnis zu den Akten zu nehmen? Der Bewegungsmelder am Haus von H., so die späte, wenn auch kaum nachvollziehbare Rechtfertigung, hätte bei Prüfaktionen am Auto angeschlagen.

Na und?

Und warum haben die Polizisten darauf verzichtet, eine Hand an den Motor von Harry Wörz' Passat zu legen? Diese winzige Routinemaßnahme hätte dem Mann 13 Jahre Quälerei ersparen können. Warum, hat Wörz immer wieder gefragt, habt ihr das nicht gemacht? Warum? Warum?

Sie hätten, gaben die Beamten zu Protokoll, sein Auto nicht finden können. Es stand ja 200 Meter von seinem Haus entfernt.

So nahm die Erforschung der Wahrheit ihren Lauf. Die einzigen Zeugen, die Harry hätten retten können, konnten nichts sagen: Andrea Z., die den Mordangriff knapp überlebte, wird wahrscheinlich nie wieder sprechen können. Geistig und körperlich schwerstbehindert lebt sie als Pflegefall bei ihren Eltern. Mediziner sehen kaum Chancen, dass sich ihr Zustand jemals bessern wird. Und Kai, der in der Mordnacht wie so oft im Bett neben seiner Mutter schlief – er muss alles mitbekommen haben. Doch die vorsichtigen Annäherungsversuche von Polizeipsychologen an das verstörte Kind blieben ergebnislos. »Mama aua« – mehr war dem Knirps über die furchtbarste Nacht seines jungen Lebens nicht zu entlocken.

So wurde Harry Wörz vor dem Landgericht Karlsruhe angeklagt. Und spätestens hier hätten die ersten Sicherungen herausfliegen müssen, die in der Strafprozessordnung gegen übereifrige Ermittler einbaut sind. Die Staatsanwaltschaft, so sieht es das Gesetz vor, ist die Herrin des Ermittlungsverfahrens. Die gelernten Juristen sind dafür verantwortlich, dass die Wahrheit ordentlich erforscht wird. Ein Gewaltdelikt in Polizeikreisen – ermittelt von den persönlich bekannten Kollegen des Opfers? Warum wurde die Sache nicht an eine andere Polizeidienststelle abgegeben? Warum ließ man Andreas Kollegen die Sache im Familienkreis klären? »Sicher gab es Versäumnisse«, sagt später der Pforzheimer Kripo-Chef Hans Jäger, aber: »Schließlich war der Staatsanwalt Herr das Verfahrens.« Der Staatsanwalt gab zu Protokoll: »Ich muss mich ja auch auf die Beamten verlassen können.«

Damit solch organisierte Verantwortungslosigkeit nicht durchschlagen kann, auf die Rechte des Angeschuldigten und auf das Leben Unschuldiger, hat die Strafprozessordnung eine zweite Sicherung eingebaut: Im sogenannten Zwischenverfahren müssen die Richter, die in der Hauptverhandlung über den Fall entscheiden sollen, sich die Akten, die ihnen der Staatsanwalt schickt, genau ansehen: Lassen die Ermittlungen eine Verurteilung des Anzuklagenden hinreichend wahrscheinlich erscheinen? Eine Strafkammer, die deutliche Ermittlungsfehler sieht, Lücken in der Beweisführung, muss die Zulassung der

Anklage ablehnen und unter Umständen den Beschuldigten sofort aus der U-Haft entlassen.

Doch die Strafkammer hatte keine Einwände. Die Wahrheitsfindung im Fall Harry Wörz ging unaufhaltsam weiter.

Zweitens: Der Prozess

Der Prozess vor deutschen Strafgerichten ist – anders als
etwa in den USA – geprägt von der Inquisitionsmaxime.
Die Richter haben gelernt, Recht anzuwenden – doch vor-
rangig ist es ihre Aufgabe herauszufinden, was wirklich
passiert ist. Dabei dürfen die Juristen sich nicht auf die
Kriminalisten und ihre Ermittlungsakten verlassen. Den
Weg zur Wahrheit dürfen sie nur mit den Eindrücken finden, die sie in der Hauptverhandlung gewinnen. Das sind
Eindrücke von Zeugen, die vor den Schranken des Gerichts
aussagen, Dokumente, die laut vorgelesen werden, Sachverständige, die ihnen helfen, die Spuren zu verstehen,
die am Tatort gefunden wurden. Entscheidend aber sind
die Einlassungen des Angeklagten. Ist er geständig, koope-
rativ? Das macht einen guten Eindruck. Schweigt er hartnäckig? Das ist sein gutes Recht.

Der Angeklagte Wörz schwieg nicht. Er schwor, »bei
Gott«, er war es nicht. Er beteuerte immer wieder, in der
Nacht des Mordangriffs geschlafen zu haben, in seinem
Bett, allein. Eine der wichtigsten Sicherungen des Strafprozessrechts, den Angeklagten vor Inquisition zu schützen, ist der Grundsatz, dass die Richter ihm glauben
müssen – bis zum Beweis das Gegenteils. Harry Wörz
ist unschuldig – so lange, bis die Unschuldsvermutung
von den Richtern widerlegt ist. »In dubio pro reo«: Dieser Grundsatz ist eine der größten Kulturleistungen der
Rechtsgeschichte, und wenn er strikt beachtet wird, ist die
Wahrheitssuche in den Mühlen der Strafjustiz tatsächlich
nur noch halb so gefährlich.

Harry Wörz hat in der Nacht vom 28. auf den 29. April 1997 allein in seinem Bett geschlafen. Von Rechts wegen kann ihm nichts passieren, bis dieser Satz widerlegt ist. Es kommt also gar nicht darauf an, das wird ihm auch sein Anwalt gesagt haben, ob er Zeugen aufbieten kann, die den Schlaf des Gerechten bestätigen. Zeugen brauchen die anderen, die, die ihn widerlegen wollen. Es kommt also gar nicht darauf an, auch das könnte ihm sein Anwalt gesagt haben, ob die Pforzheimer Polizei parteiisch, unvollständig, schlampig ermittelt hat – die Richter werden es schon richten. Nur wenn die Inquisition vor den Schranken des Gerichts den Beweis erbringt, dass Wörz der Täter ist, nur dann muss er etwas von dem machtvollen Apparat befürchten. Wenn einer nichts Unrechtes getan hat, dann muss er keine Angst haben vor der Justiz: eine tolle Sache, so ein Rechtsstaat.

Wie konnte es dann kommen, dass das Landgericht Karlsruhe den Angeklagten Harry Wörz am 16. Januar 1998 wegen versuchten Totschlags an seiner Ex Andrea zu elf Jahren Gefängnis verurteilte?

Es ist auch eine Errungenschaft des Rechtsstaates, dass Richter ihre Urteile begründen müssen. Dabei geht es nicht nur um die Buchstaben der Gesetze, sondern vor allem um Logik. Nur wenn im Urteilstext eine vollständige und verständliche Beweiskette den Weg zur Wahrheit markiert, hat ein Urteil Bestand. Nur wenn jeder verständige Leser nach der Lektüre des Urteils der Karlsruher Strafkammer zu dem Ergebnis kommt, dass Harry Wörz mit an Sicherheit grenzender Wahrscheinlichkeit der Täter war – nur dann ist das Urteil ein rechtsstaatliches Urteil, nur dann muss Wörz büßen. Ein Urteil »im Namen des Volkes« ist von jedermann zu überprüfen.

Machen wir uns an die Arbeit. Das Urteil des Landgerichts Karlsruhe stützt die von ihm gefundene Wahrheit auf drei Beweisketten:

a) Die Spuren an den beiden am Tatort gefundenen Fingerlingen;

b) die Plastiktüte mit ihrem rätselhaften Inhalt;

c) die Tatsache, dass es sich bei dem Angriff auf Andrea Z. um eine Beziehungstat handelte und alle in Betracht kommenden Beziehungspersonen als Täter auszuschließen sind – außer Wörz.

Halten die Ketten?

a) Die Fingerlinge

Die Methoden der modernen Spurensicherung mithilfe genetischer Fingerabdrücke haben die moderne Kriminalistik revolutioniert. Kleinste Spuren menschlicher Desoxyribonukleinsäure – amerikanisch abgekürzt DNA –, seien sie in einem Haar, einer Hautschuppe, in Speichelresten an einer Zigarettenkippe, finden sich an jedem Tatort. Mit den Hightechmethoden der Landeskriminalämter lassen sich selbst Mikro-Spuren den Vergleichsproben Verdächtiger zuordnen – oder eben nicht. An den abgerissenen Plastikfingern, die Ermittler im Bett Andreas und im Flur nahe dem leblosen Opfer fanden, isolierten Experten außen DNA des Opfers, innen DNA-Bestandteile verschiedener Personen, darunter auch solche, die Wörz zugeordnet wurden.

Drei Schlussfolgerungen zieht das Gericht aus den Gutachten, die dazu in der Hauptverhandlung abgelegt wurden:

S1: Der Täter trug bei der Tat Plastikhandschuhe mit den beiden Fingerlingen.

S2: Wörz hatte höchstwahrscheinlich die Handschuhe an.

S3: Also war Wörz höchstwahrscheinlich der Täter.

Es soll uns hier vorerst nicht die Frage beschäftigen, ob das Gutachten des Landeskriminalamts tatsächlich die Zuordnung der Spuren im Inneren der Fingerlinge erlaubte, auch daran tauchten alsbald Zweifel auf. Hier geht es nicht um Naturwissenschaft, sondern um Logik. Doch auch damit ist es nicht weit her.

S1 begründet das Gericht damit, dass deutliche DNA-Spuren von Andrea Z. an der Außenseite der Fingerlinge waren. Doch warum die DNA dorthin gelangte, ist ebenso unklar wie die Herkunft der Fingerlinge. Einer fand sich, so steht es im Urteil, erst, als die Decke auf Andreas Bett »aufgeschlagen« wurde, er lag also vermutlich unter der Decke. Wie mag er da hingekommen sein, wenn der Kampf zwischen Täter und Opfer nach den Feststellungen der Kammer irgendwo in der Wohnung, jedenfalls nicht im Bett stattfand? Die Möglichkeit, dass die Fingerlinge mit den oder ohne die dazugehörigen Handschuhe zum Haushalt des Opfers gehörten – und darum Spuren des Gebrauchs durch Andrea Z. trugen –, wurde vom Gericht nicht einmal erwähnt. Vielleicht wären die Juristen ja über die voreilige Annahme gestolpert, wenn sie bei einer Durchsicht der Ermittlungsakten auf den Bericht über jene Tüte mit vielen Fingerlingen im Bad gestoßen wären. Doch der Bericht – wir wissen es – war auf rätselhafte Weise aus den Akten verschwunden.

Schon bei S1 reißt die Beweiskette, doch es gibt ja noch S2. Danach soll Wörz die Handschuhe getragen haben, weil sich im Inneren der Handschuhe Anteile der DNA fanden, die höchstwahrscheinlich von ihm stammte. Doch jeder Laie weiß spätestens seit der spektakulären Analyse der Gletscherleiche »Ötzi« aus dem Dolomiten, dass sich genetische Spuren sogar über Jahrtausende erhalten können. Warum also sollten die Spuren von Wörz gerade in der Nacht vom 28. auf den 29. April 1997 in die Handschuhe gelangt sein? Weil er in dieser Nacht die Handschuhe getragen hat? Das setzt die Gültigkeit von S1 voraus – die aber ist nicht gegeben. Vielmehr kann Wörz die Handschuhe zu einem beliebigen Zeitpunkt vorher getragen haben. Das ist nicht einmal unwahrscheinlich: Der Mann hat häufig solche Handschuhe zu allen möglichen Verrichtungen angezogen. Und es gab eine Zeit, da hatten Andrea und Harry einen gemeinsamen Haushalt als Ehepaar. Sollten sie bei der Trennung auch noch die gebrauchten Kunststoffhandschuhe auseinandersortiert haben?

Auch S2 ist nicht zu halten. Dabei hätte es so schön ins Bild gepasst: Der fingeramputierte Gewalttäter, dem im Kampf mit dem Opfer die zwei hohlen Fingerlinge vom Handschuh gerissen werden. Alles sprach perfekt gegen Wörz. Alles? Erst Jahre später wurde festgestellt, dass eines der beiden Fundstücke kein abgerissener Finger, sondern ein abgerissener Daumen war. Der Verurteilte hätte es auf Befragen im Gerichtssaal jedem vorführen können: Ihm fehlt nicht der Daumen, ihm fehlen Teile von Ring- und kleinem Finger. Aber die Richter haben ja nicht gefragt. Stattdessen fahren sie fort mit S3: »Der Angeklagte hat diese Tat begangen.«

In die »Gesamtwürdigung« ihrer Beweisaufnahme beziehen sie freilich auch die Plastiktüte ein.

b) Die Plastiktüte
Die weiße Tüte mit dem rätselhaften Sortiment an Rauschgift, leeren Zigarettenschachteln, Tüchern und – tatsächlich – Plastikhandschuhen ergibt keinen Sinn. Niemand konnte sagen, wie sie in Andreas Wohnung gekommen war, ja nicht einmal ihr genauer Fundort ist gesichert. Keiner kann sich erklären, wozu der Inhalt dienen sollte – vielleicht »Müll«, mutmaßte Andreas Vater Wolfgang Z., der, obgleich Polizist, das zentrale Beweisstück am Tatort aufgriff und ausschüttete, um den Inhalt so heftig zu inspizieren, dass sein Fingerabdruck darauf zurückblieb.

Ein Fingerabdruck von Wörz dagegen fand sich weder an der Tüte noch an deren Inhalt. Wäre ihm das Ding zuzuordnen, wäre nach Auffassung der Richter bewiesen, dass er in der Tatnacht bei seiner Ex war. Denn am Vortag war die rätselhafte Tüte noch nicht im Haus des Opfers. Das jedenfalls sagte der Vater als Zeuge vor Gericht. Er habe sie da, wo sie aufgefunden wurde, am Abgang zum Keller, nicht gesehen, als er in den Keller hinunterstieg. Das Gericht hinterfragte die »glaubhaften Bekundungen« des problematischen Zeugen nicht. Alle im Gerichtssaal außer den Profis hinter dem Richtertisch fühlten förmlich, wie schwer es der vom Schicksal geprüfte Mann hatte, kühl und sachlich seine Aussage zu machen. Wie zuverlässig ist die Erinnerung eines Vaters, der Zeuge eines Mordangriffs auf seine Tochter wird? Ist es verantwortungsbewusst, eine zentrale Prämisse der Beweisführung auf die Aussage eines Mannes zu stützen, von dem jeder annehmen muss, dass für ihn das Urteil gegen den gehassten Schwiegersohn schon feststeht?

Das Gericht lässt solche Bedenken nicht erkennen, sondern geht mit großem kriminaltechnischem Aufwand dazu über, den Inhalt der Tüte dem Angeklagten zuzuordnen. Das karierte Taschentuch: Ein ganz ähnliches fand sich bei der Durchsuchung von Wörz' Wohnung. Die Plastikhandschuhe: Gab es überall, wo auch Wörz war. Die rote Marlboro-Schachtel, Inhalt drei leere Folienbeutelchen, war außen mit einem großen Kreuz versehen. Wörz hatte in seiner Wohnung auch eine leere Zigarettenschachtel, in der er Kleingeld aufbewahrte. Die weiße Marlboro-Schachtel: Wörz' neue Freundin rauchte dieselbe Marke.

Mehr nicht? Kann man darauf wirklich die Verurteilung eines Mannes wegen versuchten Totschlags stützen? Alle Dinge in der Tüte können ebenso gut aus dem Haushalt des Opfers Z. stammen – oder aus der Zeit, da beide zusammen einen Haushalt hatten. Dass es nicht nur so sein könnte, sondern wahrscheinlich so war, wurde freilich erst später bekannt: Da fand sich ein Zeuge, der früher Andrea im Umgang mit Haschisch beobachtet hatte. Das Rauschgift bewahrte sie in einer leeren Zigarettenschachtel auf.

Doch das Gericht stützt seine Verurteilung ja noch auf eine weitere Annahme: die Beziehungstat.

c) Die Beziehungstat

»Für die Begehung dieser ›Beziehungstat‹ kommt aus dem näheren Umkreis von Andrea Z. allein der Angeklagte als Täter in Betracht. Weitere, ursprünglich als tatverdächtig erscheinende Personen aus dem privaten Umfeld des Opfers sind nach dem Ergebnis der Beweisaufnahme mit Sicherheit als Täter auszuschließen.« So folgerte das Gericht. Doch eine solche Beweisführung ist gefährlich, weil sie davon abhängt, dass die verschiedensten Glieder der Kette ihrerseits von zuverlässigen Beweisketten abgesichert sind: Weil Zweifel zugunsten des Angeklagten gehen, reicht es im Ausschlussverfahren ja nicht, dass den anderen Tatverdächtigen nichts zu beweisen ist. Es muss vielmehr positiv bewiesen sein, dass sie es nicht waren.

War es überhaupt eine Beziehungstat, der Andrea Z. zum Opfer gefallen ist? Die Richter schließen das daraus, dass sich in der Wohnung keine Einbruchsspuren fanden, der Täter also von seinem Opfer eingelassen worden sein muss oder sogar einen Schlüssel zum Haus hatte. Großen Aufwand, das muss man anerkennen, haben die Ermittler betrieben, um diese Prämisse abzusichern. Mit allen möglichen Einbrechertricks haben sie versucht, die Wohnungstür spurlos zu öffnen – vergeblich. Auch die Probe, ob ein gewaltfreies Eindringen durch das gekippte Schlafzimmerfenster vom Garten aus möglich gewesen wäre, verlief negativ.

Als Beziehungstäter kommen neben Wörz noch Andreas Vater Wolfgang, ihr Liebhaber und Kollege Thomas H.

und dessen Ehefrau Daniela in Betracht. Zu quälend ist es, nach Beweisen zu suchen, dass Vater Z. seine Tochter nicht gewürgt hat, Daniela als Täterin scheidet schon deshalb aus, weil der Nachbar am Tatort eine Männerstimme gehört hat. Es reicht, den Blick auf Thomas H. zu lenken.

Der Mann hatte ein Motiv: Seine Ehefrau hatte ihm zuvor ein Ultimatum gestellt, sich von seiner Geliebten Andrea zu trennen – sonst sei es zu Ende mit der Ehe. War er darüber mit Andrea in Streit geraten? Hatte sie ihn mit der Drohung erpresst, der Ehefrau die ganze Wahrheit über ihr Verhältnis zu sagen? Oder bei den Kollegen die Sexualpraktiken ihres Ausbilders auszuplaudern? Hatte Thomas H. die Nerven verloren? Möglich: Thomas H. hatte einen Hausschlüssel von Andrea, und Spuren zu ihm passender DNA wurden rätselhafterweise von Gutachtern in den Fingerlingen am Tatort gefunden.

Das Gericht schloss H.s Täterschaft dennoch sicher aus mit dem Argument: H. hat ein Alibi.

Dass Thomas H. die Nacht im Bett verbracht hat, und nicht bei Andrea, das hat vor Gericht seine Frau Daniela bestätigt – »voll glaubhaft«, wie die Richter fanden. Über die Glaubwürdigkeit einer Frau, die gegen ihren Mann aussagen muss, während sie um den Fortbestand ihrer Ehe fürchtet, kann sich jeder Leser selbst ein Urteil bilden. Und über den Scharfsinn von Juristen, die ihrer Beweisführung hinzufügen: »Wenig naheliegend wäre auch, dass Thomas H., unterstellt, er hätte in dieser Nacht die Tat zum Nachteil seiner Geliebten Andrea Z. begangen, nur ca. drei Stunden nach dem Tatgeschehen mit seiner Ehefrau einvernehmlich Intimverkehr hat.« Immerhin, pflichtgemäß fügte das Gericht hinzu, auch der Sex im Morgengrauen sei objektiv nachgewiesen: mit DNA-Spuren aus der Unterhose.

Das Gericht hat die Wahrheit gefunden: »Eine zusammenfassende Würdigung dieser Beweisumstände rechtfertigt nach Überzeugung des Schwurgerichts den zweifelsfreien Schluss, dass der Angeklagte die Tat begangen hat.« So macht man das. So dreht man einem Angeklagten einen Strick. Vielleicht haben die Richter im Eifer, endlich die grässliche Tat an einer Polizistin zu sühnen, gar nicht bemerkt, wie dramatisch sie gegen alle Regeln der Beweisführung verstoßen haben. Wie kleine eifrige Rädchen der großen Mühle haben sie den Ermittlungsschrott der Polizei geschluckt, verdaut – und einen Justizirrtum produziert.

Der Pfarrer läutet die tiefe Glocke

Es beunruhigt sehr, dass niemand den Richtern in den Arm fiel. Die Kollegen vom Bundesgerichtshof, der Kontrollinstanz, verwarfen die Revision der Anwälte von Wörz im August 1998 als unbegründet. Rechtsfehler, entschieden die Oberjuristen, seien in dem Urteil nicht erkennbar. Auch diese Sicherung der gefährlichen Justizmaschine funktionierte nicht. Hinter Gittern richtete sich Wörz auf ein Leben im Gefängnis ein.

Doch so einfach sperrt man ein Mitglied des Gräfenhausener Motorrad-Clubs »Whitebirds« nicht ein. Harrys Motorradkumpel organisierten die öffentliche Empörung über das Unrecht, das dem Motorradfahrer Wörz geschehen war. Sie richteten im Internet eine Homepage für Harry ein, es gab Demonstrationen, Benefizkonzerte. Die Gräfenhausener kämpften für die Wahrheit, für die wahre Wahrheit. Die Rockband »Zero« erfand das Solidaritätslied »Harry«. Ein Polizist war es, der das Lied auf CD brannte. In der Haftanstalt Heimsheim, wo Harry derweilen saß, standen die Besucher mit den guten Wünschen Schlange – Harrys Mutter führte daheim eine Warteliste, weil die Besuchszeiten begrenzt waren.

Gerechtigkeit von unten? So viel idyllische Solidarität kann nicht über den Ernst der Lage hinwegtäuschen. Im selben Land, in dem Bürger mit Fackeln Mahnwachen vor den Häusern möglicherweise gefährlicher ehemaliger Sexualverbrecher veranstalten, um die Justiz zu größerer Härte, zu unbegrenzter Sicherungsverwahrung der gefürchteten Nachbarn anzustacheln, gehen Hunderte auf die Straße, um der Justiz einen Mann zu entreißen, den sie als Gewalttäter mit allen Mitteln des Rechts festhält. Kann es ein Rechtsstaat hinnehmen, dass die Bürger ihm nicht mehr glauben? Strafe findet ihre Rechtfertigung in der »Bewährung der Rechtsordnung«, so sagen die Juristen. Strafe muss sein, damit die Bürger merken, dass das Recht ernst gemeint ist.

Die Bürger von Gräfenhausen jedenfalls waren nicht zu überzeugen.

Und der Vater des Opfers auch nicht. Elf Jahre für den Mann, der seiner Tochter Andrea das Leben geraubt hatte, der für schuldig befunden wurde, dass die junge Frau ein spastisch zappelndes Bündelchen Mensch im Rollstuhl wurde, unfähig zu sprechen, unfähig zu lachen, unfähig, allein zu leben? Wolfgang Z. wollte, gegen den Rat seiner Anwälte, Wörz den ganzen Rest seines Lebens büßen sehen. Mit Verweis auf das rechtskräftige Strafurteil wandte sich der Vater erneut an das Karlsruher Landgericht – diesmal an die Abteilung für Zivilsachen. Er klagte im Namen seiner Tochter gegen Wörz auf 300 000 Mark Schmerzensgeld.

Das wirkte, als hätte jemand an der großen, unaufhaltsamen Wahrheitsmaschine der Justiz auf einen falschen Knopf gedrückt – ein Arbeitsgang, der nicht vorgesehen war. Die Mühle der Justiz stockte. Am 6. April 2001, gut drei Jahre nach dem Schuldspruch, sprach eine Zivilkammer des Landgerichts Karlsruhe den Gefangenen Wörz frei.

Natürlich können Zivilrichter keine Strafurteile aufheben. Das taten die Richter auch nicht. Sie beschränkten sich darauf, die Klage des wütenden Vaters abzuweisen.

Pech und Schwefel gossen die Richter jedoch in der Begründung ihres Urteils über die Kollegen von nebenan aus. So, wie die Strafjuristen es getan hatten, könne man nicht über einen Menschen richten. Der Schuldspruch gegen Wörz, so die Zivilisten, sei kollegial ausgedrückt grob falsch.

Zivilrichter sind andere Menschen als Strafrichter. Manche meinen sogar, sie seien die besseren Juristen. Jedenfalls haben sie ein wesentlich entspannteres Verhältnis zur Wahrheit. Im Zivilprozess gibt es anders als nebenan in der Abteilung für Strafsachen keinen Inquisitionsgrundsatz. Menschen vor einem Zivilgericht stehen nicht unter der Knute eines mächtigen Anklageapparats und nicht unter der Drohung staatlich zugefügter Strafe, es geht eben meist zivil zu. Kläger streiten mit Beklagten in der Regel nur um Geld.

Auch einen Zivilprozess kann nur gewinnen, wer etwas beweisen kann. Doch ob er es kann, ist dem Richter ziemlich egal. Er lehnt sich zurück und lässt sich vortragen. Bringt der Kläger keinen Beweis, wird die Klage eben abgewiesen, egal, was die Wahrheit ist. Dann freut sich der Beklagte, und alle gehen heim. Andererseits: Bestreitet der Beklagte Wesentliches nicht, was der Kläger behauptet, verliert er halt den Prozess. Dann freut sich der Kläger, und alle gehen heim. Wie es wirklich war in einer Geschichte, die einen Zivilstreit zwischen zwei Bürgern ausgelöst hat, bleibt dem Richter oft genug verborgen. Und er will es auch gar nicht wissen. Schließlich ist er Jurist und nicht Historiker.

Nicht die Wahrheit ist gefährlich, sondern die Suche danach. Sie verstellt den Blick für das Naheliegende. Wer unbedingt die Wahrheit finden will, verrennt sich allzu leicht. Wie die Kollegen von der Strafrechtsabteilung. Dem gelassenen Blick der Zivilrechtler entgingen die Lücken im Urteil gegen Harry Wörz nicht. Sie ließen Zeugen und Polizisten noch einmal antreten und vortragen. Sie ließen sich ganz in Ruhe von den Wissenschaftlern erklären, was in den Fingerlingen an genetischen Spuren zu finden war. Sie sahen sich das verdächtige Taschentuch und die Marlboro-Schachteln erneut an, entdeckten fehlende Aktenseiten und zwischenzeitlich verschwundene Beweismittel neu. Sie fragten Thomas H. nach seinem Alibi und machten sich ihre Notizen. Dann schüttelten sie den Kopf: Es gebe nichts, »was uns letztlich davon überzeugt, dass Wörz der Täter war«. Nichts.

Doch nichts kann die Wahrheiten der Strafjustiz erschüttern. Jedenfalls nicht ein paar aufsässige Zivilrichter, die einfach ins Räderwerk greifen. Im Mai weist eine Strafkammer des Landgerichts Mannheim die von Wörz' Anwalt nach dem Zivilurteil umgehend beantragte Wiederaufnahme des Verfahrens ab: Sie sei »unzulässig«. Der Streit um die Wahrheit im Fall Wörz eskaliert. Es gibt eine Beschwerde zum Oberlandesgericht (OLG). Endlich, im November, ordnet diese Beschwerdeinstanz eine erneute Prüfung der Wiederaufnahme des Strafverfahrens gegen Wörz an.

Ende November läuten in Gräfenhausen die Kirchenglocken. Pfarrer Peter Knopp lässt am helllichten Tag die tiefe Glocke der Michaeliskirche schlagen: Harry ist frei. Das Oberlandesgericht hat seine vorläufige Haftentlassung angeordnet. Doch so schnell gibt die Strafjustiz ihr Opfer nicht her. Nach sieben Anhörungstagen lehnt das Landgericht, vom OLG zur Prüfung verdonnert, erneut die Wiederaufnahme des Verfahrens ab. Der Verteidiger von Wörz legt abermals Beschwerde ein. Fast drei Jahre sind seit dem Zivilurteil vergangen. Die Beschwerde ist erfolgreich. Nach einem halben Jahr erneuter Prüfung ordnet das OLG die Wiederaufnahme in Mannheim schließlich an. »Keiner lasse den Mut sinken«, so zitiert Pfarrer Knopp in Gräfenhausen das Alte Testament.

Ein Jahr vergeht – dann spricht das Landgericht Mannheim Wörz aus Mangel an Beweisen frei. Doch Harrys Anhänger jubeln zu früh. Der Staatsanwalt gibt die einmal gefundene Wahrheit nicht preis. Er legt Revision gegen den halbherzigen Freispruch beim Bundesgerichtshof ein, Andreas Vater schließt sich an. Der BGH hebt den Freispruch auf. Wörz muss mit Depressionen in psychotherapeutische Behandlung.

Es ist April 2009, zwölf Jahre nach der Tat, zwölf Jahre, nachdem die Justiz Harry Wörz unter dringendem Tatverdacht in Untersuchungshaft nahm. Vor dem Landgericht Mannheim, diesmal vor einer anderen Strafkammer, beginnt der dritte Versuch, die Wahrheit im Tötungsfall Andrea Z. zu finden. Wieder sitzt der kleine Wörz mit tief liegenden Augen und der langsamen Artikulation auf der Anklagebank. Er kann nicht mehr. Er weint. »Isch bin so uffgeregt, hohes Gericht.« Immer noch thronen sie da, mit ihren schwarzen Talaren. Man muss aufstehen, wenn Richter den Saal betreten. Die Hohepriester werden ihr Experiment am lebenden Opfer ein letztes Mal wiederholen – die gefährliche Kunst der Wahrheitsfindung zelebrieren.

Die Kammer bemüht sich diesmal hartnäckig. Besonders den cool auftretenden Macho-Polizisten Thomas H. nimmt sie ins Verhör – und ziemlich auseinander.

Über ein Ultimatum seiner Frau am Tag vor der Tat, sich von Andrea zu trennen, möchte Thomas H. nicht sprechen: Er erinnere sich nicht.

»Sie sind Polizeibeamter, Sie sind trainiert, sich zu erinnern. Ihre Frau sagt hier, Sie hätten am Abend vor der Tat die Wohnung verlassen wollen, Ziel Andrea. Und Sie wissen das nicht mehr? Ihre Frau sagte damals, wenn du jetzt gehst, brauchst du nicht mehr zurückzukommen.«

Keine Erinnerung.

»Sind Sie an dem Abend weggegangen? Sind Sie ausgezogen?«

»Nicht, dass ich wüsste.«

»Widersprechen Sie Ihrer Frau?«

»Nein, ich erinnere bloß nicht jede Kleinigkeit.«

»Das nennen Sie eine Kleinigkeit?«

Thomas H. schweigt.

»Als damals die Kollegen zu Ihnen kamen, sagte man Ihnen, es handele sich um eine Körperverletzung von Andrea. Und Sie erwidern – ›kein Problem, ich war die ganze Nacht zu Hause‹. Sie haben nicht gefragt, was mit Andrea passiert sei.«

»Wieso soll ich fragen, wenn ich doch weiß, dass ich damit nichts zu tun hab'?«

Schließlich, nach Monaten, tobender Beifall im Publikum. Es ist gelungen. Am 22. Oktober 2009 spricht das Landgericht Mannheim Wörz erneut frei. Es ist ein Freispruch mit Pauken und Trompeten. So, als wolle er das Unheil, das seine Zunft über einen Menschen gebracht hat, wenigstens ein bisschen heilen, rechnete der Vorsitzende Richter mit dem Apparat der Wahrheitsfindung ab. Die Ermittler hätten sich vorschnell auf eine Täterschaft von Wörz festgelegt, Akten »versenkt«, manches »angeschoben«, was sie dann dem Angeklagten zur Last gelegt hätten. Dem Kollegen Thomas H. hätten sie »faktisch Immunität« verliehen. Wörz sei mit »dünner Beweislage« vorschnell verurteilt worden, »und das ist beschönigend formuliert«. Das Gericht schließt seine Begründung mit einem ungewöhnlichen Hinweis: »Es wäre unvollständig zu sagen, Herr Wörz ist nicht der Täter, wenn wir verschwiegen, dass die Kammer H. für den wahrscheinlichen Täter hält, durchgreifende Argumente gegen die Täterschaft H.s gibt es nicht.«

Wer hat noch die Nerven für einen weiteren Akt in diesem Trauerspiel? Auch gegen diesen Freispruch geht die Staatsanwaltschaft in die Revision. Doch im Dezember 2010 spricht der BGH das letzte Wort: Der Freispruch ist rechtskräftig. Die Staatsanwaltschaft hat bekannt gegeben, dass sie nun gegen Thomas H. wegen des Verdachts eines versuchten Tötungsdelikts zum Nachteil von Andrea Z. ermittelt. Thomas H. ist seitdem vom Dienst suspendiert.

Alles beginnt noch einmal von vorn.

Der »Badewannenmord« (I)
Der BGH greift ein

Beschluss des Bundesgerichtshofs vom 12. Januar 2011:
»Auf die Revision des Angeklagten wird das Urteil des
Landgerichts München II vom 12. Mai 2010 mit den Fest-
stellungen aufgehoben. Die Sache wird zu neuer Verhand-
lung und Entscheidung an eine andere Strafkammer des
Landgerichts zurückverwiesen.«

Der Hausmeister Manfred Genditzki sitzt jetzt seit fast
zwei Jahren in Haft – und da bleibt er auch. Denn noch
immer steht er unter dem dringenden Verdacht, am 28. Oktober 2008 die alte Frau K. in Rottach-Egern am Tegernsee
in der Badewanne ihrer Wohnung ertränkt zu haben. Unter
dem Aktenzeichen 1 Ks 31 Js 40341/08 ist er im Mai 2010
vom Münchner Landgericht wegen Mordes zu lebenslanger Freiheitsstrafe verurteilt worden. Es gibt keine Beweise
dafür, dass Frau K. überhaupt von fremder Hand getötet
wurde, das Gericht fand aber auch keine Hinweise auf einen
Unfall. Ebenso wenig gibt es Beweise, dass der Hausmeister
der Täter war. Zum Verhängnis wurde ihm, dass niemand
zu finden ist, der nach ihm die alte Dame lebend angetrof-
fen hat.

Der BGH kommt zu dem Ergebnis, dass das Gericht bei
seiner Urteilsfindung gepfuscht hat: Die Geschichte, deretwegen Genditzki unter Mordanklage gestellt wurde, liest
sich ganz anders als die Geschichte, deretwegen er schließlich verurteilt wurde. Zum Aktenzeichen 1 Ks 31 Js 40341/08
gab es zwei Wahrheiten.

Die Wahrheit Nummer eins wurde dem Angeklagten vorgehalten, als die Landgerichtskammer 2009 den Prozess gegen ihn eröffnete. Sie las sich folgendermaßen:

»Am 23. Oktober entnahm (der Angeklagte) aus einer Geldkassette des Opfers einen Betrag von 8000 Euro und verwendete ihn zur Begleichung eigener Schulden. Am 28. Oktober stellte Frau K. den Fehlbetrag fest und beschuldigte den Angeklagten deswegen. Es entwickelte sich ein Streit, in dessen Verlauf sich der Angeklagte entschloss, Frau K. zu töten, um die ... unberechtigte Entnahme von Bargeld zu vertuschen. Zu diesem Zweck schlug er seinem Opfer, das sich zu diesem Zeitpunkt keines Angriffs versah und sich deswegen eines solchen auch nicht erwehren konnte, in Ausnutzung dieser Situation mit einem stumpfen Gegenstand zweimal von hinten auf den Kopf. Frau K. überlebte diesen Angriff zwar, erlitt aber erhebliche Kopfverletzungen ... Der Angeklagte verbrachte sie daraufhin ins Badezimmer, legte sie in die Wanne, ließ Wasser in die Wanne ein und drückte sie so lange unter die Wasseroberfläche, bis sie schließlich ertrunken war.«

Auch für diese Geschichte gab es keine Beweise, aber so hatten sich die Ermittler den Tathergang zusammengereimt. Plausibel klang das durchaus: Der Hausmeister hatte Zugang zu Frau K.s Konten und auch zum Bargeld der reichen alten Dame, für die er sorgte wie ein Sohn. Und am 23. Oktober, so hatten die Ermittler herausgefunden, hatte Genditzki überraschend alte Schulden in Höhe von 8000 Euro getilgt. Und schließlich fanden sich ja auch unter der Kopfhaut der Toten mehrere Blutergüsse. Der Rest war Kriminalistik.

Im schriftlichen Urteil des Landgerichts gegen Genditzki jedoch fanden die Richter des Bundesgerichtshofs eine ganz andere Geschichte. Da ist kein Geld mehr im Spiel, sondern das friedliche letzte Kaffeetrinken des Hausmeisters mit der alten hilfsbedürftigen Dame ist zu einem Eifersuchtsdrama ausgeartet. Wahrheit Nummer zwei liest sich so:

»Als der Angeklagte sodann ankündigte, dass er gehen

müsse, um mit seiner Familie seine noch im Krankenhaus befindliche Mutter zu besuchen, kam es zu einer eifersüchtigen Reaktion der Frau K. In dem Konflikt zwischen den Verpflichtungen gegenüber seiner Mutter und seiner Bereitschaft zur Hilfeleistung gegenüber einer Frau, die ihn ständig in Anspruch nehmen wollte, als sei er nur für sie da, geriet der Angeklagte entgegen seiner sonst gezeigten Langmut derart in Rage, dass er sich zu einer Tätlichkeit gegenüber Frau K. hinreißen ließ. Dabei schlug er ihr entweder mit einem nicht mehr feststellbaren Gegenstand zweimal mit großer Wucht auf den Hinterkopf, oder er packte Frau K. und stieß sie mit dem Kopf gegen einen harten Gegenstand, oder er schlug auf sie ein und sie fiel auf einen harten Gegenstand ... Der Angeklagte entschloss sich spontan, das vorangegangene Geschehen zu verdecken, indem er Frau K. in der Badewanne ertränkte und einen Sturz in die Badewanne vortäuschte.«

Wahrheit Nummer zwei entspringt ebenso der Phantasie der Juristen wie Wahrheit Nummer eins. Weder für einen Streit um Geld noch für ein Eifersuchtsdrama gab es irgendeinen Anhaltspunkt. Im Gegenteil: Selbst das Gericht räumt ein, dass der brave Manfred Genditzki nicht der Typ ist, der einer alten Dame, für die er jahrelang treu gesorgt hat, aus Wut »mit großer Wucht« auf den Hinterkopf schlägt. Das einzige Indiz, dass überhaupt Gewalt im Spiel war, sind die Blutergüsse am Schädel der Toten. Wie wenig dieses Indiz aussagt, zeigt schon das Spiel der Gerichts mit den vielen »oder« in der Urteilsbegründung. Die Hämatome können ebenso bei einem Sturz ohne Beteiligung einer anderen Person entstanden sein. Was immer passiert sein mag, so die Conclusio der Wahrheitssucher, wissen wir nicht – aber sicher war es Mord.

Selten ist es den Revisionsrichtern in Karlsruhe gelungen, einen so klaren Fall von Wahrheitspanscherei in einem Landgerichtsurteil aufzudecken. Die Landrichter waren nämlich im Laufe des Verfahrens darauf gestoßen, dass die Story vom geklauten Geld der alten Dame offenbar nicht stimmte. Genditzki hatte nachweisen können, dass die 8000 Euro, mit denen er kurz vor dem Tod der Alten seine Schulden bezahlte, aus dem Verkauf seines Motorrads stammten. Ein so schwerer Ermittlungsfehler hätte Anlass sein können, die Akte 1 Ks 31 Js 4034/08 zu schließen. Doch die Richter sahen sich unter Druck: Der »Badewannenmord von Rottach-Egern« war ein Thema, das die Medien voller Engagement verfolgten.

Der Bundesgerichtshof hüllte seine Kritik vornehm in eine »Verfahrensrüge«: Wenn ein Gericht mitten im Prozess plötzlich die Geschichte umschreibt, deretwegen sie jemanden ins Gefängnis steckt, dann müsste es dem Angeklagten wenigstens rechtzeitig einen Hinweis geben, damit der sich gegen die neuen Vorwürfe verteidigen kann.

Doch der Fall Genditzki ist noch lange nicht gewonnen.

DRITTES KAPITEL

Verdacht

Ist der Frosch ein Schwein?

Da kommt er. Der Mann mit dem Fusselbart läuft durch die Ankunftshalle des Frankfurter Rhein-Main-Flughafens, geht die Treppe hinunter in den langen, öden Tunnel zu den Parkhaus-Schotten. Da steht sein Auto, allein. Als er die Tür öffnen will, treten zwei Polizisten auf ihn zu. »Herr Kachelmann?« Die Frage ist überflüssig, jeder kennt ihn, auch die beiden Beamten, die extra aus Schwetzingen hierher gereist sind. Jörg Kachelmann, 51, ist das bekannteste Wettergesicht aus dem Fernsehen, Aushängeschild und Miteigentümer der Schweizer Firma Meteomedia, die vor allem die deutsche »Tagesschau« jeden Abend mit dem Wetterbericht versorgt. Der Mann mit dem Gesicht eines freundlichen Wettergottes versteht es, mit ausladender Gebärde jedem noch so normalen Hochdruckgebiet Charakter und Tiefe zu geben, ein Thomas Gottschalk der Meteorologie.

Soeben kommt er zurück von den Olympischen Spielen in Vancouver, von wo er dem deutschen Publikum die Schneesituation in die Kameras erklärt hat. Der Direktflug LH 493 landet planmäßig um 10 Uhr 40, die Staatsanwaltschaft hat rechtzeitig von der Fluggesellschaft erfahren, dass Herr K. diesen Flug gebucht hat. Seit 24 Stunden schon ist das Parkhaus-Schott, in dem Kachelmanns Auto steht, für den Verkehr gesperrt. Frankfurter Polizisten observieren den Mann auf seinem Weg durch den Flughafen, beobachten, wie er eine Freundin begrüßt, die ihn abholt. Dann, im Parkhaus, übergeben sie den Schwetzinger Kollegen: Er kommt.

Es ist Samstag, 20. März 2010, 11 Uhr 40, draußen regnet es. Die Beamten präsentieren im trüben Neonlicht des muffigen Parkhauses Herrn Kachelmann ein rosa Papier. Es ist ein Haftbefehl.

Der freundliche Wetterfrosch steht unter dem »dringenden Tatverdacht«, am 8. Februar seine Freundin Claudia D. in Schwetzingen mit einem Messer bedroht und vergewaltigt zu haben.

»Ist der Frosch ein Schwein?«

Jörg Kachelmann, als Journalist ein Profi im griffigen Zuspitzen, formuliert die Frage selbst, die von da an die Republik bewegt. Der Verdacht, dass der populäre Wettermann ein widerwärtiges Verbrechen begangen hat, wird Stunden nach der Verhaftung im Parkhaus im Fernsehen verbreitet. Die Bilder seiner Vorführung vor dem Haftrichter kommen live in die Wohnzimmer wie einst seine Beschreibungen atlantischer Tiefausläufer. Sein Lächeln, sein Zuruf an die wartenden Reporter: »Ich bin unschuldig!«, das beeindruckt viele, nicht nur die Boulevardjournalisten. Da hat die Justiz einen am Wickel, eine ganz große Nummer, noch dazu einen so Netten, was haben die in der Hand gegen den? Der Haftrichter bestätigt den »dringenden Tatverdacht« trotz aller Beteuerungen Kachelmanns. Welche Beweise mögen die haben über die Ereignisse in Claudia D.s Schlafzimmer in jener Februarnacht?

Jörg Kachelmann saß danach 132 Tage in Untersuchungshaft, die ARD hat für immer sein Gesicht aus dem Programm gestrichen. Mehr als ein Jahr lang versuchte die

Justiz, dem Mann den Vorwurf zu beweisen, dessentwegen er am 20. März 2010 seine Freiheit und sein Ansehen verlor. Am 31. Mai 2011 schließlich gab sie es auf. Die Richter der Strafkammer am Mannheimer Landgericht sprachen Kachelmann frei – und gaben ihm ein lebenslanges Urteil mit: »Wir entlassen den Angeklagten mit einem möglicherweise nie mehr aus der Welt zu schaffenden Verdacht.« Der Verdacht, dass er Claudia D. doch vergewaltigt hat.

Ein Fehlurteil? Oder schlimmer? Gegen dieses »nie mehr« jedenfalls gibt es für den Verurteilten lebenslang keine Rechtsmittel.

Die Wahrheit – mehr oder weniger

Im Verhältnis zwischen der Justiz und ihren Bürgern gibt es nicht nur wahr und falsch – es gibt etwas dazwischen. Eine Behauptung kann ein bisschen wahr sein. Dann nennt man sie Verdacht. Das klingt in einem Rechtsstaat verblüffend. Kann es sein, dass die dritte Gewalt sich mit Halbwahrheiten abgibt?

Entscheiden unter Ungewissheit, Handeln auf Verdacht: Das ist auch im Rechtsstaat unvermeidbar. Abzuwarten, bis die Wahrheit unzweifelhaft erwiesen ist, kann sich die Polizei meist nicht leisten. Ihre Aufgabe ist es vor allem, Gefahren abzuwehren – aufgrund von Prognosen, was wahrscheinlich geschehen wird. Die Kriminalpolizei muss ebenso wie ihre Auftraggeber von der Staatsanwaltschaft im Ungewissen agieren: Ob es wahr ist, dass Jörg Kachelmann seine Freundin vergewaltigt hat, soll ja das Gericht in der Hauptverhandlung feststellen, darauf kommt es an diesem 20. März im Frankfurter Flughafenparkhaus gar nicht an. Es reicht, dass es jedenfalls nicht eindeutig unwahr ist. Das ist die Situation um 11 Uhr 40 bei der Verhaftung des Wettermanns: Der Vorwurf der

Vergewaltigung von Claudia D. ist nicht wahr und nicht falsch. Er ist etwas dazwischen.

Das ist eine Situation, die vor allem für jene gefährlich ist, die in Verdacht geraten. Ein Verdacht klebt. Und der Fall Kachelmann zeigt, dass er selbst dann kleben bleibt, wenn der Beschuldigte längst freigesprochen ist. Das geht nie wieder weg. Nie wieder wird das freundlich-flache Gesicht im öffentlich-rechtlichen Fernsehen grinsen. Und wenn doch, dann werden selbst bei den schönsten Hochdrucklagen die Zuschauer unwillkürlich daran denken, ob er nicht doch, damals, bei Claudia in Schwetzingen …

Die Asymmetrie von Glauben und Wahrheit macht Halbwahrheiten so gefährlich: Im Rechtsstaat sind sie geduldet als vorläufige Hilfskonstruktionen, die nur bis auf weitere Erkenntnis gelten. Doch die Maßnahmen, die von der dritten Gewalt aufgrund der vorläufigen Wahrheit ergriffen werden, sind wahrlich keine Halbheiten, sie haben sehr reale Wirkungen. Einen Menschen mit einem Strafverfahren zu überziehen ist nicht nur dann ein grausamer Eingriff, wenn der Mann ein Wettergott ist. Egal, was die Wahrheit ist: Wenn jemand aus heiterem Himmel von Polizeibeamten angesprochen wird, einen rosa Zettel vor die Nase gehalten bekommt, dann Handschellen, dann Haft, dann ein öffentliches Verfahren, das ist eine Weichenstellung im Leben, die – unabhängig von der Wahrheit – Katastrophen auslösen kann. Nicht umsonst werden Untersuchungshäftlinge wie Kachelmann durch den Spion in der Zellentür ständig beobachtet, ob sie sich nicht am Zellenfenster aufhängen.

In der Logik der Halbwahrheiten kann sich ein Verdächtiger schnell verirren. Seine Beteuerung, ich war's nicht, tut genau genommen nichts zur Sache. Wir haben ja nicht behauptet, mögen die Ermittler ihm entgegenhalten, dass du es warst, wir sagen ja nur: Du stehst in Verdacht, es getan zu haben. Das wird natürlich kein Staatsanwalt so sagen, weil es zynisch klingt. Der Staatsanwalt formuliert, damit es besser klingt, die Anklageschrift stets im Indikativ: »Der Angeklagte setzte seiner Bekannten das Messer an den Hals und drang dann gewaltsam in sie ein.« Das ist eigentlich eine Frechheit: Ob es so war, muss ja das Gericht erst beweisen. Bis dahin gilt die Unschuldsvermutung. Auch der Staatsanwalt dürfte nur formulieren: »Der Angeklagte steht in Verdacht ...« Verdacht darf nicht verwechselt werden mit Wahrheit. Deshalb wird ein Verdacht auch nicht falsch, nur weil sich später herausstellt, dass die Wahrheit anders aussieht. Ständig leitet die Staatsanwaltschaft Ermittlungsverfahren ein, weil der Anfangsverdacht einer Straftat besteht. Und in zwei Dritteln der Fälle stellt sie die Ermittlungen wieder ein, meist weil sich zeigt, dass der Verdacht nicht stimmt. Man kann ihr deshalb nicht vorwerfen, dass sie sich fehlerhaft verhalten hat. Ja, der Staatsanwalt, der Verdächtigungen besonders kritisch prüft, wird sich gern besonderes Pflichtbewusstsein bestätigen lassen.

Bedeutet das, ein Verdacht kann nicht falsch sein? Dies wäre eine bedrohliche Ermächtigung für polizeistaatliche Methoden im Umgang mit unliebsamen Bürgern. Wenn schwere Fehlurteile vermieden werden sollen, muss es möglich sein, schon rechtzeitig die halbe Wahrheit eines Verdachts von der rechtswidrigen falschen Verdächtigung abzugrenzen.

Ein Verdacht kann sich als berechtigt erweisen, auch wenn sich im Nachhinein herausstellt, dass er mit der Wahrheit nicht übereinstimmt. Ein Verdacht kann sich aber auch als unberechtigt erweisen, als falsch von Anfang an. Dann ist es ein vorgezogener Justizirrtum, ausgelöst von Staatsanwälten, Ermittlungsrichtern, der Strafkammer, die eine Anklage zulässt.

So gesehen ist der Fall Kachelmann ein Justizirrtum. Er ist ein Beispiel dafür, wie aus blindem Verfolgungseifer ein Mensch mit der Keule des Verdachts voreilig erschlagen wurde. Nur der Tatsache, dass er der berühmte Herr Kachelmann war, verdankt der Beschuldigte, dass die Glaubwürdigkeit des Verdachts, er sei ein Vergewaltiger, in allen Einzelheiten öffentlich diskutiert wurde. Sein Fall ließ wie keiner zuvor die Frage zur öffentlichen Angelegenheit werden: Wie kommt so ein Verdacht zustande? Was sind die Kriterien für jenes verhängnisvolle Vor-Urteil, mit dem die Ermittler einen Menschen zu einem »Beschuldigten« machen? So unglaublich leichtfertig schlug im Fall Kachelmann die Justiz mit der Keule des Verdachts zu, dass *Die Zeit* zu dem Ergebnis kam: »Dem Bürger muss die Vorstellung, in die Hände solcher Ermittler zu fallen, Angst machen.«

Der erste Schritt zu einem Fehlurteil ist ein falscher Verdacht. Aber wie lässt sich ein richtiger Verdacht von einem falschen unterscheiden?

Der dunkle Verdacht

»Verdacht« ist ein Tatbestandsmerkmal der Strafprozessordnung, über seine Verwendung entscheiden Juristen jeden Tag. Nur wenn die Bedeutung des gefährlichen Wortes im Gesetz so klar ist, dass die Gerichte über die Frage entscheiden können, ob das Wort richtig verwendet wurde, kann die Strafjustiz für sich in Anspruch nehmen, rechtsstaatlich zu funktionieren. Ein falscher Verdacht ist in diesem Sinne ein Verdacht, der nicht »Verdacht« im Sinne des Gesetzes ist.

Das Problem ist allerdings, dass das Gesetz nicht verrät, was in seinem Sinne ist. Den zentralen Begriff des »Verdachts« erwähnt die Strafprozessordnung nur beiläufig, definiert wird er nirgendwo richtig. Paragraf 152 der Strafprozessordnung (StPO) bezeichnet den entscheidenden Punkt, an dem der Staatsanwalt eine Akte anlegt: Das Verfahren beginnt, »sofern zureichende tatsächliche Anhaltspunkte vorliegen«. Anhaltspunkte wofür? Das Gesetz schweigt. Wann sind sie zureichend? Das Gesetz schweigt. Die Bedeutung von »Verdacht« ist dunkel.

Dennoch arbeitet die Justiz tagtäglich und meist ohne zu zögern mit dieser Vorschrift. Nur in seltenen Fällen, etwa als es 2011 um die Ermittlungen gegen den damaligen Bundespräsidenten Christian Wulff wegen »Vorteilsannahme« von seinen Hannoveraner Freunden ging, denken Juristen ganz genau darüber nach, was das eigentlich für eine Verdachtssituation ist, die das Gesetz da verlangt. Einen »Anfangsverdacht« nennt die Praxis das Vorliegen solcher Anhaltspunkte. Dann muss der Staatsanwalt einen Zettel ausfüllen, auf dem vorgedruckt steht: »Hiermit beginnt ein Ermittlungsverfahren. Gegen … Wegen des Verdachts …« Das erste Blatt einer Strafakte. Dieses Blatt macht einen Bürger zum Beschuldigten. Es kann sein, dass er es für den Rest seines Lebens bleibt.

In einem Rechtsstaat müssen die Voraussetzungen für staatliches Eingreifen genau und für jeden Bürger vorhersehbar vom Gesetz festgelegt sein. Doch das Verfahren beginnt, ohne dass Juristen Klarheit haben, was sie da eigentlich tun. Von Fall zu Fall vergewissern sie sich durch einen Blick in den »Kommentar«, eine Sammlung von Auslegungen der Gesetzestexte, die von Gerichten, von Rechtsprofessoren und vom Kommentator selber geäußert wurden. Lutz Meyer-Goßner ist so ein Kommentator. Er ist Richter am Bundesgerichtshof und hat so viel Autorität, dass sein Kommentar zur Strafprozessordnung praktisch auf dem Schreibtisch jedes Staatsanwalts steht. Auf das, was unter einem »Anfangsverdacht« verstanden wird, hat Herr Meyer-Goßner vielleicht mehr Einfluss als der Gesetzgeber.

Lesen wir bei ihm nach: Die Situation, in der ein Ermittlungsverfahren beginnen kann, so steht da, »muss es nach den kriminalistischen Erfahrungen als möglich erscheinen lassen, dass eine verfolgbare Straftat vorliegt«. Die

Juristen meinen, wenn sie von »möglich« sprechen, meist einen geringen Grad von Wahrscheinlichkeit. Eine gewisse Wahrscheinlichkeit, dass eine Straftat vorliegt, muss allerdings für den »Anfangsverdacht« gegeben sein. Das ist sinnvoll, weil Abstufungen der Verdachtswahrscheinlichkeit auch im weiteren Ermittlungsverfahren eine Rolle spielen. So verlangt zum Beispiel Paragraf 112 StPO für die Anordnung von Untersuchungshaft, dass der Anfangsverdacht sich zu einem »dringenden Tatverdacht« verdichtet haben muss. Dies ist nach Meyer-Goßner nur dann der Fall, wenn »die Wahrscheinlichkeit groß ist«, dass der Beschuldigte auch der Täter ist. Anklagen wiederum darf die Staatsanwaltschaft den Beschuldigten nur, wenn »hinreichender Tatverdacht besteht«, wenn, so der Kommentator, »mit Wahrscheinlichkeit eine Verurteilung zu erwarten ist«. Diese muss, nach Ansicht der meisten Juristen, eine »überwiegende Wahrscheinlichkeit« sein. Selbst ganz zum Schluss, wenn ein Strafrichter einen Angeklagten verurteilen will, geht es noch um Wahrscheinlichkeit. Die Schuld des Delinquenten muss »mit an Sicherheit grenzender Wahrscheinlichkeit« feststehen – so die einhellige Formel jeder Urteilsbegründung.

Mit Würfeln zu Wahrheit

Was aber ist Wahrscheinlichkeit? Wie ermittelt ein Staatsanwalt sie, wie überprüft sie ein Richter? Wie bestimmt man den notwendigen Grad der Wahrscheinlichkeit? »Wahrscheinlichkeit« ist der schwankende Boden, auf dem der Strafprozess ruht. Wenn es nicht gelingt, rationale Aussagen über Wahrscheinlichkeit zu treffen, wird der gefährliche Prozess der Wahrheitsfindung zum Glücksspiel. Armin Nack, einer der einflussreichsten Strafrichter Deutschlands, überprüft beim Bundesgerichtshof in Revisionsverfahren die Strafurteile der unteren Instanzen –

auch deren Wahrheitsfindung – auf »Verstöße gegen die Denkgesetze«. Doch mit den Denkgesetzen der Wahrscheinlichkeit, so weiß der BGH-Richter, haben die Kollegen massive Schwierigkeiten. Was Wunder: »Die deutsche Rechtswissenschaft«, klagt er, »befasst sich mit diesem Gebiet nur unzureichend. Was dazu gesagt wird, ist häufig unscharf.« Woher also sollen die Staatsanwälte und Richter, die täglich über die Freiheit von Verdächtigen entscheiden, es besser wissen?

Nack hat mit zwei Richterkollegen ein Buch geschrieben, *Tatsachenfeststellung vor Gericht*, vollgestopft mit Formeln und Details der Wahrscheinlichkeitsmathematik. Das Werk ist bekannt, doch welcher Praktiker hat schon Zeit, es zu lesen? Es fehlen den meisten schon die Grundlagen, so etwas überhaupt zu verstehen. Die Rechtsstudenten, die sich mit der Logik der Tatsachenfeststellung beschäftigen möchten, müssen ins Ausland gehen – an deutschen Universitäten wird so etwas kaum gelehrt. Das letzte brauchbare Lehrbuch zu diesem Thema, die *Juristische Begründungslehre* von den Rechtsprofessoren Hans-Joachim Koch und Helmut Rüßmann, erschien 1982 und ist längst vergriffen. Der herkömmliche Jurist, mokiert sich der Marburger Strafrechtsprofessor Walter Grasnick, »befasst sich allein mit dem faktenfreien Recht«, der noblen Aufgabe der Auslegung der Gesetze. Da kann man bequemerweise beim Grübeln durch die Realität nicht widerlegt werden. Tatsachen hingegen, so Grasnick, würden in seiner Branche nahezu gedankenlos erhoben: »Jeder tut es, doch keiner weiß, wie er es macht.«

Der Umgang mit der Wahrheit – ein Glücksspiel? Tatsächlich hat das Glücksspiel in den Jahrhunderte alten Bemühungen, Wahrscheinlichkeitsurteile zu begründen, keine geringe Bedeutung. Wahrscheinlichkeit ist eine Angelegenheit für Philosophen. Und die haben noch immer, wenn sie sich gestritten haben, wie man mit dem vertrackten Begriff umgehen soll, zum Würfelbecher gegriffen.

Die Justiz ist kein Würfelspiel. Doch der Würfel mit seinen sechs verschiedenen Seiten macht anschaulich, worum es im Kern geht, wenn der Richter, der Jörg Kachelmann in U-Haft schickte, zur Begründung ausführt, »wahrscheinlich« habe der Mann seine Freundin vergewaltigt.

Wie wahrscheinlich ist es, dass der Würfel unter dem Becher auf dem Tisch eine »Sechs« zeigt? Ein Sechstel, ist unsere spontane Antwort.

Rekonstruiert man, was in unserem Kopf vorgeht, wenn wir zu diesem intuitiven Schluss kommen, zeigt sich, wie kompliziert die Begründung ist. Mit »ein Sechstel« nämlich ist eine Relation gemeint: Das Verhältnis aller möglichen Würfelergebnisse zum fraglichen (und für den Spieler meist erwünschten) Ergebnis ist 6:1. Doch dies bleibt ein Zufallsspiel der Möglichkeiten, wenn wir nicht sagen können, mit welcher Sicherheit wir erwarten dürfen, dass nun tatsächlich bei diesem Wurf eine »Sechs« unterm Becher liegt. Das setzt zusätzliche Annahmen über den konkreten Würfel voraus, mit dem wir spielen. Die wichtigste Annahme wird in einem statistischen Satz ausgedrückt, der lautet:

S1: »Von allen Würfen mit diesem Würfel ist die Zahl der Würfe, in denen die Augenzahl 6 oben liegt, ein Sechstel.«

Für den Umgangssprachgebrauch hat sich eine leichter zu handhabende Wenn-dann-Ausdrucksweise eingebürgert:

S1': »Wenn mit diesem Würfel gewürfelt wird, dann ist in einem Sechstel der Fälle davon auszugehen, dass eine Sechs fällt.«

Diese statistische Aussage lässt sich in eine Wahrscheinlichkeitsaussage umformulieren:

S1'': Wenn mit diesem Würfel gewürfelt wird, ist die Wahrscheinlichkeit des Auftretens einer Sechs 1/6.

Zugleich gilt:

S2'': »Wenn mit diesem Würfel gewürfelt wird, ist mit der Wahrscheinlichkeit von 5/6 davon auszugehen, dass keine Sechs fällt« – die Summe der Wahrscheinlichkeitswerte für das Auftreten und das Nichtauftreten eines Ereignisses ist immer 1 = »sicher«.

Dann können wir unter der zusätzlichen Information

S3: »Jetzt fällt ein Wurf mit eben diesem Würfel« schließen: Es handelt sich mit der Wahrscheinlichkeit von einem Sechstel bei dem Wurf unter dem Becher um eine Sechs.

Was hat das mit Kachelmann zu tun? Es ist wichtig, sich vor Augen zu führen, dass die Regeln für Wahrscheinlichkeitsaussagen unabhängig davon gelten, ob die gesuchte Wahrheit in der Zukunft oder in der Vergangenheit liegt. Im ersten Fall sprechen wir von einer Prognose, im zweiten von einem Verdacht. Beiden Situationen ist gemeinsam, dass wir unsere Aussage über einen Sachverhalt treffen müssen, ohne diesen Sachverhalt unmittelbar beobachten zu können. Wir müssen ihn, so sagen die Theoretiker, »erschließen«.

Das Erschließen geht selten glatt. Denn S1 drückt eine Gesetzmäßigkeit aus, die nicht selbstverständlich ist. Es kann sich zum Beispiel um einen gezinkten Würfel handeln oder um einen Kubus in Quaderform – dann ändert sich die Häufigkeitsverteilung dramatisch. Der empirische Beweis über solche Gesetzmäßigkeit ist tatsächlich nur durch Ausprobieren zu erbringen. Das ist eine mühsame Angelegenheit. Da der Satz in Bezug auf »alle Würfe« gelten soll, muss unendlich oft gewürfelt werden. Wie immer bei der Bestätigung von Gesetzmäßigkeiten lassen wir's jedoch gut sein, wenn der Allsatz durch eine recht hohe Zahl von Würfen, also eine gute empirische Bestätigung, belegt ist. (Hier liegt ein großes philosophisches Problem, das Problem der induktiven Erweiterung. Es ist bis heute ungelöst. Da die Welt jedoch ganz gut auch so funktioniert, verdrängen wir es.)

Nur wenn wir die zusätzliche Bedingung der »Gleichverteilung« der Wahrscheinlichkeiten der Würfe auf alle Würfelseiten einführen, das wäre der »faire« Würfel, können wir uns solche Tests sparen. Doch schon in diesem Punkt unterscheidet sich die Arbeit eines Staatsanwalts von der eines Spielbudeninhabers. Die Wirklichkeit, mit der es die Kachelmann-Ermittler zu tun haben, lässt sich nicht so schematisch wie ein Würfel beurteilen. Und dennoch trafen auch die Ermittler, die an jenem regnerischen Sonntag im Flughafenparkhaus auf Jörg Kachelmann zutraten, eine Wahrscheinlichkeitsaussage. »Wahrscheinlich hat Kachelmann seine Freundin vergewaltigt.« Wie haben die das gemacht?

Die Lügenquote

Auch die Staatsanwälte, die nach Paragraf 112 der StPO beim Ermittlungsrichter einen Haftbefehl gegen den Beschuldigten K. wegen »dringenden Tatverdachts« beantragten, brauchten zur Begründung einen statistischen Satz von der Struktur S1. Dass sie so einen Satz sicher nicht in ihren Haftbefehlsantrag geschrieben haben, kann uns nicht an der Frage hindern, wie er denn hätte lauten müssen.

Auszugehen ist von der Tatsache, die zu erschließen ist, also der Tat, kurz T. Dann ist ein statistischer Satz wie S1" zu suchen, der eine Wahrscheinlichkeitsbeziehung zwischen T und dem herstellt, was die Ermittler gegen den Beschuldigten in der Hand haben, die Würfel und den Becher sozusagen.

Was hatten sie denn in der Hand?

Am Morgen des 9. Februar 2010 geht um 8 Uhr 11 bei der Polizei in Schwetzingen ein Anruf auf der Notrufnummer 110 ein. Claudias Vater meldet sich und teilt den Beamten mit, seine Tochter sei soeben bei ihm im Haus erschienen und habe erklärt, sie sei in der vergangenen Nacht vergewaltigt worden. Dann gibt er den Hörer weiter an die »Geschädigte«, wie es später im Polizeibericht heißt. Claudia erzählt und erhebt Vorwürfe gegen ihren Freund. Die Polizei schickt alsbald Kollegen vorbei, welche die junge Frau als Zeugin vernehmen.

Die ganze Geschichte von Anfang an: Jörg Kachelmann und Claudia D. lernten sich im September 1998 kennen. Damals machte Claudia als Moderatorin des Regionalsenders »Radio Sunshine« ein Interview mit dem sonnigen Wettermann. Der nahm beim Abschied ihre Hand, hielt sie lange und verließ das Treffen mit einer Visitenkarte, auf der Name und Telefonnummer der jungen Journalistin standen, die zunächst in der Presse nicht Claudia genannt werden durfte. Vier Tage später rief Kachelmann sie an, schon am nächsten Wochenende traf man sich, dann immer wieder in ihrer Wohnung in Schwetzingen unterm Dach. Elf Jahre lang dauerte das, mit einem festen Programm. Erst Sex im Schlafzimmer, dann Essen auf dem Sofa vorm Fernseher, Claudia hatte schon gekocht, wenn Kachelmann kam.

Auch ihren heißen Chat-Verkehr bekamen die Ermittler in die Hand, da ging es um Liebe, um gemeinsame Kinder. Claudia wünschte sich welche, und Kachelmann versprach, er wolle es versuchen. Was Claudia nicht wusste, allenfalls ahnte: Es gab außer ihr noch eine Sekretärin im Saarland, eine Meteorologin in der Schweiz und eine Studentin namens Miriam.

Und es gab die rätselhafte Frau S. Von der, berichtete Claudia den Ermittlern, habe sie Alarmierendes am Vortag in ihrem Briefkasten gefunden: ein Kuvert, darin die Kopien der Flugtickets nach Kanada, eines ausgestellt auf den Namen Kachelmann, das andere auf den Namen von Frau S. Dazu, mit Computer geschrieben, auf einem Blatt Papier der Hinweis: »Er schläft mit ihr.«

Am Abend des vorherigen Tages, so berichtet Claudia weiter der Polizei, sei Kachelmann wie verabredet aus dem Büro noch zu ihr gekommen. Sie habe ihn mit der Entdeckung aus dem Briefkasten konfrontiert. Der Freund sei wütend geworden, die »Augen hasserfüllt«. Aus dem Abtropfkorb in der Küche habe er ein schwarzes Tomatenmesser geholt. Er habe sie an den Haaren gepackt, den Kopf nach hinten gezogen. Das Messer an den Hals gedrückt. Sie aufs Bett geworfen. Messer wieder an den Hals. Er habe sich auf ihre Oberschenkel gekniet, sei in sie eingedrungen, habe das Haus verlassen, sie liegen gelassen »wie ein Stück Dreck«.

Claudia wird medizinisch untersucht, die Mediziner bestätigen Kratzer am Hals, Verletzungen und Blessuren an den Schenkeln. In ihrer Wohnung stellen die Ermittler das Messer sicher, es hat bei erster Betrachtung Blutanhaftungen. Auf dem Bettlaken registriert ein Spurensicherer »offenbar frische Spermaspuren«.

Reicht das für einen »dringenden Tatverdacht«? Auf den ersten Blick scheint die Sache klar zu sein – allerdings verhaften die Ermittler den Wettermann zunächst noch nicht. Sie lassen ihn vielmehr seine Reise nach Kanada antreten – obgleich auch eine medizinische Untersuchung seines Körpers möglicherweise Spuren hätte ergeben können, die Claudias Version stützten.

Doch Kachelmann schien in Kanada offenbar unter sicherer Aufsicht des deutschen Fernsehpublikums, und die Staatsanwälte konnten in Ruhe auf die Suche nach passenden Wahrscheinlichkeitserwägungen gehen. Bei näherer Betrachtung war das gar nicht so leicht. Das wichtigste Indiz war zweifellos Claudias Beschuldigung.

Der statistische Satz, den wir suchen, muss also eine Wahrscheinlichkeitsbeziehung zwischen der Beschuldigung B und der Tat T herstellen. Etwa so:

S4": Wenn eine Frau anzeigt, vergewaltigt worden zu sein, dann hat eine Vergewaltigung dieser Frau mit der Wahrscheinlichkeit von 1/X stattgefunden.

Oder S4: In der Menge aller Vergewaltigungsanzeigen ist die Menge der tatsächlichen Vergewaltigungen 1/X.

Es gibt zahlreiche Erfahrungen, die solche Aussagen zulassen, doch wer sich mit ihnen beschäftigt, begibt sich auf vermintes Gelände. Gesucht ist die Lügenquote. Es geht um die Frage, wie groß der Anteil von Falschbeschuldigungen durch angeblich vergewaltigte Frauen ist. Die Zeitschrift *Emma* machte alle Juristen, die darauf verwiesen, dass solche Beschuldigungen in einer beträchtlichen Zahl von Fällen zu Unrecht erhoben werden, als Wahrheitsunterdrücker, ja als potenzielle Vergewaltiger nieder.

Es gibt eine ganze Reihe von Untersuchungen mit den widersprüchlichsten Ergebnissen. Eine Hamburger Studie kam schon in den Achtzigerjahren zu dem Ergebnis, dass 6,1 Prozent aller angezeigten Vergewaltigungen gar keine waren. Andere Untersuchungen kamen auf eine Falschquote von bis zu 20 Prozent. Das bayerische Landeskriminalamt fragte im Jahr 2000 bei den Sachbearbeitern und Sachbearbeiterinnen für Vergewaltigungsdelikte herum. Die gaben an, etwa ein Drittel der angezeigten Fälle, in denen die Staatsanwaltschaft schließlich auf weitere Ermittlungen verzichtete, seien Fälle, in denen das vorgebliche Opfer die Tat vorgetäuscht oder jedenfalls falsche Beschuldigungen ausgesprochen habe. Weitverbreitet und viel beachtet ist eine US-amerikanische Studie, die zu einer Falschbeschuldigungsquote von 41 Prozent kommt – ein Ergebnis, das von Frauenrechtlerinnen leidenschaftlich bestritten wird. Doch auch die Erfahrungen deutscher Gerichtsmediziner verweisen auf beachtliche Quoten: Klaus Püschel, Direktor des Rechtsmedizinischen Instituts Hamburg, verriet der *Zeit*, im Jahr 2009 hätten sich 27 Prozent der angeblich Vergewaltigten bei der ärztlichen Untersuchung als Scheinopfer erwiesen, die sich ihre Verletzungen selbst zugefügt hätten. Der Kieler Psychologieprofessor Günter Köhnken, weltweit anerkannter Experte für die Glaubwürdigkeitsbeurteilung von Zeugen, meint, in 30 bis 40 Prozent aller Fälle, die ihm zur Begutachtung vorgelegt wurden, auf eine Falschbeschuldigung gestoßen zu sein.

Für einen Staatsanwalt, noch dazu für einen männlichen, ist das eine heikle Situation. Sicher reicht auch im ungünstigsten Fall eine eindeutige und widerspruchsfreie Strafanzeige einer Frau, um einen Anfangsverdacht zu begründen. Denn auch bei Zugrundelegung der allerungünstigsten Untersuchung – einer Falschquote von 41 Prozent – lässt sich der Satz aufstellen:

S5" Wenn eine Frau anzeigt, sie sei vergewaltigt worden, dann folgt mit einer Wahrscheinlichkeit von 59 Prozent, dass sie wirklich vergewaltigt worden ist.

Hinsichtlich der Anzeige von Claudia lässt sich deshalb festhalten, dass die Tat jedenfalls überwiegend wahrscheinlich war. Aber reicht das aus für einen Haftbefehl, für einen »dringenden Tatverdacht«?

Wahrscheinlichkeit – verkehrt herum

Auch als Kachelmann sechs Wochen später aus Kanada zurückkam und auf dem Flughafen verhaftet wurde, hatten die Ermittler noch immer nicht viel mehr in der Hand. Allerdings gab es ja noch das Messer, die Verletzungen bei Claudia, die Spermaflecken.

Konnten diese Indizien die Wahrscheinlichkeit erhöhen, dass Kachelmann getan hat, was ihm vorgeworfen wurde? Für sich gesehen sicher nicht. Wenn überhaupt ein statistischer Satz über die Relation blutbefleckter Tomatenmesser und Vergewaltigungen existieren sollte, wäre sicher die Wahrscheinlichkeitsrelation in keiner

Weise signifikant. Auch Verletzungen der Art, wie sie Claudia aufwies, lassen keine klaren Schlüsse zu. Später bestätigte das auch ein Rechtsmediziner für die Akten: Solche Verletzungen kann man sich ebenso selbst zufügen, mit dem Fingernagel und mit den Fäusten. Spermaflecken schließlich lassen zwar auf Sexualverkehr in Claudias Bett schließen, aber sie sagen nichts über die entscheidende Frage aus, ob dieser freiwillig erfolgte oder nicht.

Strafrechtler verweisen dann gern auf die »Gesamtsicht« aller Indizien, die zusammen gleichwohl die große Wahrscheinlichkeit der zu beweisenden Annahme begründeten. So argumentierte auch der Staatsanwalt im Kachelmann-Prozess bei seinem Schlussplädoyer, in dem er vier Jahre Gefängnisstrafe für den Vergewaltiger Kachelmann forderte: »Man kann alle Indizien auch anders werten, aber das ist das Wesen des Indizienprozesses, dass es auf die Gesamtschau ankommt.«

Das Wesen des Indizienprozesses ist ein gefährliches Unwesen. Das Argument der »Zusammenschau« aller Indizien vertuscht zu häufig, dass bei der Begründung einer Wahrscheinlichkeitsaussage gepfuscht wird.

Wo das Problem liegt, lässt sich mit willkürlich gegriffenen Rechenbeispielen zeigen: Bleiben wir beim Fall Kachelmann und unterstellen, dass sich nicht nur der Beschuldigung durch Claudia, sondern ebenso den übrigen Indizien ein Wahrscheinlichkeitswert für die Tatsache zuordnen lässt, dass die junge Frau von Kachelmann vergewaltigt wurde. Greifen wir plausible Werte: 1 Prozent (Messer); 20 Prozent (Verletzungen); 0,001 Prozent (Sperma).

Gehen wir von einem maximalen Wahrscheinlichkeitswert von 94 Prozent für Claudias Beschuldigung aus. Wie soll man jetzt rechnen, um die Wahrscheinlichkeit unter den Bedingungen einer Zusammensicht herauszubekommen?

Eine Addition ergibt: 115,001 Prozent gegen Kachelmann. Das ist offenkundiger Unsinn, denn mehr als 100 Prozent = 1 kann die Wahrscheinlichkeit definitionsgemäß nicht betragen. Es ist aus logischen Gründen verboten, die Wahrscheinlichkeitswerte konkurrierender statistischer Sätze einfach zusammenzuzählen. Intuitiv wird das verständlich, wenn man sich deutlich macht, dass sich statistische Relationen auch zu den unwichtigsten Umständen einer Tat herstellen lassen – vergleiche etwa den Spermafleck. Statistisch funktioniert es sogar, eine Relation zu Tageszeit und Bekleidung herzustellen. Wenn ich erlaube, auch geringste Wahrscheinlichkeitswerte zu einer Gesamtrechnung zu addieren, kann ich praktisch jedem Menschen mit der jeweils geforderten Wahrscheinlichkeit eine Straftat nachweisen, es ist nur eine Frage des Fleißes und der Rechenkapazität des Polizeicomputers. Eine solche »Gesamtsicht« ist unzulässig.

Vor ähnlichen Problemen standen die Staatsanwälte, die Mitte der Neunzigerjahre in Las Vegas (USA) den Footballstar O. J. Simpson angeklagt hatten, seine Frau und deren Liebhaber ermordet zu haben. Sie waren in großer Beweisnot – und klammerten sich an zuverlässige Informationen, wonach Simpson seine Frau häufig geschlagen habe. Für den berühmten Harvardprofessor und Rechtsanwalt Alan M. Dershowitz, der damals die Verteidiger von Simpson beriet, war das ein gefundenes Fressen. Dershowitz erklärte der Jury, das sei ein geradezu lächerliches Indiz: Es sei bewiesen, dass nicht mal 1 Promille der Männer, die ihre Frau schlagen, diese auch umbringen. Ob es an Dershowitz lag oder nicht: Die Jury votierte damals auf »nicht schuldig«.

Wahrscheinlich hatte keiner den Leserbrief gelesen, den der ebenfalls renommierte Statistiker Irving J. Good an die Wissenschaftszeitschrift *Nature* geschrieben hatte. Darin bewies er, dass Dershowitz und wahrscheinlich mit ihm die Geschworenen einem Trugschluss aufgesessen waren. Der Beweiswert der Tatsache, dass Simpson seine Frau geschlagen hatte, sei erheblich höher als behauptet.

Professor Good stellte ganz andere Relationen her als die herkömmlich eingeführten statistischen Sätze. Er drehte den Spieß um. Er fragte nicht: Wie viele Ehefrauenschläger werden zu Ehefrauenmördern? Sondern: Wie viele Ehefrauenmörder waren vorher Ehefrauenschläger?

Also nicht

S6': Wenn jemand seine Frau schlägt, dann bringt er sie in 1/X der Fälle um.

Sondern:

S7': Wenn jemand seine Frau umbringt, dann hat er sie in 1/X der Fälle vorher auch geschlagen.

Das ergibt ganz andere Quoten. Liegt der Wahrscheinlichkeitswert bei Satz S6' im Promillebereich, wäre es durchaus plausibel, für S7' einen »überwiegenden« Wahrscheinlichkeitswert größer als $^1/_2$ anzunehmen.

Kann man damit arbeiten? Noch nicht ganz. Erforderlich ist noch die Gegenprobe: Wie viele Ehemänner, die ihre Ehefrau nicht töten, schlagen sie denn?

S8' Wenn jemand seine Frau nicht umbringt, hat er sie in 1/X der Fälle vorher (»trotzdem«) geschlagen.

Erst mit S8' bekommt das Indiz seine Beweiskraft. Stellen wir uns vor, wir lebten in einer sehr gewalttätigen Macho-Gesellschaft, in der praktisch alle Männer ihre Ehefrauen ständig prügeln. Dann wäre das Prügelkriterium ohne jede Relevanz. Nur wenn der Unterschied zwischen der Schlägerquote der Ehefrauenmörder und der Schlägerquote der nicht mordenden Ehemänner beachtlich ist, lässt sich aus der Eigenschaft »Ehefrauenschläger« ein Wahrscheinlichkeitsurteil ableiten.

Diese Wahrscheinlichkeitsrechnung von hinten ist der »klassischen«, wie sie hier anfangs vorgestellt wurde, an Schlüssigkeit ebenbürtig. Das hat schon Mitte des 18. Jahrhunderts ein britischer Priester namens Thomas Bayes nachgewiesen. Der Mann – sein Hobby war übrigens das Glücksspiel – veröffentlichte seine Überlegungen in einer wahrscheinlichkeitstheoretischen Abhandlung, die damals kein Mensch beachtete. Erst nach seinem Tod fand jemand das Manuskript in Bayes' Nachttischschublade und trug den Text zur Royal Society of London. Die alte Idee wurde unter dem Titel »Bayes-Theorem« weltberühmt und ging dank Dershowitz' Kurzschluss auch in die Rechtsgeschichte ein. Es ist vor allem den Veröffentlichungen des logisch engagierten BGH-Richters Armin Nack zu verdanken, dass nun auch deutsche Strafrechtler sich mit der komplizierten Theorie herumplagen müssen beziehungsweise müssten.

Die Grundidee wird allerdings von den meisten Ermittlern heute praktiziert, wenn auch offen bleiben muss, ob sie wirklich wissen, was sie da tun. Sie benutzen das Bayes-Denkmodell, um die Wirkung einzelner Indizien auf eine vorgegebene Wahrscheinlichkeit, die »Ausgangswahrscheinlichkeit«, zu beurteilen. Wird die Ausgangswahrscheinlichkeit bei Hinzunahme von neuen Indizien erhöht oder nicht?

Das Frauenmörderbeispiel lässt sich ebenso auf Vergewaltiger anwenden:

S7' Wenn ein Mann seine Freundin vergewaltigt hat, dann hat er in 1/X der Fälle ein Messer in die Hand genommen, das dabei blutig wurde.

Gegenprobe:

S8' Wenn Männer ihre Freundinnen nicht vergewaltigen, dann nehmen sie (trotzdem) in 1/X der Fälle ein Messer in die Hand, das dabei blutig wird.

Das sieht zunächst bestechend aus. Wieder ein Rechenbeispiel mit gegriffenen Zahlen: Durch die Verkehrung der Wenn- und der Dann-Komponente gegenüber der Ausgangskonstellation schnellt der Wahrscheinlichkeitswert von 1 Prozent auf, na sagen wir, 10 Prozent. Man könnte auch sagen: Das Indiz ist relativ stark, wenn es relativ häufig in Zusammenhang mit Vergewaltigungen auftritt, wohingegen, wenn keine Vergewaltigung zu beklagen ist, es nur vergleichsweise selten zum Messergebrauch mit Blutanhaftungen kommt.

So wird schon ohne weitere statistische Untersuchungen klar, dass das Indiz nichts taugt. Auch der Autor dieser Zeilen, der gerne kocht, hat sich schon oft mit dem heimischen Tomatenmesser blutig geschnitten. Weil es immer Blut von der rechten Hand ist, das am Messer klebt, lässt sich daraus nur folgern, dass er Linkshänder ist. Mit den übrigen Indizien lassen sich ähnliche Denkübungen mit ähnlichen Ergebnissen anstellen. Auch mithilfe der Theorien des Reverend Bayes bekamen die Jäger des Frosches Kachelmann wenig mehr in die Hand als nichts.

»Er schläft mit ihr«

Wie sich das Maß der Wahrscheinlichkeit von einem Zeitpunkt auf den anderen ändern kann, zeigte eindrucksvoll der Fall Kachelmann. Am 27. April 2010, fünf Wochen nach der Verhaftung im Parkhaus, traf bei der Staatsanwaltschaft der Bericht des Bundeskriminalamts mit der Auswertung der Messerspuren ein. Ergebnis: Das Blut an der Schneide ist weder Claudia noch Kachelmann zuzuordnen. Weil die Spur so klein ist, lässt sich nicht mal klären, ob es sich überhaupt um Menschenblut handelt. Wenig aussagekräftiger waren auch die DNA-Spuren am Messergriff. Die Kriminaltechniker hatten eine »Mischspur« von mindestens zwei Personen gefunden, knapp an der Nachweisgrenze. Dass die DNA des Mannes dabei war, der angeblich das Messer mit fester Hand gegen seine Freundin geführt hatte, konnten die Ermittler »nicht ausschließen«. Auch das Indiz der Blessuren führte nicht weiter. Am 4. Mai – Kachelmann schmorte jetzt schon seit 44 Tagen in der Haft – bekundete ein von der Staatsanwaltschaft beauftragter Gerichtsmediziner, die Verletzungen bedeuteten gar nichts für die Tat, sie könnten auf alle möglichen Weisen entstanden sein, vom Opfer, unter Umständen in Täuschungsabsicht, auch selbst hervorgerufen.

Natürlich, mag man dem entgegenhalten, werden durch diese zusätzlichen Erkenntnisse die statistischen Erfahrungssätze nicht falsch, auf die der Staatsanwalt sein Wahrscheinlichkeitsurteil stützte. Der Wahrscheinlichkeitswert des Indizes Messer für eine Vergewaltigung, den wir oben ohne nähere Überprüfung mit 1 Prozent festgesetzt haben, ändert sich als solcher nicht.

Er beruht auf der Unterstellung eines halbwegs plausiblen statistischen Satzes, der lautet:

S9' Wenn ein blutiges Messer nahe dem Ort gefunden wird, an dem vorher Geschlechtsverkehr stattgefunden hat, dann hat in 1/100 der Fälle eine Vergewaltigung stattgefunden.

Wenn der Satz zutreffend ist, kann er auch nicht durch die Analyse des Bundeskriminalamts im Fall Kachelmann widerlegt werden. Es zeigt sich vielmehr, wie wichtig es ist, den richtigen statistischen Satz für die jeweilige Wissenssituation anzuwenden. Zum Zeitpunkt, an dem die Informationen aus dem Bundeskriminalamt vorlagen, konnte dies nur noch ein Satz sein, dessen Wenn-Komponente auch die neuen Umstände berücksichtigt. Es musste also ein statistischer Erfahrungssatz gesucht werden, der sinngemäß lautet:

S10' Wenn ein blutiges Messer, dessen DNA-Spuren keinen Hinweis auf den Benutzer zulassen, nahe dem Ort gefunden wird, an dem vorher Geschlechtsverkehr stattgefunden hat, dann hat in 1/X der Fälle eine Vergewaltigung stattgefunden.

Dass der Wahrscheinlichkeitswert von S10' erheblich kleiner ist als der von S9', wird durch folgende Überlegung plausibel: Die Vergewaltigungsfälle, die sich in der Quote von 1/100 in S9' verstecken, müssen fast alle Fälle sein, in denen der Täter das Messer tatsächlich gegen sein Opfer geführt hat, also fest in der Hand hatte – sodass sich unter den DNA-Spuren am Messergriff sehr häufig auch Spuren von ihm finden werden. Wenn solche Spuren sich nicht finden, fällt die Menge der Fälle, in denen der Täter mit festem Griff und ohne Handschuhe das Messer als Vergewaltigungsmittel einsetzte, aus der Menge der Vergewaltigungsfälle heraus – entsprechend vermindert sich die Quote des Verhältnisses von Wenn-Komponente und Dann-Komponente.

Hätte die Staatsanwaltschaft also pflichtgemäß am 27. April nach Eintreffen der Informationen aus dem Bundeskriminalamt ein neues Informationenbündel gebildet und einen entsprechenden statistischen Satz erhoben, wäre sie selbst zu dem Schluss gekommen, dass sie mit dem Indiz »Messer« nicht weiter sinnvoll arbeiten konnte.

Noch deutlicher wird das Desaster bei Betrachtung des Rückwärtsschlusses nach dem Bayes-Theorem, wie wir ihn in S7' und S8' angestellt haben. Dort hatten wir ein wenig gemogelt, indem wir die Relation zwischen Vergewaltigungen und Messer nicht mit »Messer nahe der Bettstatt«, sondern voraussetzungsvoller mit »Messer in der Hand des Täters« hergestellt haben, was zu der eindrucksvollen Annahme von 1/10 Wahrscheinlichkeit führte. Mit der neuen Information müsste jetzt ein Satz gebildet werden, der als Indizienmenge nicht mehr einfach »Messer in der Hand des Täters«, sondern »Messer in der Hand des Täters, aber keine nachweisbare DNA-Spur des Täters am Messergriff« einführt. Es liegt auf der Hand, dass diese Menge sehr viel geringer ist. Das hat zur Folge, dass der Wahrscheinlichkeitswert in Bodenlose fällt:

S11': Wenn jemand eine Frau vergewaltigt, dann hat er in 1/10 000 der Fälle zwar ein Messer geführt, aber keine nachweisbaren Spuren zu den DNA-Spuren am Messer beigetragen. (Abermals natürlich ein geschätzter, aber plausibler Wert.)

Der Kehrwert dieser Aussage als Gegenprobe:
S12': Wenn jemand gewaltlos mit einer Frau zusammenlebt, dann ist der Anteil der Fälle, in denen er gleichwohl ein Messer in der Hand hat, ohne daran Spuren zu hinterlassen, sicher nicht deutlich geringer als 1/10 000. Auch bei der Bayes-Betrachtung verliert das Messer durch die neuen Erkenntnisse also jede Beweiskraft.

Dass so alle Theorien und Theoreme hinfällig wurden, fiel im Fall Kachelmann relativ geringfügig ins Gewicht – gemessen an der desaströsen Fehleinschätzung der Hauptbelastungszeugin Claudia. Am 16. April hatten die Ermittler endlich gründlich den Computer der Radiomoderatorin durchsucht. Dabei waren sie darauf gestoßen, dass sie schon seit Monaten unter dem Pseudonym Christina Brandner über Facebook versucht hatte, Frau S. auszuspionieren. Claudia hatte ihr geschrieben und behauptet, sie von früher zu kennen, um sie auszuhorchen, was sie mit dem lieben Jörg trieb. Den Namen der Frau, so entdeckten die Ermittler, hatte Claudia schon vor einem Jahr gegoogelt. »Christina Brandner« leistete sich sogar eine kleine gemeine Intrige. Ein Freund, so behauptete sie in einer Mail, habe den Jörg neulich mit einer Neuen gesehen. Schade, schade, dann sei Frau S., die Ärmste, offenbar auch eine von Kachelmann Verlassene. Was für ein Blödsinn, postete Frau S. zurück, natürlich sei sie noch mit Jörg zusammen.

»Er schläft mit ihr«, diese vier bösen Worte hatte Claudia dann selbst in ihren Computer getippt, den Text auf einem Stick mit ins Büro genommen, dort ausgedruckt, schließlich sich selbst in den Briefkasten gesteckt, wo sie ihn dann laut ihrer polizeilichen Aussage am Tag des letzten Zusammentreffens mit Kachelmann »fand«.

Am 20. April konfrontierten die Ermittler Claudia mit den neuen Entdeckungen. Die Ertappte versuchte, sich herauszureden, und verstrickte sich dabei gleich in neue Lügen. Die Vernehmung wurde ohne weitere Aufklärung abgebrochen. Das einzig brauchbare Beweismittel gegen Kachelmann war ins Wanken geraten. Was ist von der Wahrscheinlichkeit einer Vergewaltigung zu halten, deren Opfer sich bei ihrer Beschuldigung in Lügen verstrickt?

$S13'$: Wenn eine Frau einen Mann der Vergewaltigung bezichtigt und ihre Aussagen über wichtige Tatumstände sich als Lügen erweisen, dann ist der Anteil der Fälle, in denen tatsächlich eine Vergewaltigung stattgefunden hat, sehr gering.

Jörg Kachelmann hätte sofort aus der Haft entlassen werden müssen. Doch die Staatsanwaltschaft rührte sich nicht. Stattdessen schritt sie am 17. Mai zur Tat: Sie klagte den Wettermann vor dem Landgericht Mannheim wegen schwerer Vergewaltigung an.

Wenige Tage später trifft die Ermittler der nächste Schlag: Am 30. Mai erhält die Staatsanwaltschaft das Gutachten der bekannten Psychologin Luise Greuel. Diese Expertin für Glaubwürdigkeitsanalysen hatte elf Stunden lang mit Claudia D. gesprochen. Ihr Urteil über die

Belastungszeugin ist vernichtend: Claudia habe die Tat nur sehr vage und oberflächlich beschrieben. Das »dynamische Geschehen« sei auffallend statisch wiedergegeben. Auch auf Befragen habe die Zeugin über wichtige Einzelheiten des Ablaufs keine Angaben machen können. Sie habe außergewöhnlich große Erinnerungslücken und habe über den Ablauf der Vergewaltigung Dinge berichtet, die »handlungstechnisch« unwahrscheinlich bis unmöglich seien.

Für Kachelmanns Verteidiger war nun die Anklage sturmreif. Er verlangte, Kachelmann sofort aus der Haft zu entlassen. Die Staatsanwaltschaft plädierte dagegen. Das Gericht lehnte ab. Das Strafgesetzbuch hält eine Menge Sanktionen gegen Amtsträger bereit, die Bürger wider besseres Wissen drangsalieren. »Freiheitsberaubung« im Amt oder »Verfolgung Unschuldiger«, schließlich noch »Rechtsbeugung«. Der Fall Kachelmann hätte genug Anlass geboten, der Frage nachzugehen, ob es nicht strafbar ist, ein so irrwitziges Spiel mit dem Bürger K. zu treiben. Natürlich hat es aber niemals ein Ermittlungsverfahren gegeben. Es lag, na klar, nicht mal ein Anfangsverdacht vor.

Nachschlag: Der Untergang des Lehrers Arnold

Alle Frauen sind potenzielle Lügnerinnen, alle Männer sind potenzielle Vergewaltiger. Fast alle. Strittig ist nur der Prozentsatz. Der Fall Kachelmann hat nicht nur das Vertrauen in die Justiz strapaziert, sondern mehr noch das Vertrauen zwischen den Geschlechtern. Es gab nicht nur die schrillen Töne von Alice Schwarzer in der *Bild*-Zeitung, die jene junge Radiomoderatorin unter ihren Schutz nahm und sie zum Opfer allein deshalb erklärte, weil sie eine Frau ist. Es gab auch das dumpfe Grollen vieler Männer, über jeden Verdacht erhaben, die sich schon als gedemütigtes Opfer rachsüchtiger, mit falschen Vorwürfen um sich werfender Frauen sahen. Das Schlimme: Beide Seiten hatten ja nicht unrecht. Was in den intimsten Stunden ohne Zeugen zwischen Mann und Frau geschieht, kann – so oder so – mit furchtbaren Verletzungen enden. Und die Justiz hat sich mit dem Vorhaben, hier Gerechtigkeit und Schutz des (der) Schwächeren zu schaffen, etwas aufgeladen, was sie, ohne die Sache noch schlimmer zu machen, kaum leisten kann.

Schon der Satz »in dubio pro reo«, als Grundlage jedes rechtsstaatlichen Strafrechts, wird im Dunkel des Schlafzimmers zum Problem. Der Satz, dass im Zweifel der Angeklagte freizusprechen ist, hinterlässt mit gewisser Wahrscheinlichkeit ebenfalls ein unschuldiges Opfer. Im Fall Kachelmann war es Claudia D. »In dubio pro Kachelmann« heißt ja, dass sie vielleicht doch von ihm vergewaltigt worden ist – das Gericht hat ja ausdrücklich darauf hingewiesen. Der Zweifel bleibt, ob sie nicht ein Opfer war, das die Justiz um Hilfe gebeten hatte und schließlich durch das Urteil als Lügnerin nach Hause geschickt wurde.

Ganz falsch, sagen die Juristen, ein Freispruch wie der für Kachelmann bedeute ja nur, dass es der Justiz nicht gelungen ist, einen vernünftigen statistischen Satz zu finden, dessen Wahrscheinlichkeitswert die Dann-Komponente hinreichend sicher erscheinen ließ. Das ist, so könnte man sagen, einfach eine Frage der Logik.

Schöne Logik, könnte die Frau meinen, die das Gericht daran hindert, einen Kerl, der mich zum Sex gezwungen und liegen gelassen hat »wie ein Stück Dreck«, zur Verantwortung zu ziehen. Ihr Juristen veranstaltet Gedankenturnereien und beruft euch dabei auf Glücksspielexperten wie den fragwürdigen Reverend Bayes – mit dem Ergebnis, dass ich öffentlich als Lügnerin vorgeführt werde, obgleich es doch genau umgekehrt war. Ist das nicht der schlimmste Justizirrtum von allen?

Mit Strafverfahren wegen Vergewaltigung hat im Zuständigkeitsbereich »Allgemeine Kriminalität« fast jeder Staatsanwalt und jeder Strafrichter zu tun – ständig. Und Strafjuristen, die ihre Aufgabe ernst nehmen, können diesen Konflikt nicht einfach wegstecken. Sie sind ja angetreten, die große Erwartung zu erfüllen, die Männer wie Frauen gleichermaßen in ihre Arbeit haben: den Regeln des Strafrechts über Gut und Böse Geltung, Glaubwürdigkeit zu verschaffen. Es gibt ja auch keinen ernst zu nehmenden Dissens zwischen Männern und Frauen darüber, dass Vergewaltigung ein widerliches Verbrechen ist und seine strenge Ahndung geboten.

Darum wäre es zu einfach, der Beweislosigkeit, wie sie an Tatorten der einschlägigen Art nun mal herrscht, mit Schulterzucken zu begegnen und – »in dubio pro reo« – auf Vergewaltigungsanklagen in solchen Fällen zu verzichten. Es muss, so sagen gewissenhafte Staatsanwälte, die rechtlich korrekte Möglichkeit geben, einer Frau ihre Behauptung zu glauben, auch wenn sie keine anderen Beweise vorbringen kann als ihre Beteuerungen, wie schrecklich alles war.

Dies ist ein ehrenwerter, ein moralisch unangreifbarer Weg, die Wahrheit zu suchen. Und zu ihren Gunsten sei den Ermittlern im Fall Kachelmann unterstellt, dass sie zunächst versucht haben, diesen Weg zu gehen. Doch dieser Weg verläuft manchmal wie ein Marsch durchs Gelände: Erst gibt es einen Feldweg, später noch zwei Fahrspuren im Gras, niedergetretenes Gras, dann ein paar Zweige, einen Busch – und dann steht man nur noch im Unterholz, ohne jede Orientierung. Kachelmann berichtet, wie verzweifelt er gewesen sei, als der Staatsanwalt seinen Unschuldsbeteuerungen knapp entgegenhielt: »Aus aussagepsychologischen Gründen glaube ich nun mal der Beschuldigung. Punkt.«

Keinen Rückweg findet, wer sich auf solche Ausflüge einlässt. So ist es mit Wahrheit und Glauben: Die Übergänge sind gefährlich unauffällig. Dass er sich verirrt hat, merkt so mancher Ankläger erst, wenn der Prozess schon terminiert ist, alle Zeugen geladen sind, die Öffentlichkeit alarmiert ist und der Angeklagte bereits Monate seines Lebens in Untersuchungshaft verbracht hat. Ein Held, wer da den Mut hat, »Stopp« zu rufen. Solche Helden sind selten, und darum ist eine Beschuldigung wegen Vergewaltigung so gefährlich. Ein Mann, der deshalb in Verdacht gerät, kann daran zugrunde gehen.

So ging es Horst Arnold. Der Studienrat, Jahrgang 1959, unterrichtete bis 2001 Biologie und Sport an der Georg-August-Zinn-Schule in Reichelsheim im Odenwald. Doch eines Morgens standen sechs Polizeibeamte vor seiner Tür. »Jetzt kommen Sie schon mit«, sollen sie gesagt haben, als sie Arnold den Haftbefehl präsentierten. Der Vorwurf: Vergewaltigung einer Kollegin im Bio-Raum.

Es sei, so hatte die Lehrerin behauptet, am 28. August in der Schulpause passiert. Allein mit ihr im Raum habe Arnold sie bedrängt, ihr den Mund zugehalten, sie geboxt und getreten, als sie sich gewehrt habe. Dann habe der Pädagoge ihren Wickelrock und den Stringtanga beiseitegeschoben und ...

Eine Sonderermittlungsgruppe der Polizei hatte daraufhin wochenlang heimlich Arnolds Privatleben ausspioniert, ohne bemerkenswerte Ergebnisse – außer dass er gerne mal ein Glas zu viel trank. Doch Arnolds Zuversicht, die »frei erfundene« Geschichte einfach aus der Welt zu bringen, schwand schnell.

Aus der Untersuchungshaft in Weiterstadt wurde er im Juni 2002 auf die Anklagebank der 12. Großen Strafkammer des Landgerichts Darmstadt geführt. Die Verhandlung dauerte fünf Tage. Als einzigen Beweis gab es die Aussage der Lehrerin über die Geschichte im Bio-Raum. Das reichte den Richtern. Das Urteil: fünf Jahre Haft. Eine

»Falschbezichtigung«, so hielt das Urteil ausdrücklich fest, sei »ausgeschlossen«. Die Revision blieb erfolglos: »Rechtsfehler nicht erkennbar.«

Arnold, dem Gutachter einen »Hang, alkoholische Getränke im Übermaß zu sich zu nehmen« und »charakterliche Verwahrlosung« bescheinigt hatten, kam zunächst nicht ins Gefängnis, sondern in die geschlossene Psychiatrie in Hadamar. Dort teilten sie ihn ein für die »Therapie für Sexualstraftäter«. Er sollte einen Entschuldigungsbrief an das Opfer schreiben. Arnold widersetzte sich. Ergebnis: Man hielt ihn auch noch für uneinsichtig – ein schwerer Fall.

Nach 700 Tagen Psycho-Haft entließen sie den Mann endlich ins Gefängnis – in Butzbach saß er dann bis zum Oktober 2006. Am Ende ließen sie ihn unter »Führungsaufsicht« frei. Arnold hatte sein Haus verkaufen müssen, weil er die Immobilienkreditraten nicht mehr bezahlen konnte, er hatte keinen Beruf mehr, er war nun ein Verbrecher. Er kroch bei seinen Eltern unter, lebte wie einst als Student von einem Taschengeld.

Ein Berliner Rechtsanwalt, der mit dem Fall nichts zu tun hatte, mit Strafrecht überhaupt nicht, erfuhr die Geschichte von seiner Schwester, die – man glaubt es nicht – Frauenbeauftragte der Odenwälder Schulen war. Sie erzählte ihrem Juristenbruder von dem schrecklichen Ruf einer Lügen-Lehrerin, die seit Jahren die Schulen in ihrer Gegend mit erfundenen Schreckensgeschichten nerve und ständig ihren Arbeitsplatz wechsle. Und, fügte die Frauenbeauftragte hinzu, stell dir vor, vor Jahren hat sie sogar den netten Kollegen Arnold hinter Gitter gebracht, mit der Behauptung, er habe sie vergewaltigt.

Der Anwalt fand die Geschichte so aberwitzig, dass er ohne Auftrag zu recherchieren begann. Was war wirklich mit dem Lehrer Arnold? Im Jahr 2008 beantragte er ein

Wiederaufnahmeverfahren. Der Antrag wurde fast ein Jahr lang nicht einmal bearbeitet. Dann kam Post von der Staatsanwaltschaft: Sie wies den Antrag zurück. Doch Beharrlichkeit siegt. 2011 sprach in einem erneuten Prozess das Landgericht Kassel den Lehrer Arnold »wegen erwiesener Unschuld« vom Vorwurf der Vergewaltigung frei. Das vorgebliche Opfer, so die Kasseler Richter, habe die Kollegen in Darmstadt »von vorn bis hinten« belogen. Um sich wichtig zu machen, habe die Frau »aberwitzige Geschichten erfunden«. Dass das alles ein Fake war, erklärten die Richter, hätte man schon merken können, als die Frau bald nach der vorgeblichen Tat als »Kompensation« für die Vergewaltigung von der Schulbehörde ihre Verbeamtung gefordert habe.

So ist das mit Glaube und Wahrheit: Hinterher wissen alle alles besser. Den Lehrer Arnold hat das nicht gerettet. Wir werden noch von ihm lesen.

Zu Protokoll

»Es ist ja alles im Kopf.«

Der Psychologieprofessor Günter Köhnken über die Wahrheit von Zeugenaussagen

Darnstädt: Herr Professor Köhnken, wenn ein Zeuge bei seiner Aussage vor Gericht die Luft anhält, lügt er. Richtig?

Köhnken: Das ist dummes Zeug.

D: Das ist aber eine Regel, die mir ein hoher Richter über seine Erfahrungen mit der Wahrheitsfindung vor Gericht genannt hat.

K: Darüber gibt es relativ viel Forschung. Es gibt über 200 empirische Untersuchungen und mehrere Metaanalysen darüber, ob es nonverbale Verhaltensweisen gibt, an denen man erkennen kann, ob jemand lügt. Wie oft fasst sich jemand an die Nase, wie oft hält er die Luft an? Was man daraus ableiten kann, ist, dass diese Dinge für den Einzelfall völlig unbrauchbar sind.

D: Wie kann man denn dann herauskriegen, ob es stimmt, was ein Zeuge sagt?

K: Wir machen eine Art Leistungsdiagnostik beim Zeugen und untersuchen, ob dieser Zeuge fähig gewesen wäre, seine Geschichte auch dann zu erzählen, wenn er das Geschilderte gar nicht selbst erlebt hätte.

D: So untersuchen Sie, ob der Zeuge zur Unwahrheit fähig ist?

K: Stellen Sie sich vor, dass ein Kind ohne eigene sexuelle Erfahrungen oder diesbezügliche Kenntnisse aus anderen Quellen bestimmte sexuelle Erlebnisse schildert. Man muss sich dann fragen, ob es überhaupt dazu in der Lage gewesen wäre, sich Derartiges einfach auszudenken. Wenn es das nicht gekonnt hätte, ist die Wahrscheinlichkeit hoch, dass es das tatsächlich erlebt hat.

D: Kann man bei Erwachsenen ebenso vorgehen?

K: Ja. Wir untersuchen generell, zu welcher Aussageleistung jemand in der Lage wäre, wenn er das behauptete Erlebnis nicht gehabt hätte. Das ist dann die Messlatte, mit der die festgestellte Aussagequalität verglichen wird. Wenn die Aussagequalität unter dieser Messlatte liegt, kann man nicht mehr eindeutig sagen, dass die Aussage nur durch ein eigenes Erlebnis erklärt werden kann.

D: In vielen Fällen ist man also so schlau wie zuvor?

K: Es kommen ja weitere Analysen hinzu. So untersuchen wir zum Beispiel die genauen Umstände der Erstaussage: Wann hat dieser Zeuge aus welchem Anlass wem gegenüber was gesagt? Es ist ein großer Unterschied, ob ein Kind spontan, aus eigener Initiative, etwas berichtet, oder ob es sich erst auf viele Fragen oder gar Vorhaltungen äußert.

D: Wenn ein Kind spontan erzählt, möchte man ihm eher glauben?

K: Es ist jedenfalls so, dass spontane Äußerungen von Kindern über sexuelle Erlebnisse häufiger zutreffend sind als Angaben auf entsprechende Vorhaltungen. Ein besonderes Problem gibt es, wenn der Verdacht besteht, dass jemand dem Kind etwas angetan haben könnte. Die Eltern machen sich dann verständlicherweise Sorgen und versuchen, diesen Verdacht aufzuklären. Wenn ein Kind auf die Frage, ob ihm etwas Bestimmtes passiert sei, Nein sagt, wird dieses Nein unter Umständen nicht akzeptiert. Man glaubt etwa, dass das Kind sich nur nicht traut zu sagen, was ihm passiert ist. Dann fragt man möglicherweise so lange weiter, bis das Kind den Verdacht schließlich scheinbar bestätigt. Wenn ich an manche Akten denke, die ich gesehen habe, dann stehen mir die Haare zu Berge angesichts des Befragungsmarathons, dem ein Kind da ausgesetzt ist.

D: Hat es in solchen Fällen überhaupt noch einen Sinn, den Prozess gegen einen wegen Missbrauchs Angeklagten fortzusetzen?

K: Das ist eine Entscheidung des Gerichts. Wenn sich jedoch in der Entstehung der Aussage Anhaltspunkte für suggestive Beeinflussung finden, dann braucht man mit Aussageanalysen gar nicht mehr weiterzumachen.

D: Auch ein Zeuge, der nach den Regeln der Kunst befragt worden ist, kann überzeugende, aber dennoch unrichtige Geschichten erzählen.

K: Da hilft uns oft die Konstanzanalyse. Es gibt in der Regel mehrere Gelegenheiten, bei denen ein Zeuge seine Aussage machen musste. Und wir lassen uns bei der Begutachtung eines Zeugen den Sachverhalt auch noch einmal schildern. Man vergleicht dann, ob der Kernbereich der Schilderung des Geschehens übereinstimmt.

D: Es kann natürlich auch sein, dass ein Zeuge seine Rolle ordentlich gelernt hat.

K: Dagegen hilft dann möglicherweise eine qualitative Aussageanalyse. Dabei suchen wir die Aussage nach bestimmten Merkmalen ab. Es gibt 19 solcher Glaubhaftigkeitskriterien. Beispielsweise werden originelle Details oder Komplikationen eher in erlebnisbegründeten Aussagen gefunden.

D: Je komplizierter, desto wahrer?

K: Komplikationen sind manchmal ein starkes Kriterium. Ich hatte den Fall eines elfjährigen Jungen, der erzählte, der Vater seines Freundes habe ihn in den Keller gelockt: Ich habe da noch eine elektrische Eisenbahn, willst du die mal sehen? Und die wollte er natürlich sehen. Und dann ist der Vater mit ihm in den Keller runtergegangen, es war ein Mehrfamilienhaus, wo unten ein großer

Kellerraum ist mit diesen abgeteilten Kabäuschen. Dann sind die also in das Kabäuschen, das zu der Wohnung gehörte. Der Vater, so erzählte er, hat eine Lokomotive aus einem Karton rausgeholt. Und der Junge war ganz fasziniert. Dann hätte der Mann ihm mit der Hand in die Hose gefasst. Und dann sagte der Junge: Wir hörten plötzlich, wie vorne die Kellertür aufging. Und dann hat er die Hand rausgenommen und hat »pssst« gemacht. Da sind wir ganz still stehen geblieben und haben gehört, wie die Schritte schnell vorbeigingen. Und als dann hinten die Kellertür wieder zufiel, die Schritte wieder weg waren, hat er mir wieder in die Hose gefasst. So etwas finden Sie fast nie in ausgedachten Aussagen.

D: Nun gibt es aber auch Geschichten, die sind leider wahr, aber ganz unkompliziert.

K: Es gibt fast nie Aussagen, in denen alle 19 Kriterien vorkommen.

D: Und wenn Sie zu wenige finden?

K: Die festgestellte Qualität der Aussage muss zu den Kenntnissen und Fähigkeiten des Zeugen in Beziehung gesetzt werden. Wenn beispielsweise jemand nur geringe geistige Fähigkeiten hat, kann möglicherweise auch bei einer geringen Aussagequalität angenommen werden, dass der Zeuge sich dies nicht hätte ausdenken können.

D: Und zum Schluss bekommt der Zeuge dann eine Art Glaubwürdigkeitskoeffizienten, eine Zahl, mit der das Gericht arbeiten kann?

K: Das lässt sich nicht quantifizieren. Zu unterschiedlich sind die Zeugen, und zu unterschiedlich sind die jeweiligen Fallkonstellationen. Man muss am Ende immer eine auf den Einzelfall bezogene Beurteilung vornehmen.

D: Lassen sich auch Geständnisse auf ihre Echtheit überprüfen?

K: Auch Geständnisse. Das ist im Kern ja nichts anderes. Hat jemand das, was er da behauptet, tatsächlich selber gemacht, erlebt oder hat er das nicht erlebt?

D : Das ist sicherlich von existenzieller Bedeutung für Angeklagte, die – wie häufig – ihre Geständnisse widerrufen.

K : Ja. Wir haben hier in Kiel 2010 einen Fall gehabt, wo es um einen Mordvorwurf ging. Jemand, der psychisch gestört war, soll vor 17 Jahren eine Frau umgebracht haben, mit der er in einer Beschützenden Werkstatt zusammengearbeitet hat. In der polizeilichen Vernehmung hat er dann unter sehr dubiosen Umständen eingeräumt, dass er es getan habe. Er hat das später widerrufen. Ich bin vom Gericht beauftragt worden, diese Geständnisaussage zu analysieren.

D : Dass Geständnisse unter »dubiosen« Umständen zustande kommen, ist ja gar nicht so selten.

K : Hier war das Geständnis jedenfalls völlig unbrauchbar. Man kann nicht sagen, dass es falsch war, aber es war in sich widersprüchlich und unlogisch. Beispielsweise ging es um die Frage: Wo ist denn die Leiche abgeblieben? Der Beschuldigte hat dann gesagt, er hätte die Leiche in einem Wald mit bloßen Händen vergraben, und zwar unter dem ältesten Baum in diesem Wald. Es ist ziemlich realitätsfremd, im Wurzelwerk eines großen Baums mit bloßen Händen ein Grab zu graben. Man fand die Leiche dort natürlich nicht. Dann sagte er, die hätte er wieder ausgebuddelt und sie in einen Betonschredder geworfen. Dabei seien die künstlichen Hüftgelenke der Toten zum Vorschein gekommen. Die beschrieb er ganz genau. Später stellte sich heraus, das Opfer hatte gar keine künstlichen Hüftgelenke.

D : Da braucht es doch keinen Psychologen, jeder Kriminalist müsste das erkennen.

K : Das habe ich auch gedacht. Aber: Wenn jemand eine feste Überzeugung hat und dann Informationen bekommt, die zu dieser Überzeugung nicht passen, dann werden die möglicherweise entweder nicht zur Kenntnis genommen oder bagatellisiert oder umgedeutet. Was wir hier hatten, deutet sehr stark in die Richtung solcher Mechanismen. Die Polizei hatte monatelang einen verdeckten Ermittler auf den Mann angesetzt. Sie hatte auch keinen anderen Verdächtigen, der infrage gekommen wäre.

D: Es kann sein, dass jemand etwas aussagt, das ihm fälschlich unterschoben oder suggeriert wurde. Ebenso gut kann er sich aber etwas einbilden, eine Wahnvorstellung haben.

K: Wir nennen das Autosuggestion. Das ist ein Problem, das wir nur sehr schwer in den Griff bekommen. Vieles ist noch nicht erforscht. Wenn sich jemand selbst etwas einredet, dann gibt es kaum äußerlich feststellbare Sachverhalte. Es ist ja alles im Kopf. Alles, was man sagen kann, ist, dass es das Phänomen offensichtlich gibt, und dass das zu Scheinerinnerungen führen kann.

D: Es gibt erschreckend viele Fälle, in denen junge Frauen ihre Väter oder deren Bekannte fälschlich beschuldigen, sie sexuell missbraucht zu haben. Beruht das auch auf Autosuggestion?

K: Das kann sein. Manchmal hängt es auch mit bestimmten psychischen Störungen zusammen. In Betracht kommt häufig eine Borderline-Persönlichkeitsstörung. Dabei kann es zum Beispiel auch vorkommen, dass einvernehmliche sexuelle Kontakte plötzlich als erzwungen umgedeutet werden.

D: Woran erkennen Sie, dass jemand unter einer solchen Störung leidet?

K: Es gibt hierfür standardisierte diagnostische Merkmale, anhand derer man eine Person untersucht.

D: Kann das auch mit einem übersteigerten Geltungsbedürfnis zusammenhängen?

K: Das kann beispielsweise bei einer histrionischen Persönlichkeitsstörung der Fall sein. Die hiervon betroffenen Personen wollen unbedingt die Aufmerksamkeit anderer haben, im Mittelpunkt stehen. Manche machen das, indem sie sich die Haare lila färben oder in irgendwelchen verrückten Klamotten herumlaufen. Manche machen es aber auch dadurch, dass sie dramatisierte Geschichten erzählen.

D: Wie groß ist die Gefahr, dass ein Gericht solchen begabten Geschichtenerzählern aufsitzt?

K: Das kann schon passieren. Die hiervon betroffenen Personen haben das Verhalten zur Gewinnung von Aufmerksamkeit oftmals seit Langem eingeübt. Außerdem ist diese Symptomatik nur schwer zu erkennen. Da sie detaillierte und von Emotionen begleitete Geschichten erzählen, sind sie für die Justiz scheinbar ideale Zeugen.

D: Sind Sie schon mal auf einen Histrioniker als Zeugen hereingefallen?

K: Man weiß es nicht, das ist ja das Problem.

D: Komplett erfundene Verbrechen, die zu einer lebenslangen Freiheitsstrafe führen, einfach weil das Gericht einem begnadeten Gestörten geglaubt hat?

K: Auszuschließen ist das nicht.

D: Das könnte zu Missbrauch ermutigen. Wenn es einem wahnhaften Geist möglich ist, ein Gericht oder sogar Gutachter in die Irre zu führen, dann wäre es einen Versuch wert, dessen Tricks bewusst zu kopieren. Kann man so etwas lernen?

K: Die Aussagevorbereitung bei Zeugen ist ein großes Problem. Man kann möglicherweise jemanden darauf trainieren, wie er besonders glaubwürdig wirken kann.

D: Welche Mittel hat Ihre Wissenschaft dagegen?

K: Wir arbeiten dran. Man kann beispielsweise die Aufgabe eines Zeugen erschweren, sodass die Vorbereitungsmaßnahmen nicht ausreichen.

D: Verraten Sie, wie Sie das machen?

K: Ich möchte darüber nicht sprechen. Das ist wie ein Rüstungswettlauf. Wir müssen den Trainern immer einen Schritt voraus sein. Ziel ist es, die falsch aussagenden Personen zu entlarven, ohne die wahr aussagenden in Schwierigkeiten zu bringen.

D : Die besten Methoden helfen nicht, wenn das Gericht Sie nicht danach fragt. Die Beurteilung der Glaubwürdigkeit von Zeugen gilt ja als ureigenste Aufgabe von Richtern. Die Einschaltung von Gutachtern soll die enge Ausnahme sein.

K : Die Richter haben viel dazugelernt. Sie wissen, wie wir vorgehen, und wenden diese Kenntnisse häufig selbst an. Das ist ja keine Geheimwissenschaft, das können Richter auch. Außerdem gibt es viele Fortbildungsveranstaltungen für Richter.

D : Aber wie soll der Richter merken, wenn es zu kompliziert für ihn wird?

K : Wenn psychische Störungen nicht ausgeschlossen werden können, wenn es in der Vorgeschichte psychotherapeutische Kontakte gab, dann bedarf es häufig gutachterlicher Hilfe. Da stoßen Richter, auch wenn sie sich inhaltlich mit der Aussageanalyse beschäftigt haben, dann doch an Grenzen.

D : Aber wie erkennen Richter, dass sie überfordert sind? Gerade bei den gefürchteten Histrionikern merkt man ja nichts ...

K : Es gibt immer Konstellationen, wo eine Beurteilung für Laien sehr schwierig ist. Eigentlich müsste routinemäßig schon bei den polizeilichen oder staatsanwaltschaftlichen Ermittlungen in einer sehr frühen Phase erfragt werden, ob es psychische Auffälligkeiten bei dem jeweiligen Zeugen gibt. Die Ermittler sind jedoch sehr auf die Tat fokussiert. Sie sind eben Kriminalisten und keine Psychologen. Bei der Analyse von Ermittlungsakten sind wir manchmal erschrocken, wie wenige psychologisch relevante Informationen darin enthalten sind. Dadurch ist es für ein Gericht sehr schwer zu erkennen, ob es einen Sachverständigen benötigt.

D : Es gibt bemerkenswert viele Fälle, in denen auch ein Gutachter nicht merkt, dass mit einem Zeugen etwas nicht stimmt. Der Bundesgerichtshof hat mehrfach Urteile aufgehoben, weil die Sachverständigen Hinweisen auf Persönlichkeitsstörungen nicht genügend nachgegangen sind.

K: Manche Gutachter wissen es halt nicht besser.

D: Gibt es Kollegen von Ihnen, die unfähig sind?

K: Es gibt in allen Lebensbereichen Menschen, die Fehler machen.

D: Wie kann man die Justiz vor solchen Geisterfahrern schützen?

K: Es gibt zertifizierte forensische Fachpsychologen, die an intensiven Fortbildungsmaßnahmen teilgenommen haben. Viele fragen auch selbst nach Fortbildungsmöglichkeiten.

D: Es gibt allerdings auch Gutachter, die beratungsresistent sind.

K: Denen müsste man sagen: Verdammt noch mal, wenn man schon hauptberuflich in diesem Bereich tätig ist, dann muss man sich doch entsprechend weiterbilden!

VIERTES KAPITEL

Geständnisse

Tot ist tot

Manchmal dauert es Jahre, bis die Wahrheit über die Justiz hereinbricht. Dann aber kommt sie mit voller Wucht.

So geschah es am Dienstag, dem 10. März 2009, in der Nähe von Ingolstadt. An der Donau-Staustufe Bergheim war etwas nicht in Ordnung. Die Eon Wasserkraft GmbH hatte schon im Februar den Behörden mitgeteilt, dass offenbar Autowracks am Grund des Flusses vor der Staumauer hingen. Feuerwehrtaucher entdeckten in 3,70 Metern Tiefe einen schlammbedeckten Mercedes E 230, bis zu den Achsen im Flussbett der Donau eingesunken. Ein Abschleppwagen zog das Wrack mit dem Heck voran aus dem Wasser. Der Druck des Schlammwassers auf die Frontscheibe des Wagens muss bei dem Manöver zu groß geworden sein. Das Autoglas platzte, ein Schwall trüber Brühe ergoss sich aus dem Wagen und spülte einen halb skelettierten Leichentorso in die Donau. Der Leichnam, von Feuerwehrleuten aufgefischt, trug ein kariertes Hemd, ein Flusskrebs lebte in der Nasenhöhle, in seinen Hosentaschen fanden sich noch D-Mark-Münzen. Nachforschungen ergaben schnell: Der Tote war der Landwirt Rudolf Rupp, Jahrgang 1949, aus dem benachbarten Heinrichsheim, einem Vorort von Neuburg an der Donau.

Das durfte, von Rechts wegen, gar nicht sein. Hatte nicht vor vier Jahren das Landgericht in Ingolstadt rechtskräftig festgestellt, dass ohne jeden vernünftigen Zweifel Bauer Rupp von seiner Familie erschlagen, zerteilt und an die Hofhunde verfüttert worden war, möglicherweise auch an die Schweine? Hatte nicht das höchste deutsche Gericht, der Bundesgerichtshof, diese ganz und gar unglaubliche Geschichte vom nordwestlichen Rand des Donaumooses rechtlich geprüft und als gültige Wahrheit abgesegnet? Hatte nicht die Beweisaufnahme zwingend ergeben, dass die Familie des zersägten Landwirts sein Auto anschließend hatte verschrotten lassen? Waren damals Rupps Frau, seine beiden Töchter und deren Freund nicht zu jahrelangen Gefängnisstrafen verurteilt worden? Waren nicht zwei der Verurteilten noch immer hinter Gittern? War nicht sogar der Schrotthändler eine Weile in Haft, weil er partout nicht gestehen wollte, dass er verantwortlich war für die Beseitigung des Mercedes E 230 mit dem amtlichen Kennzeichen ND-AE 265?

ND-AE 265 – das Auto aus der Donau trug dieses Nummernschild. Und der Tote auf dem Fahrersitz ließ sich von Gerichtsmedizinern fast vollständig wieder rekonstruieren, wenn man auch seine Unterschenkelknochen und Füße – in Socken, aber ohne Schuhe – aus dem Schlamm im Fußraum unter dem Lenkrad einzeln heraussuchen musste. Rudolf Rupp, so viel ließ sich sicher feststellen, war nicht erschlagen, nicht zerteilt und nicht verfüttert worden. Es fehlte ihm überhaupt nichts. Warum er starb, ließ sich nicht ergründen.

Die Wasserleiche aus der Donau wäre geeignet gewesen, den größten Justizskandal in der bayerischen Geschichte auszulösen. Kein anderer Fall ist aktenkundig, in dem eine ganze Familie als Mörderbande verurteilt wurde – wegen einer Tat, die nicht nur aberwitzig und unglaubwürdig, sondern frei erfunden war. Doch es gab keinen Skandal. Die Justiz ging weiter ihren Geschäften nach, als wäre nichts geschehen. Rechthaberisch bestanden die Juristen auf ihrer Wahrheit. In ihren Worten klingt das so: »In der Zusammenschau aller Umstände sind die neuen Tatsachen ... nicht geeignet, die Feststellungen des Urteils so zu erschüttern, dass sie die Schuldsprüche nicht mehr tragen würden.« So begründete das benachbarte Landgericht in Landshut, warum es auch nach dem Fund in der Donau keinen Anlass sehe, sich in einem Wiederaufnahmeverfahren mit der Wahrheit der Kollegen aus Ingolstadt noch einmal auseinanderzusetzen. Tot ist tot. Fertig.

Erst das Oberlandesgericht rief die Landshuter Richter an die Arbeit und zwang sie, sich in einem neuen Verfahren mit den Vorwürfen gegen die Familie Rupp zu beschäftigen. Das Landgericht sprach die Angeklagten widerwillig frei – mit dem entwaffnenden Bekenntnis: »Wir wissen nicht, was eigentlich passiert ist.« Doch dann setzten die Richter nach: Das Gericht sei trotz allem überzeugt, erklärte der Vorsitzende, dass »von einem, mehreren oder allen Angeklagten« eine Ursache für den Tod des armen Rudolf Rupp gesetzt worden sei. Die Wahrheit, wenn sie der Justiz nicht gelegen kommt, hat keine Chance.

Der Fall Rupp ist nicht nur drastisch in seinen makabren Einzelheiten – drastisch offenbart diese niederbayerische Justiztragödie einen gefährlichen Defekt im System der staatlichen Wahrheitsfindung. In diesem System ist es möglich, dass hoch bezahlte, hoch spezialisierte Amtsträger, Richter, Staatsanwälte, Polizisten sich ihre Wahrheit selber konstruieren – und damit durchkommen. Eine frei erfundene Geschichte bekommt richterliche Beglaubigung. Das ist alarmierend. Doch richtig Angst macht erst ein Blick in die Ermittlungsakten: Die erfundene Horrorgeschichte beruht auf Geständnissen der Angeklagten.

Die Geschichte der Geschichte

Wie kann es passieren, dass eine frei erfundene Horrorgeschichte, abwegig und beispiellos, ernsthaft zum Anfangsverdacht eines Staatsanwalts gerinnt, dass sie dann
von mehreren Angeklagten unabhängig voneinander als
eigene Tat gestanden wird, dass sie schließlich als rechtskräftige Wahrheit das Unanfechtbarkeitssiegel des Gerichts erhält? Der Fall Rupp ist ein Lehrstück.

Die Geschichte der Geschichte beginnt am Sonntag,
dem 14. Oktober 2001, bei der Polizeiinspektion in Neuburg. Da erscheint Hermine Rupp und erklärt, ihr Mann
Rudi sei seit gestern verschwunden. Freitagnacht wurde
er zuletzt gesehen. Da war er in seiner Stammkneipe,
dem Sportheim des BSV Neuburg, wie jeden Freitag.
Acht halbe Weizenbier habe er getrunken, eine Schachtel
HB gekauft, erzählt der Wirt. Gegen eins sei der Bauer
etwas unsicher vom Alkohol in seinen Mercedes gestiegen,
habe beim Rangieren noch einen Blumenkübel gerammt
und sei weggefahren. Seitdem gab es kein Lebenszeichen
mehr.

Ein Vermisstenfall. Die Beamten sehen sich routinemäßig im Haus der Familie Rupp in der Schulstraße 32
um, einem heruntergekommenen Kaum-Noch-Bauernhof.
Es gibt noch ein paar Schweine und jede Menge Hunde,
Dobermänner vor allem. Der »Rudi«, wie er im Dorf heißt,
hatte Geldprobleme, ein Teil der Felder war schon verkauft, um die Familie zu ernähren: Die Töchter Manuela und Andrea sowie der von Rudi ungeliebte Matthias,
Manuelas Freund oder, na ja, »Verlobter«, sind alle ohne
Einkommen.

Über Rupp, das wusste jeder, schwebte ein Offen-
barungseid-Verfahren, und auch sonst gab es nichts als
Ärger mit den Leuten, die in Heinrichsheim als Sonder-
linge galten. Der »Rudi« habe immer Händel mit seinen

Weibern gehabt, berichtet ein Nachbar, weil die nix gearbeitet hätten. Auch im Sportheim habe er gern über
seine »faulen Weiber« geklagt – obwohl er da meist allein
saß, die anderen Gäste fanden, er rieche etwas streng, weil
er aus dem Stall in Arbeitskleidung immer gleich zum
Bier ging.

In der Schulstraße 32 gab's meist irgendwie Krawall. Mal
musste die Polizei kommen, weil die Töchter die Schule
schwänzten, mal war lautstark Zoff, weil der Vater verlangte, dass Nichtsnutz Matthias endlich auszog. Mal zog
er aus, dann war er wieder da. Die Nachbarn, verbreitet
einer, hätten oft einfach »die Rollläden runtergelassen«,
um mit den »Gschlamperten« nix zu tun haben zu müssen.

Hat sich der Verschwundene etwas angetan? »So einer
wie der Rudi nicht«, sagt der Wirt vom Sportheim. Die
Polizei sucht vergeblich mit Hunden und mit Hubschrau-
bern – das Auto wird nicht gefunden. Stattdessen beauftragt Hermine Rupp einen Wahrsager, doch der kann
auch nicht helfen. Einmal meint sie, sie habe Rudis Auto
gesehen. Bauart, Farbe, Beulen: Alles stimmt überein. Die
Frau alarmiert die Polizei, die stellt fest: Es ist ein anderes
Auto.

Mehr als ein Jahr lang, bis zum Februar 2003, liegt die Ver-
misstenakte Rupp auf der Neuburger Polizeiinspektion –
unberührt. Routinemäßig wird sie schließlich zur Kripo
weitergereicht. Dort blättern die Profis auch routinemäßig die Seiten durch und finden den Vorgang irgendwie
komisch. Da verschwindet einer spurlos, ohne dass es An-
zeichen für Selbstmordabsichten gibt. Er hat sogar, bevor
er verschwand, noch sein Feld bestellt. Das macht man ja
nicht, wenn man für immer weg will. Das klingt nach Kri-
minalfall.

Die Kripo hört sich um. Über die Familie Rupp weiß am
Ort jeder etwas zu erzählen. Der saufende, zudringliche
Landwirt ist vielen ein Dorn im Auge, seine verlotterte

Familie einfach suspekt. Gerüchte gibt es überall, wenn einer verschwindet. In Heinrichsheim raunt es leise: Man würde sich nicht wundern, wenn die den Vater einfach erschlagen hätten, besoffen, wie der immer heimkam. Vielleicht verging der sich ja sogar an seinen Töchtern? Ja, aber, wo haben sie ihn denn hingebracht, die Leich ist doch nirgends zu finden? Die haben sie vielleicht zerteilt und an die Hunde verfüttert, die haben doch so viele, die kriegen diese Kläffer doch sonst gar nicht satt. Oder an die Schweine. Und im Misthaufen könnte man auch mal nachsehen …

Solche Gerüchte müssen es gewesen sein, die den Ermittlern zu Ohren kamen, als sie sich über die Rupps erkundigten. Einiges davon hielten sie in den Akten fest. Und die Töchter berichteten später, als sie unter Anklage standen, Polizisten hätten ihnen erzählt, dergleichen gehört zu haben.

Jedenfalls haben die Ermittler nichts als Gerüchte vorzuweisen, als sie über die Staatsanwaltschaft im November 2003 beim Ermittlungsrichter eine Telefonüberwachungsgenehmigung für das Haus in der Schulstraße beantragen – und bekommen. In diesem Antrag ist die gesamte Familie samt Verlobtem Matthias bereits zu »Tatverdächtigen« geworden.

Welcher Tat eigentlich? Egal.

Einen Durchsuchungsbefehl darf ein Ermittlungsrichter nur unterschreiben, wenn die Polizei nach Spuren einer konkreten Straftat sucht. Doch auch diese Unterschrift bekamen die Ermittler. Am 13. Januar 2004 morgens um sieben rückt ein Großaufgebot der Polizei in Begleitung eines Staatsanwalts in der Schulstraße 32 an. Die treffen das verlotterte graue Haus in einem unordentlichen Zustand an. Aus dem Keller stinkt es bestialisch. »Kaum auszuhalten«, so der Staatsanwalt. Ein Beamter zieht sich eine Atemmaske über Mund und Nase, öffnet die Tür und reißt die Fenster auf. Auf dem Boden liegt, halb verhungert, im eigenen Kot ein Schäferhund mit vereiterten Ohren und verwahrlostem Fell. Die Ermittler stellen das Haus auf den Kopf und entdecken in einem Rucksack der Tochter Andrea die Geldbörse und den Diabetikerausweis des Vaters. Sind das Anhaltspunkte für eine Mordsgeschichte? Man wird sehen.

Die Bewohner, Ehefrau Hermine, die Töchter Andrea und Manuela sowie deren Freund Matthias, werden festgenommen und zur Vernehmung abtransportiert. Unter welcher Beschuldigung? »Als Zeugen«, sagt man ihnen, sollten sie zur Klärung eines Sachverhalts beitragen. Als Zeugen? Seit wann holt man Zeugen morgens um sieben aus dem Bett und bringt sie zwangsweise zum Verhör? Eine höfliche Vorladung zur Polizei hätte gereicht. Doch an diesem 14. Januar vormittags steht für Staatsanwaltschaft und Polizei die Mordgeschichte im Wesentlichen fest. Nun geht es nur noch darum, Beweise in die Hand zu bekommen, die vor Gericht akzeptiert werden.

Denn nichts Verwertbares an Beweismitteln hat die Staatsanwaltschaft bislang in der Hand. In dieser Situation gibt es nur eine Möglichkeit: die Verdächtigten dazu zu bringen, freiwillig zu gestehen, was ihnen nicht zu beweisen ist. Ein für erfahrene Ermittler relativ leichtes Spiel: Die Leute aus dem Hause Rupp sind offenkundig jedem halbwegs gewitzten Gegenüber hoffnungslos unterlegen. Erst später, vor Gericht, wird das ganze Ausmaß der Hilflosigkeit der Beschuldigten aktenkundig. Ein Psychologe stellt bei Hermine Rupp einen Intelligenzquotienten von 53 fest, also »eine Debilität im Grenzbereich zur Imbezillität«. Nicht viel besser schneiden die Töchter ab. Keiner von ihnen, auch nicht Matthias, so zeigen Tonaufnahmen von späteren Vernehmungen, ist in der Lage, ganze Sätze zu bilden oder komplizierte Fragen zu verstehen. Nicht erst die gesetzliche Fürsorgepflicht der Amtspersonen, die diese Menschen unter ihre Kontrolle brachten, sondern schon Minimalstandards an Menschlichkeit und Anstand hätten Sofortmaßnahmen zum Schutz der verwirrten und ratlosen Festgenommenen auslösen müssen. Ein Rechtsanwalt an ihrer Seite wäre das Mindeste gewesen, worum sich die Wahrheitsjäger hätten bemühen müssen.

Stattdessen wurden Hermine, Manuela, Andrea und Matthias gleich nach ihrer »Verbringung« zur Polizei Stunden und Stunden ohne anwaltlichen Beistand ausgefragt – zunächst unter dem Vorwand, sie seien nur Zeugen. Als jeder, total durcheinander und ohne den Kontakt zu den anderen, sich in dem Frage- und Antwortspiel in Widersprüche zu verwickeln begann, wurde ihnen eröffnet, warum sie wirklich hier waren: unter dem Verdacht, »den Vater« umgebracht zu haben.

So kocht man jeden weich. Und die Profis hatten die Wahrheit, die sie erzwingen wollten, gut vorbereitet. Sie hatten für jeden der Beschuldigten einen 30-seitigen Fragenkatalog parat, zu allen Details einer Tat, für die es noch immer keine genauen Anhaltspunkte gab. Damit es die Beschuldigten leichter hatten, gab es die Antworten gleich inklusive.

Frage: »Ist Rupp an diesem Abend nicht doch betrunken nach Hause gekommen?«

Frage: »Kam es zum Streit?«

Frage: »Ist er dabei vielleicht gefallen?«

Frage: »Haben Sie etwa Angst bekommen und nicht mehr gewusst, was Sie tun sollten?«

So ging das immer weiter und weiter, stundenlang, vor und zurück und von vorn. Irgendwann dreht der intelligenteste Mensch durch und sagt einfach nur noch Ja.

Als Erste wurde Hermine schwach. Sie sagte Ja. »Ja, ich hab's getan.«

Die Methode Wahnsinn

Die zähe Arbeit der Ermittler von Neuburg bei der Suche nach ihrer Wahrheit ist kein Betriebsunfall der Justiz. Der zuständige Staatsanwalt zollte seinen Ermittlern öffentlich sogar höchsten Respekt: Für die, sagte er, »lege ich meine Hand ins Feuer«. Das konnte er auch, denn die Methoden, die sie anwandten, gehören zum verbreiteten Standard. Jeden Tag werden überall in Deutschland in den Verhörzimmern der Polizei Verdächtige gezielt an den Rand der Verzweiflung gebracht. Die Methode Wahnsinn gehört zum Grundhandwerk jedes erfolgreichen Kripo-Vernehmers.

Natürlich wird das kein Kriminalbeamter so sehen. Was wirklich vorgeht, wenn Beschuldigte ein Geständnis ablegen, erschließt sich erst, wenn Fachleute, die nicht zur Firma mit der Waage im Logo gehören, einmal einen Blick auf das Treiben der Justiz im Ermittlungsverfahren werfen.

Der Essener Kommunikationswissenschaftler Jo Reichertz hat sich in aufwendigen empirischen Studien mit den Frage-und-Antwort-Spielen in deutschen Vernehmungszimmern beschäftigt. Er beschreibt die Logik der Wahrheitsfindung so:

»Aufgrund sehr karger Anhaltspunkte wird eine Hypothese entworfen. Dann sucht man konsequent nur noch nach Hinweisen, welche diese Hypothese verifizieren. Versuche der Falsifikation sind nicht festzustellen.«

Reichertz zeigt, dass das Vorgehen der Ermittler als Hilfsorgane der Staatsanwaltschaft, die ihren Job gern selbst als »wissenschaftliche Arbeit an der Wahrheit« bezeichnen, wissenschaftlich gesehen unbrauchbar und rechtlich unhaltbar ist:

»Die Logik der Überprüfung eines Verdachts mit dem Mittel der Vernehmung entspricht nicht der Logik eines wissenschaftlichen Hypothesentests. Die Überprüfung erweist sich bei näherem Hinsehen als Suche nach jemandem, der in den vorgefundenen Spuren keine Deutung entwerfen kann, in der er selbst nicht als Täter auftritt, also die Suche nach jemandem, der den angetragenen Tatvorwurf nicht mit ... Gründen von sich weisen kann, sondern diesen akzeptiert.«

Das schlussendliche »Ja, ich war's« wird, so Reichertz, dann für beide Seiten des Frage-und-Antwort-Spiels als Erlösung empfunden: Für den Frager, weil es seinen Ruf als erfolgreicher Vernehmer mehrt, für den Beschuldigten, weil er seine Würde als »vernünftiger« Mensch bewahren kann, der konstruktiv mitarbeitet am gemeinsamen großen Projekt, der Suche nach der Wahrheit.

So ein gutes Gefühl muss das sein, dass keiner mehr wissen will, ob das Ergebnis überhaupt stimmt. Gelingt, so Reichertz, die gemeinsame Rekonstruktion dessen, was man vernünftigerweise nicht bestreiten zu können meint, ist das entscheidende »Ja« endlich gefallen, »dann ist die Ermittlung in der Regel zu Ende«, auch dann, »wenn Widersprüchlichkeiten bleiben«. Wenn ein Geständnis nicht stimmig ist, setzen sich die Wahrheitssucher in der Regel mit einer Standardformel darüber hinweg, die Reichertz nach der Aussage eines erfahrenen Kriminaloberkommissars zitiert: »Der Täter ist während der Tat so in Stress, dass er vieles vergisst oder übersieht oder überhaupt nicht sehen will.«

Die Wahrheitssuche, die hier wie ein Schachspiel mit einem unterlegenen Partner beschrieben wird, ist einer Justiz, die sich den Grundsatz »in dubio pro reo« zum Leitspruch genommen hat, unwürdig. Das Spiel geht im Zweifel gegen den Beschuldigten aus. Er kann sich nur aus dem Griff der Ermittler retten, wenn es ihm gelingt, über das Stöckchen zu springen, das die Befrager ihm hinhalten, und mit plausiblen Erklärungen deren Hypothese zu widerlegen. Das ist ein intellektueller Akt, zu dem das

Opfer je nach Intelligenz in wochenlangen Verhörspielen früher oder später nicht mehr die Kraft hat. Dann wählt der Verdächtige den letzten Weg, der ihm noch bleibt: sich ermattet einzufügen in die Geschichte, die er nicht widerlegen zu können meint, und sei sie auch frei erfunden. So wird einer zum willenlosen fehlenden Teilchen im großen Puzzlespiel der Wahrheitsmaschine. Ein Satz genügt: Ja, ich war's.

Das erklärt ein Mysterium, das Kriminologen wie Juristen zunehmend beunruhigt: die Geständnisse Unschuldiger. Die Logik des Wahnsinns hat zuerst in den Vereinigten Staaten zu Beunruhigung geführt. Von New York aus holten engagierte Rechtsanwälte in Zusammenarbeit mit Wissenschaftlern mit ihrem »Innocence Project« Hunderte zum Tode verurteilte Häftlinge aus den US-Todeszellen, weil sie mithilfe eigener Recherchen und auf der Grundlage von DNA-Untersuchungen beweisen konnten, dass die Verurteilten unschuldig waren. Erschreckend viele der unschuldigen Todeskandidaten waren verurteilt worden, nachdem sie die Taten fälschlich gestanden hatten. Brandon L. Garrett, Rechtsprofessor an der Virginia School of Law, untersuchte diese Fälle und kam in einer 2011 veröffentlichten Studie (»Convicting the Innocent«) zu dem Ergebnis: Viele waren in wochenlangen Verhören so weichgeknetet worden, dass sie aus purer Verzweiflung schließlich gestanden hatten. Dabei sei, so die Wissenschaftler, zwischen Vernehmer und Vernommenen immer wieder dieses gefährliche Kooperationsverhältnis der gemeinsamen Wahrheitssuche entstanden – bis Unschuldige ihre Vernehmer schließlich anflehten, ihnen endlich, endlich das Geständnis abzunehmen.

Ermittler in den Vereinigten Staaten arbeiten verbreitet nach der sogenannten Reid-Methode, die von europäischen Kriminalisten heftig kritisiert wird, die aber nach ähnlichen Prinzipien funktioniert wie die von Reichertz beschriebene deutsche Methode. Beschuldigte werden systematisch an den Rand des Wahnsinns gebracht, mit Provokationen, Versprechungen, Lügen, falscher Kumpanei. Das Ziel der Ermittler ist auch nach dieser Methode, ihre Hypothese von der Schuld des Gegenübers zu bestätigen – wenn auch die Mittel in den USA noch ruppiger sind als in Deutschland. Die Erfolge jenseits des Atlantiks sind jedenfalls erschreckend. New Yorker Wissenschaftler berichten im Fachmagazin *Psychological Science* von Fällen wie dem von zwei Verdächtigen aus Chicago, die sich zu dem Mord an der elfjährigen Ryan Harris bekannten und Details berichteten, die denen in Neuburg wenig nachstehen: Wie sie dem Kind mit einem Ziegelstein den Schädel einschlugen, es ins Gebüsch zerrten, missbrauchten – und dann einfach liegen ließen, bis es tot war. Alles erfunden.

Auch der Geständnisforscher Reichertz ist sicher, dass so etwas »in den Vereinigten Staaten häufiger vorkommt als in Europa«. Und Renate Volbert vom Institut für Forensische Psychiatrie an der Berliner Charité lässt sich von der *Süddeutschen Zeitung* mit der Behauptung zitieren, in Europa seien Auswüchse wie nach der Methode Reid »undenkbar«.

Jedenfalls ist es Ermittlern in Deutschland verboten, bei Vernehmungen zu lügen, zu täuschen, Druck auszuüben oder gar Gewalt. Doch was sie wirklich anstellen, um an die Trophäe eines Geständnisses zu kommen, bleibt oft in den vier Wänden der Vernehmungszelle. Lückenlose Videoaufzeichnungen sind bis heute nicht üblich, ja selbst das wortgetreue Protokoll einer Vernehmung ist eher die Ausnahme. Wichtige Aussagen Beschuldigter gelangen regelmäßig ins Verfahren, obwohl sie keiner formellen Vernehmung entstammen, sondern »informellen Gesprächen« zwischen Beschuldigten und Polizei, über die dann hinterher ein Beamter einen Aktenvermerk anlegt – dessen Richtigkeit er vor Gericht im Zweifel beeidet.

Was ist ein Geständnis wert?

Das Vertrauen in die Zuverlässigkeit von Geständnissen ist in der deutschen Justiz angeknackst. Ralf Eschelbach, Strafrichter am Bundesgerichtshof, schätzt die Quote unentdeckter falscher Geständnisse auf mehr als zehn Prozent. Das Misstrauen wird genährt durch Polizeitricksereien wie im Fall von Nikolai H., der einen Mord gestand und sein Geständnis bald darauf widerrief. Das Geständnis haben sie ihm geglaubt, den Widerruf nicht. Nun sitzt er lebenslang.

Die Tragödie ereignete sich am Ostersonntagabend 2008. Ein sechs Kilo schwerer Holzklotz durchschlug die Frontscheibe eines Autos, das mit 130 Stundenkilometern auf der Autobahn A 29 durch Oldenburg raste. Das Geschoss tötete die Beifahrerin, Ehefrau des Fahrers und Mutter der zwei Kinder auf dem Rücksitz. Wochenlang fahndete die Polizei in Norddeutschland vergeblich nach dem »Holzklotz-Mörder« (*Bild*), der den tödlichen Anschlag von einer Autobahnbrücke aus begangen haben musste. Doch nicht den kleinsten Anhaltspunkt fanden die Spurensicherer, der auf einen Verantwortlichen gedeutet hätte.

Da griffen die Männer von der »Soko Brücke« zu einer List. In den Medien verbreiteten sie, am Holzklotz habe sich ein genetischer Fingerabdruck der Person gefunden, die ihn zuletzt in der Hand gehabt habe. Und darum werde man demnächst massenhaft Speichelproben in der Bevölkerung nehmen, die in der Umgebung der Brücke wohne, um die DNA zu vergleichen.

Das stimmte alles nicht. Doch die Rechnung ging auf. Schon bald meldete sich bei der Polizei der 30-jährige Nikolai H., gebürtig in Kasachstan, wohnhaft in Rastede, ganz nah am Tatort. In gebrochenem Deutsch erklärte der junge Mann, er sei am Nachmittag des Ostersonntags über die Brücke geradelt, und da habe so ein Holzklotz im Wege gelegen. Da sei er abgestiegen und habe den Klotz an den Rand geschoben, damit niemand damit kollidiere. Dabei habe er ihn auch angefasst. Deshalb könne es sein, dass es seine DNA-Spuren seien, die da gefunden wurden, aber das habe nichts zu bedeuten …

Die Polizisten bedankten sich höflich und schickten den Kasachen wieder heim. Doch bald darauf erschienen sie bei ihm und nahmen ihn mit zur Vernehmung: Irgendetwas an seiner Geschichte konnte nicht stimmen. Sie kreisten ihn immer weiter ein. Sie ließen sich seine Handydaten geben und stellten fest, dass sich sein Mobiltelefon kurz vor der Tatzeit in der Nähe der Brücke ins Netz eingeloggt hatte.

Sie fanden schnell heraus, dass Nikolai H. rauschgiftsüchtig war und auf den ständigen erlösenden Konsum von Methadon angewiesen.

Am 20. Mai sperren sie ihn mit Haftbefehl des Amtsgerichts Oldenburg ein. Am 21. Mai gesteht Nikolai H., er habe den Klotz »aus Frust« von der Brücke gestoßen. Das Geständnis, »überraschend«, wie hinterher die Polizei einräumt, ist protokolliert in fabelhaftem Deutsch: »Ich vermute, dass ich Frust über das Nichterlangen von Drogen hatte und deswegen zu dieser Handlung gekommen bin.« Erst »am heutigen Tag« habe er beschlossen, »die Wahrheit zu sagen und zu meiner Verantwortung zu stehen« – nach »längerem Vorgespräch«.

Niemals hat Nikolai H. unter Entzug im Verhörzimmer so gesprochen. Das »Nichterlangen von Drogen«. So redet überhaupt kein Mensch, so drechselt ein norddeutscher Polizist ein Geständnis. Doch dieses Geständnis sollte über das weitere Leben des jungen Kasachen entscheiden. Wäre es da zu viel verlangt gewesen, Wort für Wort zu notieren, was der Mann wirklich gesagt hat? Warum gibt es keine Tonbandaufzeichnung von dem entscheidenden Gespräch? Und was hat es mit dem »längeren Vorgespräch«

auf sich? Haben die Ermittler den süchtigen Nikolai weichgeklopft? Was haben sie ihm versprochen, wenn er endlich gesteht? Methadon? All diese Fragen stellten später auch die Verteidiger des jungen Kasachen – vergeblich. Das »informelle« Vorgespräch dauerte 90 Minuten – mehr wird man nie erfahren. 90 Minuten, in denen ein Beschuldigter unbeobachtet, hilflos den Beamten ausgeliefert war, die unter massivem Druck der Öffentlichkeit standen, endlich den »Holzklotz-Mörder« zu präsentieren. Natürlich ist es ungerecht, den Vernehmenden pflichtwidriges Verhalten zu unterstellen. Doch wozu gibt es eine Strafprozessordnung, in der genaue Regeln über die faire Behandlung von Beschuldigten festgeschrieben sind, wenn niemand überprüfen kann, was in den entscheidenden 90 Minuten vor einem überraschenden Geständnis in einem Oldenburger Verhörzimmer wirklich passiert ist?

Nikolai H. wiederholt sein Geständnis vor dem Haftrichter. Doch kurz darauf widerruft er. Er habe unter Drogenentzug gelitten und sei zu seiner Aussage bei der Polizei erpresst worden. Die Richter, vor denen H. gleichwohl wegen Mordes angeklagt wird, haben auch ihre Zweifel und bestellen, außergewöhnlich genug, einen Gutachter, der die Glaubwürdigkeit des Geständnisses beurteilen soll. Der Gutachter findet die Aussage das Kasachen, wie sie von der Polizei notiert wurde, überzeugend. Auch der Hinweis, dass H. schon einmal, vor zehn Jahren, fälschlich die Schuld an einem Autounfall auf sich genommen hatte, beeindruckt das Gericht nicht. Der Mann wird schuldig gesprochen und zu lebenslanger Haft verurteilt. Der Bundesgerichtshof bestätigt das Urteil. Die Öffentlichkeit ist zufrieden: Eine grausame, brutale Tat, die sinnlos das Leben einer glücklichen Familie zerstört hat, hat ihre gerechte Strafe gefunden.

War es ein Fehlurteil, das gegen Nikolai H. erging? Wahrscheinlich nicht. Viel, sehr viel spricht gegen ihn. Doch niemand kann sich sicher sein, dass nicht eines Tages, durch einen Zufall, vielleicht sogar durch ein echtes Geständnis, plötzlich und mit Wucht die ganze Wahrheit über den Holzklotzfall ans Licht kommt – wie im Fall des Bauern Rudi Rupp. Und auch in Oldenburg wird dann niemand behaupten können, die Justiz habe in diesem Fall wirklich ihr Bestes getan.

Eines Tages wird vielleicht auch die Wahrheit über Peggy Knobloch ans Licht kommen. Nach der Leiche des neunjährigen Mädchens aus dem oberfränkischen Lichtenberg suchen sie jetzt seit Mai 2001. Peggys Mörder haben sie schon 2004 verurteilt – zu lebenslanger Haft. Als wahr gilt, dass Ulvi Kulaç Peggy getötet und spurlos im Wald verscharrt hat. Auch Ulvi Kulaç hat gestanden, dann widerrufen. Doch das Gericht glaubte seinem Geständnis, obwohl der junge Mann geistig behindert ist und einen IQ von 67 hat – knapp über dem von Hermine Rupp.

Die Methoden, nach denen sie Kulaç' Geständnis bekommen haben, sind uns jetzt schon vertraut. Die Polizei stand damals unter massivem Druck, endlich das Verschwinden des Mädchens zu klären. Der ganze kleine Ort war in Aufruhr. Der damalige bayerische Innenminister Günther Beckstein (CSU), dessen Heimat Franken ist, verlangt von den Ermittlern Fortschritte. Er lässt die Leitung der Soko Peggy austauschen.

Die Polizei findet heraus, dass der behinderte Ulvi aus der Nachbarschaft vor Jahren einen kleinen Jungen sexuell missbraucht hat. Im Dorf macht die Runde, dass er Kinder mit Keksen lockte und zu Doktorspielen überredete. Ende April entwickelt ein Profiler eine Hypothese vom Tathergang. Folgende Geschichte wird konstruiert: Kulaç habe Peggy auf dem Heimweg von der Schule abgepasst und sie angesprochen, habe verlangt, sie möge ihn nicht verraten. Peggy hat Angst, rennt fort, den Schulranzen auf dem Rücken. Er holt sie ein und tötet sie.

40 Mal wird Ulvi, der Sohn eines türkischen Gastwirts-
ehepaars, vernommen, er ist mittlerweile in der Psychiatrie untergebracht. Nicht nur er, auch seine Eltern sind
mit ihren Nerven am Ende. Endlich gibt der Beschuldigte – nach einem ausführlichen Vorgespräch – zu, dass
die Hypothese stimmt: Er habe Peggy angesprochen, verfolgt, getötet. Ausgerechnet beim Geständnis ist sein Anwalt abwesend und das Tonbandgerät kaputt. Kurz darauf
folgt der Widerruf.

Es ist nicht Volkszorn, es ist Mitleid, was sich nach dem
Urteil gegen den jungen Mann in Franken breitmacht.
Eine Bürgerinitiative organisiert auf eigene Faust die Suche nach Entlastungsbeweisen für den gutmütigen Mann
mit der Seele eines Zehnjährigen, der in der geschlossenen Psychiatrie lebt. Es gibt Flugblätter und Bürgerver-
sammlungen, mehrere Zeugen melden sich, die Ulvi zur
Tatzeit beim Holzhacken gesehen haben wollen. Zwei Bu-
ben erzählen der Polizei, sie hätten Peggy gesehen, wie sie
am Tattag in ein rotes Auto mit tschechischem Kennzeichen gestiegen sei. Die Polizei, so stellt sich heraus, ließ
diese Aussage verschwinden. Ein Anwalt wird beauftragt
und bereitet einen Wiederaufnahmeantrag vor. Er will
60 Zeugen zu Ulvis Gunsten präsentieren. Die Wahrheit:
Ende 2012 steht sie auf der Kippe.

Die Geschichte geht weiter

Für die vier aus Heinrichsheim, ebenfalls in Bayern, hat
niemand ein gutes Wort. Die drei Rupps und Matthias sitzen seit dem Vormittag des 13. Januar 2004 bei der Polizei, getrennt voneinander, bei »informellen Vorgesprä-
chen«. Keiner der Ermittler will sich später mehr daran
erinnern, was da besprochen worden ist. Nach dreiein-
halb Stunden steigt erstmals weißer Rauch aus dem Zimmer, in dem Matthias, der Verlobte von Manuela Rupp,

bearbeitet wird. Die Geschichte geht weiter, Matthias hat etwas berichtet.

Nachts um drei, so seine erste Version, sei er in jener Nacht, in der Bauer Rupp verschwand, von seiner Freundin Manuela geweckt worden, er müsse beim »Verräumen« des Vaters helfen. Rupp habe im Erdgeschoss an der Treppe zum Keller auf dem Boden gelegen und noch gezuckt. Ehefrau Hermine habe ihm vorher »etwas ins Genick gezunden« und anschließend mit einem Brett auf den Mann eingeschlagen.

Na also, das ist doch was.

Die Ermittler gehen zu Hermine Rupp ins Zimmer und konfrontieren sie mit der Anschuldigung. Die Frau gibt laut Vernehmungsaufzeichnungen zu, dass an Matthias' Geschichte etwas dran sei. Sie habe, notieren die Ermittler, ihren Mann im Streit »geschubst«, weil der wieder betrunken nach Hause gekommen sei. Dabei sei der »auf die Treppe gefallen« und habe sich nicht mehr gerührt. Mit Matthias' Hilfe habe sie den Leblosen dann in den Keller getragen und den Körper mit silberfarbiger Folie abgedeckt. Wie Rudi aus dem Keller verschwunden sei, wisse sie nicht.

Nun nehmen sich die Ermittler Andrea, die jüngste Tochter, damals 18-jährig, vor. Andrea hat zunächst hartnäckig darauf bestanden, dass der Vater in der Nacht überhaupt nicht nach Hause gekommen sei, mehr wisse sie nicht. Nun weist ein Beamter sie darauf hin, dass das nicht stimmen könne: Sowohl die Mutter wie Matthias hätten ja schon erzählt, was wirklich passiert sei. Andrea bemüht sich um eine passende Version: Der Vater sei tatsächlich nach Hause gekommen, habe sie dann sexuell missbrauchen wollen, sie habe sich gewehrt, ein Fußtritt habe den Vater getroffen, er sei mit dem Kopf aufgeschlagen, habe sich nicht mehr gerührt...

»Andrea, das kann nicht stimmen«, entgegnet sinngemäß der nette Ermittler, die Mutter sagt, sie habe den

Vater geschubst, und der sei »die Treppe hinabgefallen«.

Die Treppe »hinab«, das hatte Hermine Rupp so nicht gesagt, sie hatte von einem Geschehen berichtet, das sich auf dem Absatz im Erdgeschoss zwischen der Treppe aus dem ersten Stock und der Treppe in den Keller abspielte.

Doch Andrea fand sofort eine neue Version, die zum fehlerhaften Vorhalt des Beamten passte: Ja, die Wahrheit sei, so gab sie laut Aufzeichnungen der Ermittler an, die Mutter habe den Vater »die Kellertreppe hinuntergestoßen«.

Nur Manuela, die damals 19-jährige ältere Tochter, lässt sich nicht beeindrucken. Der Vater, so beharrt sie, sei nicht nach Hause gekommen in jener Nacht – mehr gebe es dazu nicht zu sagen.

Auch bei der Vernehmung am 23. Januar bleibt sie bei ihrer Version. Doch dann geschieht etwas Merkwürdiges. Der Pflichtverteidiger, der ihr wie im Gesetz vorgesehen bei dem Gespräch mit den Ermittlern nun endlich zur Seite steht, erklärt plötzlich, er müsse leider gehen. Aber man solle nur fortfahren, seine weitere Anwesenheit sei nicht erforderlich. Dann beginnt – etwas außerhalb der Strafprozessordnung – der erfolgreiche Teil der Ermittlungsarbeit. Wie auch immer – Manuela fühlt sich plötzlich berufen zu erzählen, wie es wirklich war. Ausweislich des Protokolls räumt sie ein, der Vater sei sehr wohl nach Hause gekommen. Sie folgt der Version, zu der sich auch die Schwester Andrea hatte schließlich bewegen lassen: Mutter Hermine habe den Vater geschubst – und zwar die »Treppe hinab«. Dann sei er tot gewesen. Mehr wisse sie nicht.

Problematisch ist nur, dass Manuela auch bei dieser Version nicht bleibt.

Bei der Vernehmung am 4. Februar registriert das Protokoll Manuelas Geschichte ganz anders: Es habe einen Streit zwischen ihrem Verlobten Matthias und Rupp gegeben. Zwei Mal habe Matthias mit einem 30 Zentimeter langen Gegenstand auf Rupp eingeschlagen. Dann sei viel Blut geflossen, der Vater tot. Bei einer gemeinsamen Ortsbesichtigung am selben Tag wird Manuela im Haus in der Schulstraße aufgefordert, noch einmal zu zeigen, wie es gewesen sei. Diesmal läuft eine Videokamera. Manuela faselt unzusammenhängendes Zeug. Ihr Pflichtverteidiger, so verzeichnet das Protokoll, ist auf eigenen Wunsch nicht dabei, wieder nicht. Auf der Rückfahrt ins Gefängnis erzählt ein Polizeibeamter der erschöpften Beschuldigten, was die Leute im Dorf erzählen: dass der Vater den Hunden verfüttert worden sei.

Am 18. Februar wird eine richtige Geschichte daraus: Matthias, erzählt Manuela bei der nächsten Vernehmung laut Protokoll, habe mit einem Hammer zugeschlagen, die Leiche dann in den Keller getragen. Im Keller habe der Verlobte den toten Vater auf einen mit Plastikfolie ausgelegten Tisch gelegt und den Leichnam mit einer Axt zerteilt. Die Teile habe er in Müllbeutel gestopft und in die Küche getragen. Dort sei das Fleisch sukzessive den Hunden verfüttert worden.

Am 22. Februar folgt ein Schreiben Manuelas an die Staatsanwaltschaft. Es sei alles ganz anders. Sie habe den Vater allein getötet.

Ebenfalls 22. Februar: Manuela zieht in einem weiteren Schreiben an die Staatsanwaltschaft alle ihre Aussagen zurück. Sie habe nur gelogen, weil sie verstört gewesen sei. Es sei aber wahr, dass ihr Papa in der Nacht nicht heimgekommen sei.

11. März: wieder Post von Manuela. Sie erklärt in ihrem Brief dem Staatsanwalt, dass es ihr so leid tue, was sie ihm alles geschrieben habe, aber er müsse sie auch verstehen. Sie habe nichts getan. Sie sei unschuldig. Sie hänge doch so an ihrer Familie und an ihrem Verlobten Matthias, für alle würde sie durchs Feuer gehen.

1. April: ein »informelles Gespräch« mit den Ermittlern

im Gefängnis. Nun sehen alle viel klarer. Manuela berichtet nun laut Protokoll, sie habe Rupp allein mit dem Hammer erschlagen, Matthias habe danach nochmals nachgeholfen. Anschließend habe der Verlobte den Leichnam im Mercedes weggefahren und verbrannt.

Diese Geschichte zerschlägt sich auch wieder. In mehreren Briefen an den Staatsanwalt beschwört Manuela, sie habe gelogen, der Vater sei nie heimgekommen.

29. April: wieder anders. Eine neue Version Manuelas kommt zu den Akten: Es habe Streit zwischen Matthias und Rupp im Treppenhaus gegeben, schließlich habe Rupp am Boden gelegen, wie auch immer. Anschließend habe Matthias erzählt, er habe den Leichnam zerstückelt und an die Hunde verfüttert. Den Mercedes habe er dem Schrotthändler zur Beseitigung übergeben.

1. Juni: eine neue Manuela-Aussage vor dem Sachverständigen. Matthias habe Rupp im Treppenhaus erschlagen. Im Keller habe sie selbst mit einem Hammer auf den Kopf des Vaters eingeschlagen.

24. Juni: zum letzten Mal Widerruf. Papa ist nie nach Hause gekommen.

Sieben verschiedene Versionen für das, was geschehen sein soll, lassen sich allein aus Manuelas Aussage konstruieren. Welche Geschichte stimmt?

Was sagt Matthias?

Gleich nach der Festnahme am 13. Januar hatte er nach den Aufzeichnungen der Ermittler noch behauptet, er habe mit Hermine die Leiche in den Keller getragen. Und dann? Hermine habe sie zersägt. Hermine allein? Nein, anders, zusammen mit Hermine habe er den Körper des Toten auf den Rücksitz des Mercedes verfrachtet und dann das Auto im nahen Ingertsheimer Weiher versenkt.

15. April: Bei der Beschuldigtenvernehmung zeichnen die Ermittler eine ganz andere Version auf. Matthias habe

angegeben, er habe Streit mit Rupp gehabt und ihn mit einer Latte ins Genick geschlagen. Rupp sei leblos liegen geblieben. Daraufhin habe er die Leiche in den Keller gebracht, auf eine Folie gelegt.

Und dann?

Er selbst, so zitiert das Protokoll Matthias weiter, habe mit einer Säge und einer Axt den toten Rupp zerlegt und die Teile den Hunden zum Fraß im Garten vorgeworfen. Da war sie wieder, die Hundefutter-Geschichte, die wir zuerst in den Akten über Manuela vom 18. Februar gefunden haben. Doch zuerst kam sie, ganz informell, aus dem Mund eines Polizisten im Polizeifahrzeug. Manuela griff sie auf. Und nun, Wochen später, steht sie im Vernehmungsprotokoll von Matthias. Manuela und Matthias saßen beide getrennt voneinander seit ihrer Festnahme im Januar in U-Haft. Sie können sich, wenn alles korrekt gelaufen ist, nicht ausgetauscht haben. Für Kriminalisten bedeutet das einen Volltreffer: Wenn zwei Personen unabhängig voneinander eine ganz und gar unglaubliche Geschichte erzählen, dann muss sie wahr sein!

Es sei denn, die Ermittler spielen mit gezinkten Karten und machen den Beschuldigten Geständnisvorschläge, die sie nicht ablehnen können. Jedenfalls hatte die Staatsanwaltschaft, um die Geschichte abzusichern, schon nach Manuelas Geständnis eine Expertenmeinung eingeholt. Kann denn das überhaupt sein? Fressen Hunde Menschenfleisch?

Durchaus, war die Antwort, nur mit dem Kopf hätten sie Schwierigkeiten.

Frage an den Beschuldigten Matthias: Was war mit dem Kopf? Auch verfüttert? Das Vernehmungsprotokoll bleibt die Antwort nicht schuldig. Den Kopf des Rudi Rupp, so soll Matthias geantwortet haben, habe er ausgekocht, dann klein gehackt und im Misthaufen vergraben.

Perfekt. Die Geschichte könnte passen, hätte Matthias sie nicht am 14. Oktober schriftlich widerrufen. Er habe das Horrormärchen nur erzählt, weil er »unter Druck« gesetzt worden sei.

Das sagen sie dann alle. Aber das Gericht hat später nicht für möglich gehalten, dass Matthias seine Version vom zerteilten und verfütterten Bauern nur unter dem Druck von Einflüsterungen der Befrager zu Protokoll gegeben hat. Doch wir, die wir heute sicher wissen, dass es so nicht gewesen sein kann, weil die Leiche am Stück wieder aufgetaucht ist, wir müssen uns fragen: Wie kann jemand aus freien Stücken eine Geschichte erfinden, die in ihrer ganzen Absurdität zuvor seine Verlobte auch schon erfunden hat?

Es kommt noch dicker. Andrea, die kleine Schwester, wurde ja nicht weniger ausgequetscht als die anderen. Auch sie nervte mit wechselnden Versionen, mal warf sie ihrem Vater sexuellen Missbrauch vor, dann schob sie die ganze Sache einem Streit zwischen Mutter Hermine und dem Vater zu. Jedenfalls beharrte sie laut Protokoll noch am 19. März darauf, Matthias und die Mutter hätten gemeinsam die Leiche in den Kofferraum des Mercedes gepackt und seien damit fortgefahren.

Dann, die Wende am 28. April: Laut Protokoll der Beschuldigtenvernehmung berichtet Andrea, Matthias habe im Keller die Leiche mit der Axt zerteilt. Ein Bein des Toten sei dabei auf den Boden gefallen. Hermine Rupp habe Mülltüten aufgehalten, in die Rupps Körperteile verpackt worden seien. Die Tüten mit dem Fleisch seien in die Küche »verbracht« (Protokoll) und dort von Matthias an die Hunde verfüttert worden. Nun sind sie zu dritt. Die Geschichte ist komplett. Millimeter um Millimeter kratzen die Ermittler den Fußboden im Keller des angeblichen Mordhauses nach Blutresten der furchtbaren Metzgerei ab. Sie finden nicht die winzigste Spur. Die Version von der blutigen Beseitigung des Rudi Rupp findet trotzdem ihren Weg durch die Justiz.

Vor Gericht schwiegen die Angeklagten, die inzwischen

alle widerrufen hatten. Die Richter hatten keine Gelegenheit, mit Rückfragen zu klären, ob sie denn nun den Geständnissen glauben könnten – und wenn ja, welcher Version. Die Kammer stützte ihre »sichere Überzeugung« allein auf die Berichte der Ermittler von den Vernehmungen, auf Behauptungen über das, was die Angeklagten ihnen angeblich und oft ohne Beistand von Rechtsanwälten anvertraut hatten.

Die Richter des Landgerichts Ingolstadt fanden nichts dabei, ja, sie ließen sich von den Akten der Ermittler geradezu befeuern, von Amts wegen die wildesten Spekulationen über diese verkommene Familie Rupp anzustellen. Denn irgendwie schienen sie unzufrieden damit, dass anscheinend nicht alle Leichenteile an die Hunde verfüttert worden waren. Wo war der Rest von Rupp? Die Misthaufenversion war auch nicht hinreichend, Nachforschungen waren ohne Ergebnis geblieben. Ein anderer Bauer hatte damals den Rupp'schen Misthaufen unbesehen entsorgt, als Dung auf seinen Feldern verteilt. Auf den Feldern wurden tatsächlich alte Knochen gefunden. Das Ergebnis der wissenschaftlichen Untersuchung ergab: Hühnerknochen.

So meinten die Richter wohlig gruselnd, die vermeintlich gefundene Wahrheit noch ein wenig wahrer machen zu können, und fabulierten ins Urteil: »Es ist jedoch auch möglich, dass der Angeklagte eine Entsorgung der Leichenteile gewählt hat, die aus seiner subjektiven Sicht noch furchtbarer ist als das Vergraben der Leichenteile im Misthaufen, und die er aus diesem Grund nicht angeben konnte. Hierbei denkt das Gericht z. B. an die Möglichkeit, dass der Angeklagte die restlichen Teile an die Schweine verfüttert haben könnte. Der Kammer ist bekannt, dass Schweine als Allesfresser auch die restlichen Leichenteile samt Knochen fressen würden. Es ist durchaus vorstellbar, dass das Verfüttern an die Schweine für den Angeklagten ein noch furchtbareres Entsorgen der Leiche darstellt als das Werfen in den Misthaufen, da die Schweine letztendlich als Teil der menschlichen Nahrungskette vom Menschen gegessen werden. Hierbei besteht die Möglichkeit, dass die Schweine sogar von der Familie selbst gegessen worden sind.«

Schluss jetzt. Die Methode Wahnsinn, möchte man meinen, wendet sich am Ende gegen ihre Erfinder.

»Schlaflose Nächte? Nö.«

Es gibt gut bezahlte Beamte, die verhindern sollen, dass es so weit kommt. Das sind die Staatsanwälte. Dass es sie überhaupt gibt, ist ursprünglich der Fürsorge kluger Rechtspolitiker für die Angeklagten zu verdanken. In der preußischen Monarchie waren schon Mitte des 19. Jahrhunderts die Bedenken aufgeklärter Juristen gewachsen, ob die Gerichte noch ordentlich arbeiteten. Faulheit, Parteilichkeit, Selbstüberschätzung warf man – damals! – den Richtern vor. Damit dies ein Ende habe, bot sich eine Einrichtung an, die beim revolutionär gewendeten Nachbarn Frankreich im Kampf gegen Polizeistaat und Absolutismus erfolgreich durchgesetzt worden war: der Staatsanwalt.

Von einer Juristenkonferenz im Dezember 1845 in Berlin ist eine Rede überliefert, in der ein Experte begründet, warum ein Staatsanwalt auch Preußen guttäte: »Der Staatsanwalt soll sich nicht nur im Interesse des Staates, sondern in gleichem Grade auch für den Angeklagten, also für dessen Verteidigung, wirksam zeigen.« Der preußische Justizminister und berühmte Rechtsgelehrte Friedrich Carl von Savigny gab dem Redner damals recht. Es sei »vor allem nöthig, dass die Criminalpolizei möglichst in seine Hand gelegt« werde, um seine »Wirksamkeit als Wächter des Gesetzes schon bei den vorbereitenden Operationen der Polizei-Behörde eintreten zu lassen«.

So geschah es in Preußen, und so gilt es in der Strafprozessordnung bis heute: Der Staatsanwalt ist der »Herr des Ermittlungsverfahrens« – so sagen die Staatsanwälte – von Anfang an. Die Kripo ist nur sein »Hilfsorgan«, er der »Wächter des Gesetzes«. Das ist eine wichtige Aufgabenteilung, sie dient der Hygiene der Wahrheitsfindung. Denn Polizisten sind Jäger. Sie haben die Aufgabe, einen Fall aufzuklären. Erst wenn sie jemanden gefangen haben, dürfen sie die Akte schließen, sich ihr Lob abholen und nach Hause gehen. Eine hohe Aufklärungsquote ist das Qualitätssiegel jeder Polizeibehörde, der Innenminister verkündet den Prozentsatz der gefassten Täter regelmäßig in der Öffentlichkeit.

Staatsanwälte unterstehen aber nicht dem Innenminister, sondern dem Justizminister. Sie gehören zu der Institution, die eine Waage im Logo hat. Das ist das Sinnbild der Gerechtigkeit, nicht der Wahrheit und nicht der Aufklärung um jeden Preis. Die Strafprozessordnung verbietet zum Beispiel, dass Straftaten mit unfairen Mitteln aufgeklärt werden. Der Beschuldigte darf nicht belogen oder unter Druck gesetzt werden. Seine Angehörigen sind nicht verpflichtet, als Zeugen gegen ihn auszusagen. Zum Schutz von Beschuldigten muss oft genug auf die Aufklärung eines Verbrechens verzichtet werden. Im Extremfall muss sogar ein Hoch-Verdächtiger auch bei Fluchtgefahr aus der U-Haft entlassen werden – einfach weil das Ermittlungsverfahren zu lange gedauert hat und weil es unverhältnismäßig wäre, ihn länger auf Verdacht einzukerkern. All dies sind Vorkehrungen, um der Unternehmensphilosophie der Justiz Geltung zu verschaffen: Es geht nicht um die Jagd auf das Böse, es geht auch nicht um die Beruhigung der kochenden Volksseele oder die Abwehr von Gefahren. All dies ist der Job des Kollegen Innenminister und seiner Mitstreiter. Im Reich des Justizministers gilt der Geist der Waage: Gerechtigkeit.

Alles, was die Polizei für die Justiz unternimmt, geschieht darum auf Anweisung des Staatsanwalts. Nach jedem Ermittlungsschritt schicken die Ermittler die Akten mit dem Ermittlungsergebnis an einen Staatsanwalt, der liest alles durch, prüft das Recht und schreibt mit dickem Stift eine Verfügung, die anschließend in der Geschäftsstelle, wo sie seine Handschrift lesen können, noch einmal abgetippt wird. Dann werden die Akten wieder zur Polizei geschickt. Die tut, wie ihr in der Verfügung geheißen, erstattet dann Bericht, der Staatsanwalt liest alles durch, bedenkt es wohl, prüft abermals das Gesetz, schreibt dann mit dickem Stift. Und so weiter. Und wenn er irgendwann nach langem Hin und Her zu dem Ergebnis kommt, es sei nun genug ermittelt, es sei kein Ergebnis mehr zu erwarten, schreibt er einfach »170 II« unter die Akte: In Paragraf 170 Absatz 2 ist die Einstellung des Verfahrens wegen Erfolglosigkeit der Ermittlungen geregelt.

So ist es vorgesehen. Doch so ist es häufig nicht. Tatsächlich bestimmen allzu oft die Jäger die Regeln. Und in der Justiz wächst in den letzten Jahren die Sorge, dass die Wahrheitsfindung dabei außer Kontrolle gerät.

Natürlich verraten sie das nicht ihrer Kundschaft, aber in der Realität haben Staatsanwälte immer weniger zu sagen. Der bekannte Münchner Strafprozessprofessor Bernd Schünemann spricht aus, was die Justiz nur hinter vorgehaltener Hand diskutiert: Es bestehe »die ganz reale Gefahr, dass die Polizei zum heimlichen Herrn des Verfahrens avanciert«. Die toughen Jungs des Innenministers, so fürchtet Schünemann, seien der braven Truppe des Justizministers »qualitativ und quantitativ überlegen«.

Praktiker sehen das nicht anders. Staatsanwalt Thomas Weidmann bildet den Nachwuchs an der Berliner Fachhochschule für Verwaltung und Rechtspflege aus. Nach seiner Erfahrung ist die Polizei den Staatsanwälten grenzenlos überlegen, weil sie mehr Geld, mehr Leute, mehr Know-how bei der Suche nach der Wahrheit hat. »Die sachleitende Funktion der Staatsanwaltschaft«, schreibt Weidmann im Fachblatt *Kriminalistik*, werde so »weitgehend zurückgedrängt«. Die Polizei weiß immer mehr als die Juristen: »Unzureichende Ausbildung und fehlende Spezialisierung führen«, so Weidmann, »dazu, dass die Staatsanwaltschaft auf die kriminalpolizeiliche Sachkunde angewiesen ist.« Wie soll man die Wissenschaftler in den Laboren des Bundeskriminalamts auch übertrumpfen, die Expertenanalysen in den Landeskriminalämtern entkräften? Man muss es glauben, wenn sie sagen, der Beschuldigte sei überführt. Weidmann schreibt, die Polizei könne mit ihrer Hightech-Infrastruktur den Gang der Ermittlungen weitgehend autonom festlegen und tue das auch: Die Jäger der Bösen, so Weidmann, »streben stets Kompetenzausweitungen an«. All dies führe zu einer »faktischen Ausschaltung der Staatsanwaltschaft als selbstständiger Vertreterin der dritten Gewalt«.

Die Staatsanwaltschaft schmückt sich gern mit der Bezeichnung als »objektivste Behörde der Welt« und ist per Gesetz verpflichtet, auch die Umstände ermitteln zu lassen, die den Täter entlasten. Doch in der Praxis hat sie diesen hehren Anspruch weitgehend aufgegeben. Nicht aus Gemeinheit den Beschuldigten gegenüber, sondern aus Schwäche. Staatsanwälte trauen sich immer seltener, den alles besser wissenden Ermittlern der Polizei Vorgaben zu machen. Jeder, der einmal bei der Kripo oder auf den Fluren der Strafgerichte herumsteht, kann das Gedröhne der Jäger hören, ja, er soll es sogar: »Da reißt man sich den Arsch auf, um den Mann endlich zu schnappen, und dann stellt der Staatsanwalt das Verfahren ein«, heißt es da. Oder: »Da werden sich die Nachbarn aber freuen, wenn der Staatsanwalt den Brutalo, den wir endlich eingesackt haben, gleich wieder rauslässt.« Die Polizei hat in der Regel den Volkszorn über das vermeintlich Böse auf ihrer Seite, ebenso die Reporter der Lokalpresse, die alle die Untaten fleißig mitschreiben, die ihnen von der Polizeipressestelle gratis geliefert werden. Welche Chancen hat da einer, der auf die Frage nach seinem Job unter

Verweis auf den großen Rechtsphilosophen Savigny antwortet: »Ich bin Wächter des Gesetzes.«

So überrundet die Polizei immer öfter die Justiz. Strafrechtswissenschaftler Schünemann hält es für eine alarmierende Entwicklung, dass mittlerweile nicht mehr, wie im Gesetz vorgesehen, die Hauptverhandlung vor den Richtern für ein Urteil maßgeblich ist – »die Würfel fallen im Ermittlungsverfahren«. Das würdevolle Schauspiel vor den Männern in den schwarzen Roben verkomme »zur aufwendig inszenierten Absegnung der bereits im Ermittlungsergebnis erzielten Ergebnisse«.

Die »heimlichen Hauptbestimmungsgründe des Urteils«, so Schünemann, seien oft genug die Vernehmungsprotokolle der Polizei. Was die Polizei in ihre Akten schreibe, habe einen »enormen Einfluss auf die richterliche Urteilsbildung«. Staatsanwälte dienen da oft nur noch als Dekoration im Gerichtssaal. Der Richter schließt sich umstandslos dem Urteil der Kripo an. Den »Perseveranzeffekt« nennt das der Wissenschaftler Schünemann.

Zum Perseveranzeffekt, der einem von der Polizei gesetzten Verdacht Wahrheitswert verleiht, kommt in der Analyse des Strafprozessexperten der Effekt der »kognitiven Dissonanz«: Alle neuen Erkenntnisse, die nicht zum Mainstream der polizeilichen Recherchen passen, werden vom Gericht unwillkürlich als störend aussortiert. Ergebnis laut Schünemann: »Die Informationen, die das Vorurteil der Ermittler bestätigen, werden systematisch überschätzt.« Keine Chance hat, wer in der Vernehmungsmühle der Kripo eine schlechte Figur macht. Die Würfel fallen gegen ihn: Da sind wir wieder beim toten Bauern Rudi Rupp. Und wir ahnen, warum der Staatsanwalt in der Geschichte der Suche nach dessen Mördern fast gar nicht auftaucht.

Dabei hat er keine Chance ausgelassen, sich wichtig zu machen. Christian Veh, Oberstaatsanwalt beim Landgericht Ingolstadt, hat sich mit aller Macht der Wahrheit an den Hals geworfen, die seine Ermittler für ihn ausgesucht hatten. Er musste ja den Antrag für die richterliche Genehmigung der Telefonüberwachung unterschreiben, den Antrag für die Durchsuchung in der Schulstraße und den Antrag, die mutmaßliche Mörderbande in Haft zu nehmen. Denn er war ja der Herr des Verfahrens. Hätte er da noch zugeben können, dass ihm die Sache auch nicht geheuer war? Schon waren die Verhafteten stolz als die vermeintlichen Vatermörder der Öffentlichkeit präsentiert, schon die ganz und gar unglaubliche Geschichte im ganzen Land als spektakulärer Ermittlungserfolg verbreitet. Augen zu und durch: Den Schrotthändler, der sich hartnäckig weigerte zu bestätigen, dass er Rudi Rupps Mercedes beseitigt hatte, ließ der Oberstaatsanwalt zunächst als mutmaßlichen Mittäter einsperren. Dann bot er ihm an, man könne ihm bei der Verfolgung eines gegen ihn anhängigen Umweltdelikts sicher ein wenig entgegenkommen, wenn er nur endlich, endlich zugebe, was er mit dem Auto gemacht habe. Na und, sagt der Herr des Verfahrens, das sei doch üblich so. Veh konnte nicht mehr zurück. Er konnte nicht einmal zurück, als Rudolf Rupp wieder auftauchte. Der Staatsanwalt stellte sich, zunächst erfolgreich, einer Wiederaufnahme des Verfahrens in den Weg. Er kann noch immer nicht zurück. Einer Reporterin von »Spiegel-TV« erklärte er noch nach dem Freispruch der Rupps, warum er trotzdem recht hatte: »Ich kann doch ein Geständnis nicht ignorieren. Es gibt schließlich die irrsten Kriminalfälle. Das hätte einen Aufschrei gegeben, und man hätte gesagt: Was sind denn das für Blödel?« Hat ihn nicht irgendwann das schlechte Gewissen gepackt, die ganze Familie mit so irrsinnigen Vorwürfen überzogen zu haben? »Schlaflose Nächte? Nö.«

Nachschlag: Was wir nicht wissen

»Wir wissen nicht, was passiert ist«, mit dieser Begründung sprach im Wiederaufnahmeverfahren das Landgericht Landshut im Mai 2011 die Angeklagten frei – wenn auch mit der Einschränkung, dass sie es wahrscheinlich doch waren, die den Vater getötet haben. Zwar gibt es nach wie vor keinen Anhaltspunkt dafür – doch für das Gegenteil auch nicht: Tatsächlich ist es vorläufig unmöglich, eine vernünftige Erklärung für den Tod des Bauern Rudi Rupp zu geben. Könnte es nicht sein, dass er selbst freiwillig aus dem Leben geschieden ist? Dafür spricht, dass er in massiven finanziellen Schwierigkeiten war. Dagegen spricht fast alles: Im Zündschloss steckte kein Zündschlüssel, den hatte der Tote in der Hosentasche. Der Schalter des Automatikgetriebes stand auf »P«, also in der Parkstellung, in der das Auto nicht mit Motorkraft bewegt werden kann. Ein Gutachter erklärte zudem, dass der Motor, wäre er beim Kontakt des Wagens mit Wasser in Betrieb gewesen, zerstört worden wäre. Doch der Motor des Mercedes war intakt.

Dass Rupp, lebensmüde, aus eigenem Entschluss und mit Absicht in die Donau gefahren ist, lässt sich zudem mit dem Zustand des Leichnams nicht vereinbaren: Schienbeine und Fersen steckten, getrennt vom Körper, tief und fest im Schlamm um die Pedale unter dem Fahrersitz. Sie können sich bei der Bergung des Wracks nicht verschoben haben. Sie steckten aber genau verkehrt herum im Schlamm – in dieser Position kann Rupp unmöglich sein Auto bedient haben. Vielmehr, so rekonstruierten die Sachverständigen, muss er vor dem Fahrersitz gekniet haben.

Sollte also das Auto mit ihm, der wahrscheinlich erheblich betrunken war, ungewollt ins Wasser gerollt sein? Auch das ergibt keinen Sinn: Warum hatte er dann den Autoschlüssel in der Hosentasche? Zudem hätte es an der Stelle, an der es gefunden wurde, nicht von allein ins Wasser rollen können, ohne am Donau-Ufer Spuren zu hinterlassen. Es fanden sich aber keine Spuren. Dann vielleicht irgendwo anders, weiter flussaufwärts? Die Ermittler fanden im weiten Umkreis keine Stelle, an der ein Auto ohne den Willen den Fahrers und ohne Spuren zu hinterlassen ins Wasser hätte rollen können. In Betracht wäre nur die Slipanlage für Sportboote am Parkplatz »Schlösslwiese« gekommen. Doch um dorthin zu gelangen, hätte Rupp auf seinem mutmaßlich letzten Weg von der Sportgaststätte fast 15 Kilometer fahren müssen. Warum hätte er das tun sollen? Und selbst wenn: Die Füße im Schlamm hatten Socken an, aber keine Schuhe. Wer zieht sich die Schuhe aus, bevor er ins Wasser rollt?

Es war kein Selbstmord, es war kein Unfall, also bleibt nur: Mord.

Dies war die Schlussfolgerung der Ermittler von Beginn an. Und vielleicht denken die meisten Menschen, die im Fernsehen gerne »Tatort« schauen, genauso. Doch der Schluss ist falsch. Die einzig gültige Antwort im Fall Rupp kann nur lauten: Wir wissen es nicht. Und was wir nicht wissen, darüber müssen wir schweigen.

Der »Badewannenmord« (II)
Neue Indizien tauchen auf

Seit dem 8. November 2011 sitzt die 4. Strafkammer als 2. Schwurgericht des Landgerichts München II zusammen, um sich im zweiten Anlauf mit dem Fall zu befassen, der mittlerweile im ganzen Land als »Badewannenmord von Rottach-Egern« bekannt ist, weil es so in den Zeitungen steht. Doch geht es überhaupt um Mord? Es gibt noch immer keinen Beweis dafür, dass die alte Frau K. durch ein Verbrechen zu Tode kam und nicht durch einen Unfall. Und keine Spuren, keine sicheren Beweise liegen dem Gericht für die Annahme vor, dass der Hausmeister Manfred Genditzki die Rentnerin, für die er jahrelang treu sorgend da war, erst niedergeschlagen und dann in ihrer Badewanne ertränkt habe. Er war ihr letzter bekannter Gast. Doch warum sollte er plötzlich so brutal geworden sein? Die Phantasie der Richter, einen Angriff als Reaktion auf einen Eifersuchtsanfall der alten Dame zu unterstellen, hat zur Aufhebung des Urteils durch den BGH geführt. Doch Manfred Genditzki sitzt noch immer in Haft, nun seit bald drei Jahren. In dieser Zeit ist sein zweiter Sohn geboren und seine Mutter beerdigt worden. Er konnte nicht dabei sein. Er ist noch immer dringend als Mörder verdächtig.

Das Aktenzeichen lautet jetzt 2 Ks 31 Js 40341/08. Derselbe Staatsanwalt, der die Anklage im ersten Prozess gegen Genditzki vertreten hat, tritt nun erneut mit dem alten Vorwurf auf: Der Hausmeister ist der Mörder. Doch diesmal hat er einen schier unbezwingbaren Gegenspieler: Neben Genditzki sitzt nun der Karlsruher Strafverteidiger Gunter Widmaier. Er gilt als der beste und erfolgreichste Revisionsanwalt. Er hat der ersten Strafkammer Pfusch bei der Wahrheitsfindung nachgewiesen und beim BGH recht bekommen. Diesmal, dafür steht Widmaiers Anwesenheit, kommt so etwas nicht vor.

Wie dünn das Eis ist, auf dem auch der zweite Prozess gegen Genditzki geführt werden soll, macht Widmaier mit einem Beweisstück deutlich, auf das bislang niemand geachtet hatte: Das Foto einer Plastiktüte mit schmutziger, wahrscheinlich sehr schmutziger Unterwäsche der Toten. Diese Plastiktüte bringt die ganze Geschichte des Mordes an Frau K. ins Wanken. Die Anklage gegen Manfred Genditzki ist darauf aufgebaut, dass Frau K. durch ein Verbrechen und nicht durch einen Unfall in der Wanne ertrunken ist. Was wäre, wenn sie das Wasser eingelassen hat, um zu baden, und dann beim Bücken bewusstlos geworden und in die Wanne gefallen ist?

Ausgeschlossen, sagen die Ermittler. Viele Zeugen bestätigen: Frau K. habe niemals gebadet, die Gebrechliche habe panische Angst davor gehabt, nicht wieder aus dem Wasser herauszukommen.

Was wäre, wenn sie das Wasser eingelassen hätte, um in der Wanne Wäsche zu waschen, und dabei hineingestürzt wäre? Ausgeschlossen, sagt die Anklage, die Wäsche hat ja immer der nette Herr Genditzki für sie in der Maschine gewaschen.

Ja, aber was wäre, wenn sie stark verschmutze Wäsche vorher hätte in der Badewanne einweichen wollen? Hat sie nie, wollen Zeugen wissen, die Alte habe stets nur die rosa Plastikschüssel benutzt, die sie auch zum Füßewaschen verwendete.

Hat sie doch, sagt Genditzki, wenn es besonders schmutzige Wäsche war und die Alte sie ihm – etwa nach einem ihrer fürchterlichen Durchfallanfälle – so nicht zumuten wollte.

Das Gericht des ersten Urteils glaubte an diese Möglichkeit nicht, weil es dem Hausmeister Genditzki nicht glaubte. Und vor allem: Warum hätte Frau K. ausgerechnet an diesem Tag Wasser zum Einweichen der Wäsche einlassen sollen? Es war ja, so das Ergebnis der Beweisaufnahme, in der ganzen Wohnung keine Schmutzwäsche zu finden. »Die Kammer«, so das Resümee auf Seite 41 des Urteils, »ist der Überzeugung, dass ein Unfallgeschehen ausgeschlossen ist.«

Die Tüte war im ersten Verfahren einfach übersehen worden. Das Tatortfoto aus der Wohnung lag bei den Akten, unbemerkt darauf: die Tüte. Frau K. war wenige Tage vor ihrem Tod mit schweren Durchfällen ins Krankenhaus gebracht und ihre stark verschmutzte Unterwäsche vom Klinikpersonal in einer braunen Plastiktüte verstaut worden. Genditzki hatte Frau K. an ihrem Todestag aus dem Krankenhaus nach Hause gefahren, die Tüte natürlich auch. Warum hat niemand die Tüte beachtet? Kein Gericht ist perfekt, shit happens.

Widmaier findet noch mehr. Die Bilder in den Akten zeigen zwei Tassen in der Küchenspüle. Wer hat nach dem letzten Zusammensein der alten Dame mit ihrem »Manfred« den Kaffeetisch abgeräumt? »Meine Tasse habe ich hinausgetragen und abgewaschen«, sagt der Angeklagte spontan. Und die zweite Tasse? »Die Frau wollte noch eine zweite Tasse trinken. Die hat sie dann wohl später selber hinausgebracht.«

Später, als Genditzki schon weg war, hat sie demnach noch gelebt. Genditzkis Verteidiger, berichtet die *Süddeutsche Zeitung* am 2. Dezember 2011, »sind zuversichtlich, dass er nun freigesprochen wird«.

Wir werden sehen.

Missbrauch

Tränen lügen nicht

Die Arbeit des Richters ist ein Handwerk, das eine ähnliche Präzision und Sachlichkeit erfordert wie das eines Landvermessers. Er hat relativ kleine Abschnitte der Wirklichkeit so genau zu vermessen, dass man feststellen kann, ob sie mit den Maßangaben des Strafgesetzes übereinstimmen. »Passt« oder »passt nicht« ist das Ergebnis, das er dann zu notieren hat. Diese Notiz nennt die Justiz ein »Urteil«.

Das ist schwer genug. Denn sowohl die Vermessung einzelner Taten als auch der kritische Vergleich mit den Vorgaben des Strafgesetzbuchs – die sogenannte Subsumtion – erfordern scharfen Blick und scharfes Nachdenken. Oft genug sind die gesetzlichen Maßangaben unklar, dann verlangt die Konkretisierung selbstständiges Abwägen und Auseinandersetzung mit den Konsequenzen der einen oder anderen Lesart. Die »Befähigung zum Richteramt« bekommen darum nur Männer und Frauen zuerkannt, die nach jahrelangem Rechtsstudium und anschließender praktischer Ausbildung bei Gerichten, Rechtsanwälten und Behörden zwei Staatsexamina absolviert haben.

Manchem Landvermesser des Rechts mag seine Rolle auf Dauer etwas eintönig vorkommen, vielleicht hat man sie ihm auch nicht richtig erklärt. Gerade Strafrichter neigen gelegentlich dazu, an die von ihnen auszumessende

Wirklichkeit die Elle des eigenen Geschmacks zu legen. Was wäre, wenn ein romantischer Landvermesser mitten auf einer Blumenwiese ins Schwärmen über Gottes Schöpfung kommt oder sich gar ein bisschen dafür verantwortlich fühlt, dass hier der Salbei und die Margerite noch so ungestört blühen? Wir teilen ja oft seine Freude, aber wir sind nicht in der Rolle eines Landvermessers. Wir müssen befürchten, er vertut sich vor lauter Naturliebe und voll guter Gefühle um ein paar Meter beim Messen.

Was, wenn ein Richter am Landgericht beim mehr oder weniger langweiligen Handwerk der Subsumtion plötzlich zornig wird über das Böse, das er da auszumessen hat? Wenn er anfängt, Ekel, Hass und Traurigkeit über all die ekligen, verhassten, traurigen Angelegenheiten zu empfinden, mit denen er sich täglich zu beschäftigen hat? Mord, Totschlag, Betrug, Vergewaltigung, Verrat, ein stinkender Tümpel voller widerlicher Sumpfblüten. Wer kann es da dem Landvermesser der Gerechtigkeit verdenken, wenn er aus der Rolle fällt? Wie soll ein Richter nicht vom Zorn des Selbstgerechten gepackt werden über einen Angeklagten, der seine kleine Tochter brutal sexuell missbraucht, sie mit brennenden Zigaretten gequält und das alles gefilmt hat?

Hauptsache, er vertut sich vor lauter Gerechtigkeit nicht beim Messen.

Landgericht Hannover, Anfang Mai 2004: Bei der Urteilsverkündung der Jugendschutzkammer gegen den Straßenbahner Ralf W., 38, und den Fernfahrer Karl-Heinz W., 54, verbreitet sich das erlösende Gefühl von Gerechtigkeit wie Weihrauch im Saal. Der Gerichtsreporter der *Hannoverschen Allgemeinen* registriert »Tränen in den Augen« des Publikums. Der Vorsitzende Richter lässt im mündlich vorgetragenen Urteil seinen Zorn über die beiden Angeklagten niederfahren: »Ich mache dieses Geschäft jetzt seit einigen Jahrzehnten«, so zitiert ihn der Zeitungsmann, »aber einen so abartigen und widerlichen Fall wie diesen habe ich noch nicht erlebt.«

Jedem Menschen musste widerlich und abartig erscheinen, was die einzige Belastungszeugin Jennifer, 17, über ihren Vater Karl-Heinz W. und seinen Freund Ralf, den Straßenbahner, vorgetragen und womit sie das Gericht überzeugt hatte. Von Januar bis Mai 2001 hätten der Vater und sein Freund das Mädchen, damals 14, abwechselnd vergewaltigt, auf Jennifers Rücken Zigaretten ausgedrückt, ihre Haut mit Messern geritzt, ihr bei Ungehorsam mit der Faust ins Gesicht geschlagen. »Tagelang unter Tränen« (Gericht) hatte die junge Frau vor der Strafkammer die angeklagten Männer beschuldigt. »Aus tiefster Seele« seien ihre Aussagen gekommen. »Ich kann es nicht ändern, dass du mein Vater bist«, schrieb die Tochter ihrem Paps ins Gefängnis, »aber du hast mich nicht verdient, ich kämpfe jetzt um das Leben, das ich wegen Dir nie hatte.« Widerlich und abartig: »Nicht den Hauch eines Zweifels«, so die *Hannoversche Zeitung*, hegte das Gericht, das die beiden Männer zu langjährigen Haftstrafen verurteilte.

Jeder Mensch muss in Zorn geraten, wenn ein Kind unter Tränen berichtet, wie es von einem Erwachsenen sexuell missbraucht wurde. Staatsanwälte, Jugendämter, Lehrer, Kinderschützer, sie alle tun gut daran, jedem derartigen Verdacht nachzugehen. Kindesmissbrauch ist ein furchtbares Verbrechen. Doch wenigstens einer muss einen kühlen Kopf bewahren: der Mann oder die Frau mit der »Befähigung zum Richteramt«. Wenn er oder sie nicht gerade in den schlimmsten, den abartigsten, den widerlichsten Fällen sein Handwerk mit millimetergenauer Präzision versieht, misst und wieder misst, wenn er den Fehler macht, zornig zu werden, kann es eine Katastrophe geben.

So war es im Fall Jennifer W. Denn nichts von dem, was sie unter Tränen erzählt hatte, war wahr. Mutwillig und mit immer neuen, erfundenen Geschichten brachte sie ihren Vater und dessen Bekannten für Jahre ins Gefängnis, der Bundesgerichtshof bestätigte das Urteil. Erst im September 2010, mehr als sechs Jahre später, wurden beide Männer freigesprochen. »Nach heutigen Erkenntnissen«, so befand das Landgericht Lüneburg im Wiederaufnahmeverfahren, »hätte damals nicht einmal Anklage erhoben werden dürfen.«

Missbrauch vor Gericht: Ist es möglich, dass ein unmündiges Kind, eine jugendliche Göre, den mächtigen Apparat der Justiz durch zwei Instanzen derart missbraucht, dass die Jahrzehnte lang erfahrenen Juristen, alle mit der »Befähigung zum Richteramt«, sich von Horrorgeschichten und Kindertränen derart beirren lassen? Verblüfft zeigte sich im Wiederaufnahmeverfahren selbst der berühmte Berliner Psychiatrieprofessor Hans-Ludwig Kröber, ein erfahrener Experte für forensische Glaubwürdigkeitsbeurteilungen. Das Gericht in Hannover, so Kröber, sei »von der Aussage und der Weise, wie Jennifer W. ihre Aussage vortrug, offenbar so beeindruckt« gewesen, »dass der Urteilstext recht ungewöhnlich geraten ist und seinerseits erheblich emotionalisiert wirkt«. Man habe den Eindruck, »dass insbesondere das häufige Weinen« für die Richter »die Wahrhaftigkeit der Aussage untermauert habe«. Tränen lügen nicht.

Doch die Wahrheit war: Jennifer war krank. Nicht ausgekochte Raffinesse, eine psychische Störung, das krankhafte Bedürfnis, Bezugspersonen zu beschuldigen, war die Ursache dafür, dass das Mädchen ständig neue Horrorgeschichten erfand. Und es wäre in der Verantwortung der Justiz gewesen, dies zu erkennen und zu berücksichtigen. Stattdessen vertrauten alle auf das Urteil von Gutachtern in der Hauptverhandlung, die versichert hatten, die Aussagen des Mädchens seien – so später zusammenfassend die Staatsanwaltschaft – »absolut glaubwürdig«. Nicht die Bosheit des vermeintlichen Opfers – dramatische Kunstfehler, Verfolgungswahn, Rechthaberei, Dilettantismus von Richtern und Staatsanwälten bewirkten den Justizirrtum von Hannover.

Der Fall Jennifer ist nicht etwa deshalb bemerkenswert, weil er so außergewöhnlich ist – sondern weil er ein Fall von vielen ist. Unüberschaubar groß ist mittlerweile die Zahl der ruchbar gewordenen Falschanklagen oder gar Falschverurteilungen von Missbrauchsfällen, noch viel größer ist wahrscheinlich die Dunkelziffer. Es scheint fast wie eine Seuche: Überall in Deutschland landen Eltern vor Gericht, weil sie zu Unrecht widerlichster und abartigster Verbrechen beschuldigt werden.

Die Verfolgung von Kindesmissbrauch ist die schwierigste Aufgabe, vor der die Justiz steht. Das Gelände, in dem die juristischen Landvermesser ihr Handwerk verrichten müssen, ist vermint. Übereifrige Kinderschutzorganisationen treiben sich hier herum und übervorsichtige Jugendhelfer. Es gibt entsetzlich viele kleine Jungen und Mädchen, die hilflos den Übergriffen ihrer Eltern ausgesetzt sind. Aber es gibt auch Eltern, die hilflos erleben müssen, wie ihre Kinder von Sozialarbeitern als Zeugen haltloser Beschuldigungen instrumentalisiert werden. Es gibt Familientherapeuten, die erst als Zeugen der Anklage gegen »Kinderschänder« auftreten und bald darauf selbst wegen Kindesmissbrauch verurteilt werden. »Opferanwälte« spielen sich auf, die ihren Lebensunterhalt damit bestreiten, dem Feldzug von Kinderschutzgruppen gegen vermeintlich schändliche Eltern den nötigen rechtlichen Nachdruck zu verleihen, gekaufte oder eifernde Mediziner, die auch den abwegigsten Beschuldigungen vor Gericht das Siegel »glaubwürdig« zuerkennen.

Es ist das schwärzeste Kapitel der Strafjustiz. Gerade weil Kinder den wirksamen und zielgenauen Schutz vor Misshandlung und Missbrauch dringend brauchen, ist die Verantwortung der Richter besonders groß. Die Suche nach der Wahrheit zwischen Kindern und ihren Eltern erfordert Augenmaß, Präzision, Vorsicht. Nirgendwo sonst kann Justiz, wenn sie versagt, so viel Unheil anrichten. Und sie versagt regelmäßig.

Lügen, Sex und Video

Erst hatte die gerade 14-jährige Jennifer ihrer Englischlehrerin nur eine Allerweltsgeschichte anvertraut: Sie sei von einem unbekannten Mann angegriffen und unsittlich berührt worden. Die Lehrerin, vom Detailreichtum der Erzählung beeindruckt, reichte das Mädchen weiter an die Kinderschutzorganisation »Violetta«, die sich engagiert für Missbrauchsopfer einsetzt.

Nach der Beratung bei »Violetta« war die Story eine ganz andere, hatte aber viel mehr Wumm: Regelmäßige Vergewaltigung durch den eigenen Vater und dessen Freund – das war ein Fall für die Staatsanwaltschaft. Doch als sich endlich das Landgericht Hannover mit der Strafsache beschäftigte, war Jennifer schon wieder etwas weiter. Vor Gericht erzählte sie, schon »mit neun oder zehn Jahren« sei sie von ihrem Vater regelmäßig an Fernfahrerkollegen weitergereicht worden, für sexuelle Spiele, es habe auch Filmaufnahmen gegeben.

Die Staatsanwaltschaft, noch vollauf mit der Verfolgung der ersten Geschichte beschäftigt, beginnt ein zweites Ermittlungsverfahren wegen der neuen Vorwürfe. Das läuft neben der Hauptverhandlung um die Vergewaltigungsvorwürfe, und es läuft auch weiter, als Karl-Heinz W. und sein Freund Ralf W. im Mai 2004 verurteilt werden. Nun wird es unübersichtlich. Am 15. September, während das Revisionsverfahren gegen das Urteil vom Mai schwebt, erscheint Jennifer – wieder in Begleitung der Englischlehrerin – mit einer dritten Geschichte bei der Staatsanwaltschaft: Seit sie acht Jahre alt gewesen sei, habe ihr Vater sie einem »Mädchenring« übergeben, der habe bis vor Kurzem, noch während der Hauptverhandlung, in Hannover Pornos mit ihr und anderen Kindern gedreht, mehrfach sei sie dort, schon mit acht, von ihrem Vater vor laufender Kamera vergewaltigt worden. Die Mädchen seien mit Drogen gefügig gemacht worden.

Die Staatsanwälte schreiben mit: »Mit mir wurden auch die Sachen gemacht, die mit den anderen Kindern gemacht wurden. Ich wurde auch zum Geschlechtsverkehr gezwungen und dabei gefilmt. Der Guido war der Brutalste von allen.« Etwa im Jahr 2000 habe sie eine Geburt beobachtet. »Das Baby wurde nach der Geburt öfter an die Wand geworfen, das Ganze wurde gefilmt, und das Baby hat dies nicht überlebt.« Die Zeugin ist ganz präzise: Sie nennt »Guido Meyersdorf« und »Helmut Gräwe« als Beteiligte, auch mit der Adresse, wo alles passiert sein soll, kann sie dienen: »Geibelstraße.«

Die Staatsanwaltschaft ermittelt pflichtgemäß: Einwohnermeldeamt, Internetrecherche, Telefonbücher – kein Meyersdorf, kein Gräwe. Auch in der Geibelstraße nichts Verdächtiges. Den Kennern der Akten des ersten Prozesses, in dem wenige Wochen zuvor erst das Urteil gefallen ist, fällt noch ein anderes Detail als merkwürdig auf: Angeblich, so hatte Jenny im Prozess ausgesagt, sei sie von Vaters Freund Ralf mit 15 entjungfert worden. Glaubt man ihrer neuen Geschichte, war es aber bereits passiert, als sie acht Jahre alt war.

Und jetzt? Eine neue Akte, ein drittes Ermittlungsverfahren? War das nicht alles offenkundig Unsinn? Müsste man nicht einen Vermerk zu dem eben erlassenen Urteil machen, dass mit der Hauptbelastungszeugin etwas nicht stimmen könne? Demnächst würde sich der Bundesgerichtshof mit dem Urteil gegen die beiden Männer im Revisionsverfahren beschäftigen müssen. Zwar überprüft der BGH das Urteil der Vorinstanz nur auf Rechtsfehler. Doch müsste eine Staatsanwaltschaft nicht trotzdem die Notbremse ziehen und verhindern, dass die letzte Instanz ein Urteil absegnet, in dem offenbar jemand falsch gespielt hat? Nur wie? Dass die Ankläger, bevor ein Urteil rechtskräftig wird, entdecken, dass sie möglicherweise einer Lüge aufgesessen sind, ist in der Strafprozessordnung nicht vorgesehen.

Die Staatsanwaltschaft Hannover löste das Problem nach Beamtenart. Sie tat erst einmal nichts. Vielleicht hofften die Juristen, dass sich das Problem durch Abwarten erledigen würde, vielleicht erwarteten sie, dass niemand etwas merken würde und sich die große Justizmühle unbeeindruckt von der kleinen Spinnerin mit ihren Horrorgeschichten einfach weiterdrehte. Sie konnten ja nicht damit rechnen, dass Jenny nicht ruhen würde, bis sie mit ihrer Story genügende Aufmerksamkeit hatte. Wenn schon die netten Leute von der Staatsanwaltschaft nicht spurten, würde sie es eben woanders versuchen. Bald erschien ihre Geschichte in *Bravo* – gern ließ sich das junge Mädchen auch von Fotografen des Teenie-Magazins ablichten. Die Fotos erschienen ungepixelt.

Doch bei der Justiz liest offenbar niemand *Bravo*. Der Vorgang Jenny galt als abgeschlossen, das Urteil gegen ihren Vater und dessen Freund wurde wie erwartet vom Bundesgerichtshof bestätigt. Die Karlsruher Revisionsrichter hegten keinen Zweifel, dass die Kollegen in Hannover die Wahrheit nach allen Regeln der Kunst gefunden hatten, eine falsche Aussage erscheine »ausgeschlossen«. Dabei hatte die Sachverständige im Prozess sogar Symptome einer Borderline-Störung bei dem Mädchen entdeckt – aber gleichwohl ausgeschlossen, dass diese Macke die Glaubhaftigkeit ihrer Beschuldigungen infrage stellen könnte. Das sei ein Kunstfehler, hatten schon die Verteidiger vergeblich gerügt. Die Richter des BGH vertrauten der Aussage der Sachverständigen, dass man der Aussage von Jenny trotz allem glauben könne. Der Senat, so heißt es in der Revisionsentscheidung, »schließt aus, dass die Sachverständige zu unzutreffenden Ergebnissen gelangt ist, selbst wenn ihre methodische Vorgehensweise nicht immer den … Maßstäben entsprochen haben sollte«. Die »Maßstäbe«, das waren wenige Jahre zuvor vom Bundesgerichtshof aufgestellte Regeln dafür, wie präzise bei der Analyse von belastenden Aussagen über sexuellen Missbrauch vorzugehen sei.

Die wichtigste Voraussetzung für die gerichtliche Suche nach der Wahrheit von Zeugenaussagen, so hatte das oberste Strafgericht verkündet, sei die sogenannte Nullhypothese: Zum Schutz des Angeklagten sei grundsätzlich von der Unwahrheit einer ihn belastenden Aussage auszugehen – und unwahr bleibe sie, bis es keine andere Erklärungsmöglichkeit mehr gebe, als dass sie wahr sei. Doch die Richter wollten der kleinen Jennifer glauben. Im Zorn über das Unheil, das in ihren Köpfen immer schlimmer wurde, richteten sie selber Unheil an.

Zwei Männer saßen derweilen unter der Last des schlimmsten aller Vorwürfe im Gefängnis, und niemand glaubte ihren Unschuldsbeteuerungen. Die meisten Häftlinge beteuern ja ihre Unschuld, das kennt man schon. Und mit besonderer Ungeduld, ja, mit Hass wenden sich Mitgefangene für gewöhnlich von jenen ab, die selbst unter Verbrechern als der letzte Dreck gelten: von den »Kinderfickern«. Niemand, der mit so einem Urteil hinter Gittern sitzt, kann mit einem freundlichen Wort, mit einem offenen Ohr rechnen, er kann schon froh sein, wenn er nicht von den Zellengenossen zusammengeschlagen wird. Der Zorn über solche »widerlichen und abartigen Verbrechen« erfüllt selbst die Bösesten der Bösen.

Jeder bei der Justiz weiß, dass der Vorwurf, ja, schon der Verdacht, Kinder missbraucht zu haben, die grausame Strafe der sozialen Ächtung bereits in sich trägt. Doch die Staatsanwaltschaft in Hannover steckte den Vorgang »Mädchenring«, der gerade wegen all seiner Unglaub-

würdigkeit die Ehre der beiden Verurteilten hätte retten
können, in die unterste Schublade ganz nach hinten und
rührte sich nicht. Eine Bombe. Und die Bombe tickte, während sich die Justiz als Nächstes mit den weiteren Beschuldigungen beschäftigen musste, die das Opfer im
Gerichtsverfahren gegen seinen Vater erhoben hatte. Die
Geschichte von den schweinischen Fernfahrerkollegen,
denen Vater Karl-Heinz die kleine Tochter immer mal ausgeliehen habe, stand noch immer im Raum. Die Mühlen
der Justiz mahlen zwar langsam, aber, wie wir wissen, unaufhaltsam. Am 10. Januar 2008, fast vier Jahre nach seiner ersten Verurteilung, war Karl-Heinz W. in Hannover
zum zweiten Mal dran, wegen der Fernfahrergeschichte.

Selbst bei der Justiz Hannover muss jemand die Nerven verloren haben. Wenige Tage vor Prozessbeginn wurde
der Vorgang aus dem Schreibtisch der Staatsanwaltschaft
geborgen, das Thema »Mädchenring« wurde zu einem
»Vermerk«. Der Vermerk entstand am Vortag des erneuten
Prozesses, am 9. Januar 2008, sein Aktenzeichen, 3754 Js
2001/04, wirkt ganz unschuldig, als wäre er schon vier
Jahre alt. So entschärft man eine Bombe. Gleich am nächsten Tag, dem ersten Verhandlungstag im Fernfahrerverfahren, präsentierte die Sitzungsvertreterin der Staatsanwaltschaft dann das Schriftstück dem Gericht mit den
Worten: »Da der Inhalt der Vernehmung der Zeugin Jennifer W. vom 15. 09. 2004 auch das vorliegende Verfahren
berührt, gebietet es der Grundsatz des fairen Verfahrens,
das neue Verfahren nunmehr offenzulegen.«

Das war's: Als deutlich wurde, dass die junge Frau
schon vor Jahren offenbar blühenden Unsinn zu Protokoll
gegeben hatte, fiel auch die Anklage wegen des angeblichen Fernfahrermädchenhandels in sich zusammen.
Karl-Heinz W. wurde diesmal zügig freigesprochen. Und
damit, so sah es offenbar die Staatsanwaltschaft, war die
Welt wieder in Ordnung. Jedenfalls reagierten die Ankläger sehr kühl, als im Juni 2008 die Ehefrau des vor vier Jah-

ren verurteilten Ralf W. dringend bat, ihren Mann freizulassen – immerhin beruhte ja auch das erste Urteil von 2004 auf den Aussagen der offenbar lügenhaften Tochter des Freundes. »Keine Anhaltspunkte«, so beharrte die Staatsanwaltschaft, sehe sie dafür, dass mit dem alten Urteil etwas nicht in Ordnung sei. Erst mithilfe des Gerichts setzte schließlich ein Jahr später der Anwalt der Ehefrau durch, dass ihr Mann – vorläufig – freigelassen wurde. Und erst im November 2009 fand sich die Justiz bereit, den Vermerk 3754 Js 2001/04 als hinreichenden Grund für eine Wiederaufnahme des alten Verfahrens gegen Karl-Heinz W. und Ralf W. anzuerkennen. Im September 2010 wurden beide Männer endlich vom Landgericht Lüneburg freigesprochen.

Wer schützt die Richter vor ihren Opfern?

War der Fall Jennifer ein Justizirrtum? Das wäre eine Untertreibung. Dass Kinder mit übersteigerter Phantasie Erwachsene, oft die eigenen Eltern, für Jahre unschuldig hinter Gitter bringen, geschieht immer wieder. Es geschieht so häufig, dass der Irrtum als Erklärung nicht mehr ausreicht. Es erhebt sich die Frage, wo der Fehler im System der Verfolgung und Ahndung von Kindesmissbrauch liegt. Der Hamburger Strafverteidiger Johann Schwenn, der auch die Wiederaufnahme im Fall Hannover durchgesetzt hat, sieht eine »Gleichartigkeit der Fehlerquellen« bei Fehlurteilen vom Typus »Jennifer«.

Die wichtigste Fehlerquelle ist die – berechtigte – Angst um die Kinder. Weil die Opfer sexueller Übergriffe so hilflos sind und die Sphäre, in der das Unrecht geschieht, oft so undurchdringlich intim, finden jene in der Öffentlichkeit Glauben und Gehör, die es sich zur Aufgabe gemacht haben, zu helfen: Jugendämter, Kinderschutzorganisationen, Spezialdezernate bei der Justiz, die sich ganz auf die Aufklärung und Ahndung von Missbrauchsdelikten konzentrieren. Doch die öffentliche Fürsorge gegen das Böse hinter verschlossenen Türen hat zu einer Verschiebung der Beweislast geführt. Mit dem Argument der Hilflosigkeit und der Schutzbedürftigkeit der Opfer wird es vermeintlichen wie wirklichen Tätern immer schwerer gemacht, sich zu verteidigen und auf die gesetzliche Unschuldsvermutung zu pochen. Politisch korrekt handelt, wer sich schützend vor die Kinder stellt, politisch unkorrekt, wer einen Mann verteidigt, der in Verdacht eines Verbrechens geraten ist, das als »widerlich und abartig« zu bezeichnen jedem Richter Beifall im Publikum bringt. »Bei keinem anderen Straftatbestand«, empört sich Verteidiger Schwenn, »ist die Bereitschaft zum Vorurteil so groß, die Unschuldsvermutung so unpopulär.«

Wer möchte da noch einen Finger für Kinderschänder rühren?

Doch wenn er's gar nicht war?

Ach was, Kinder denken sich so etwas Schreckliches nicht aus.

Nach dieser schlichten Logik macht die Justiz überall im Land gern kurzen Prozess. Nach dieser schlichten Logik verurteilte im März 1995 das Landgericht Osnabrück Adolf S. zu einer langjährigen Freiheitsstrafe, weil seine Tochter behauptet hatte, er habe sie jahrelang vergewaltigt. Dass sie zur Zeit der Hauptverhandlung noch Jungfrau war, störte die Richter nicht. Dass der Hausarzt bei dem Kind eine Borderline-Störung diagnostiziert hatte – die gleiche, die Jennifer plagte –, irritierte auch hier niemanden.

Nicht mal, als die Kleine nun auch ihren Onkel vor Gericht brachte, hatte jemand durchgreifende Zweifel. Es half dem Onkel nicht, dass er gar nicht konnte, was ihm vorgeworfen wurde, weil er impotent war. Auch er wurde wegen Vergewaltigung seiner Nichte für Jahre ins Gefängnis geschickt.

Es war nicht der Bundesgerichtshof, auch kein mutiger

Anwalt, sondern eine Journalistin, die nachwies, dass die beiden Männer zu Unrecht hinter Gittern saßen. Die *Zeit*-Reporterin Sabine Rückert ging in die Rechtsgeschichte ein, weil sie – gegen alle Anfeindungen der politisch Korrekten – in allen Einzelheiten recherchierte, wie fahrlässig sich die Justiz den Behauptungen des Mädchens aus Osnabrück ausgeliefert hatte. Rückert überzeugte Anwalt Schwenn, die Wiederaufnahme des Verfahrens gegen den Vater und den Onkel durchzusetzen. Mit Erfolg: 2006 wurden beide Männer freigesprochen.

Im zuständigen Justizministerium in Hannover bestellte daraufhin der damalige SPD-Minister Christian Pfeiffer, selber Strafrechtsprofessor, den zuständigen Abteilungsleiter zu sich. »Wir müssen der Öffentlichkeit erklären«, so der Minister, »dass die Justiz hier einen schweren Fehler gemacht hat.« Wer schützt die Richter vor ihren Opfern? Ein Mitarbeiter zeigte sich entsetzt: Der Minister möge bedenken, was für ein schwerer Schicksalsschlag das für den verantwortlichen Richter wäre, wenn er dergestalt bloßgestellt werde. Es soll, berichten Zeugen, eine große Brüllerei im Ministerium gegeben haben.

Doch in der Justiz hört man keinen Schrei. Man ist ja unabhängig. Man macht einfach weiter:

- Thilo H., damals 37, aus Werneuchen in Brandenburg, musste 2004 unschuldig ins Gefängnis, weil die 16-jährige Jessica als Zeugin vor dem Landgericht in Frankfurt an der Oder ihn beschuldigt hatte, sie in der Walpurgisnacht 2002 auf dem Festplatz des Städtchens Rüdersdorf im Märkischen Oderland vergewaltigt zu haben. H., der sich selbst als »väterlicher Freund« des Mädchens bezeichnete, hatte schlechte Karten. Denn zum einen hatte man bei ihm Fotos gefunden, auf denen Jessica mit nacktem Oberkörper zu sehen war. Zum anderen bescheinigte ein psychologisches Gutachten, dass Jessica glaubwürdig sei. »Ich war nie in Rüdersdorf«, behauptete H. – es half ihm nichts. Die Revision gegen das Vergewaltigungsurteil wurde verworfen, eine Wiederaufnahme abgelehnt. Dabei wäre es wohl geblieben, hätte nicht 2005 Jessica vor Freunden geprahlt, den Thilo mit einer erfundenen Geschichte in den Knast gebracht zu haben. Die Prahlerei sprach sich zäh herum, erst 2007 war Jessica schließlich bereit, die Lüge zuzugeben. Im Februar 2008 sprach im Wiederaufnahmeverfahren das Landgericht Potsdam den Mann frei. Thilo H., mittlerweile 41, im Rückblick: »Die Jahre sind weg.«

- Im Mai 2009 musste das Landgericht Waldshut-Tiengen einen 55-jährigen Mann aus Konstanz am Bodensee im Wiederaufnahmeverfahren vom Vorwurf freisprechen, seine neunjährige Tochter Jahre zuvor im Spanienurlaub missbraucht zu haben. Die Tochter war 2003, als sie 14 war, mit dem Vorwurf gegen ihren Vater zur Staatsanwaltschaft gegangen und hatte Glauben gefunden. Drei Jahre Gefängnis hatte das Gericht damals gegen den Vater verhängt. Zwei Jahre davon musste er hinter Gittern verbringen, bis die Tochter endlich zugab, alles erfunden zu haben. Sie hatte, so die Begründung für die Lüge, nach der Scheidung der Eltern verhindern wollen, dass sie die Wochenenden mit ihrem Paps verbringen musste.

- Vor einer ähnlichen Beschuldigung konnte sich ein Angeklagter vor dem Landgericht Flensburg 2007 nur retten, weil das Gericht mehr durch Zufall entdeckte, dass die Hauptbelastungszeugin für ihre Aussage offenbar mit den Unterlagen gespickt hatte, die sie bei sich führte. Bei näherem Hinsehen entpuppten sich die Papiere als Handreichungen der Kinderschutzgruppe »Wagemut«, die ein Büro am Ort unterhielt. Eine »Wagemut«-Therapeutin hatte bei der Formulierung der Beschuldigungen heftig mitgewirkt. Volles Engagement bei der Verfolgung von Missbrauch, so enthüllte schließlich die Verteidigung, hatte über den eigenen Fall hinaus das angebliche Opfer schon zuvor an den Tag gelegt: Im Rahmen eines »berufsorientierenden Praktikums« hatte die junge Frau bei der Staatsanwaltschaft im »Sonderdezernat Sexualdelikte« hospitiert. Die Staatsanwaltschaft hatte dennoch keine Bedenken, die Geschichten der einzigen Belastungszeugin über ihr sexuelles Martyrium für anklagereif zu halten.

- Siebeneinhalb Jahre musste 2004 der Müllwerker Herbert B. aus Bad Lauchstädt bei Merseburg in Sachsen-Anhalt hinter Gitter, weil Tochter Tanja ihn bezichtigt hatte, sie mehrfach vergewaltigt zu haben. Mal habe er sie auf einem Feldweg verfolgt und zu Boden gerissen, mal in ihrer Wohnung überfallen, ihr die Kleider vom Leib gerissen und sie in brutaler Weise missbraucht. Auch Tanja legte nach dem Schuldurteil des Landgerichts Halle mit weiteren Beschuldigungen nach, die immer unglaubwürdiger wurden. Schließlich bezichtigte sie sogar einen Polizisten, ihr SMS mit Morddrohungen geschickt zu haben, um sie gefügig zu machen. Als der Beamte nachweisen konnte, dass die junge Frau sich die SMS selbst geschickt hatte, wurde Tanja psychologisch untersucht – mit dem Ergebnis, dass sie psychisch schwer krank und als Zeugin »ungeeignet« sei. Auch hier war es der Hamburger Strafverteidiger Schwenn, der schließlich 2012 im Wiederaufnahmeverfahren einen Freispruch für Tanjas Vater durchsetzte. Die erneute Beweisaufnahme, so das Landgericht Magdeburg lakonisch, habe »ergeben, dass der Angeklagte die Taten nicht begangen hat«. Was seine Tochter gegen ihn alles unternommen hat, musste erst sein Anwalt Schwenn ihm erklären. B. hatte keinen der Schriftsätze der Staatsanwaltschaft lesen können. Er ist Analphabet. Auch Tanjas wohlmeinende Betreuerinnen, Ärztinnen, die ebenfalls als Zeuginnen vor Gericht auftraten, um den Missbrauch der jungen Frau ahnden zu lassen, werden nun von Schwenn mit rechtlichen Mitteln verfolgt:

Sie hatten dem Gericht verschwiegen, dass ihr Schützling schon zuvor in psychiatrischer Behandlung gewesen war.

Wenn sich gut gemeinter Verfolgungseifer von Kinderschützern und Staatsanwälten mit schlampiger Beweisaufnahme mischt, hat die Wahrheit schlechte Chancen. Dabei müsste jeder Jurist wissen, was das für eine gefährliche und explosive Mischung ist. Erschütternde Berichte über die Verheerungen solcherart entgleister Justiz, Geschichten von ruinierten Familien, zerstörten Schicksalen, Toten und seelisch Schwerverletzten, schließlich ein Richter, der sich öffentlich für die Unheilsjustiz entschuldigt: All dies hat seit den Neunzigerjahren des vergangenen Jahrhunderts die Justiz immer wieder erschüttert.

»Es herrscht Krieg«

»Ich habe Fieber, mit tut der Po weh.« Mit diesem Satz begann 1990 eine Tragödie, die unter Juristen bis heute als Musterbeispiel für Verfolgungswahn gilt. Auch mehr als zwei Jahrzehnte später darf die Geschichte nicht in Vergessenheit geraten. Denn die Fehler von damals sind noch immer wirksam. Und noch immer hat die Warnung ihren wahren Kern, die damals der große *Spiegel*-Gerichtsreporter Gerhard Mauz aufschrieb: »In der Strafjustiz ist alles möglich. Von einigem allerdings meinte man, das könnten nur Gerichte einer Diktatur. Und nun muss man entdecken, dass Frauen und Männer blindlings zu Hexen und Hexern erklärt werden und dass kein Paragraf der Strafprozessordnung sie schützt.«

Der verhängnisvolle Satz, der alles auslöste, fiel am 7. November 1990 nachmittags im Münsterland. »Ich habe Fieber, mir tut der Po weh«, das antwortete ein 4-Jähriger seiner Mutter, als die ihn fragte, ob er mit auf einen Spaziergang komme. Unter dem Namen »Markus« ging der Knabe in die Annalen ein, sein Vater war damals Stadtverordneter der Grünen in Coesfeld. Eine gute Freundin der Familie war zu Besuch und wollte auch mit auf den Spaziergang; Brigitte Turczer hieß sie. Es gibt keinen Grund, ihren Namen zu verändern, er ist aus der nun folgenden Geschichte ohnehin nicht mehr wegzudenken.

Frau Turczer ist erfahren mit den Problemen von Kindern. Sie ist Mitarbeiterin der Coesfelder Ortsgruppe von »Zartbitter«, einer Kinderhilfsorganisation, die sich besonders und mit unleugbar großen Verdiensten um Schutz vor sexuellem Missbrauch kümmert. Markus hat Fieber, ihm tut der Po weh. »Was kriegst du denn, wenn du Fieber hast?«, fragt Frau Turczer. Süßigkeiten, Pillen, ein Thermometer in den Po? Markus antwortet etwas, was eigentlich keine Antwort ist: »Rainer hat mir den Finger in den Po gesteckt.«

Rainer Möllers, damals 30, ist Erzieher im Coesfelder Montessori-Kindergarten. Doch das wird er nicht mehr lange sein. Denn für die »Zartbitter«-Frau ist die Antwort von Markus ein eindeutiger Hinweis auf sexuellen Missbrauch. Der Mann von Montessori ein Kinderschänder? Für Brigitte Turczer reine Glaubenssache. Der zweifelnden Mutter erklärt die Expertin: »Entweder glaubst du dem Jungen, oder du glaubst ihm nicht. Dazwischen gibt es nichts.«

Das ist auch die professionelle Reaktion bei den Kolleginnen von »Zartbitter«, wo das Markus-Zitat helle Aufregung auslöst. Die Kinderschützer entwickeln eine »Strategie« (Turczer), wie sie damit vorankommen könnten, was eine »Zartbitter«-Mitarbeiterin später vor Gericht »Aufdeckungsarbeit« nennen wird: eigenmächtige, heimliche Ermittlungen gegen den mutmaßlichen Kinderschänder Rainer, der monatelang von alledem nichts ahnt. »Zartbitter« ermittelt auch in dem Kindergarten in Borken, wo der Erzieher früher gearbeitet hat. »Zartbitter« und Montessori-Mitarbeiter alarmieren die Eltern beider Kindergärten, leiten die besorgten und erschreckten Mütter und Väter an, Protokolle über Gespräche mit ihren Kindern zu führen, Tagebücher über deren Angaben aus dem Kindergarten anzulegen. Manche Eltern führen Vernehmungen durch und nehmen sie auf Tonband auf. Ein Kinderpsychiater, von »Zartbitter« bestellt, berät die Eltern über die richtige Fragetechnik.

Vielleicht sollte man doch lieber erst einmal juristischen Rat einholen, wendet eine Montessori-Kollegin ein: »Entweder du glaubst dem Kind, oder du glaubst Rainer, dazwischen gibt es nichts«, ist die einschlägige Antwort. Später sollte auch die Bedenkenträgerin des Missbrauchs verdächtigt werden.

Alle haben beschlossen, Markus zu glauben. Sie wollen glauben. Was Wunder, dass der Vierjährige, wochenlang von den Eltern und von »Zartbitter«-Leuten mit bohrenden Fragen gequält, immer stiller wird, nichts mehr wissen will von der Finger-im-Po-Geschichte. Markus' Eltern kapitulieren schließlich: »Er war nicht mehr bereit, seine Sätze zu wiederholen. Bohrendes Nachfragen war eher hinderlich.«

Rainer oder Markus? Markus. Es liege auf der Hand, so heißt es – Jahre später – im Urteil, dass »die Mitarbeiterin die Aussage bereitwillig … aufgenommen hat, weil sie in ihr Konzept passte«. Das Konzept liegt fest, »schon bei der ersten Befragung des Kindes kam es zu Suggestionen«. Mit »immer bohrenderen Fragen«, so sollten die Richter erfahren, hätten viele von Sorge zerfressene Eltern ihre Kinder ausgefragt, »bis die erwünschte Antwort kam«. Das »erschütterndste Ergebnis dieses Verfahrens ist«, so das Gericht, »dass man Kindern auf diesem Gebiet etwas suggerieren kann, … was sie dann als tatsächlich Erlebtes erinnern«.

Doch bis zu dieser Einsicht sollte es noch Jahre dauern. Erst vor Gericht, auf Nachfragen besonnenerer Erforscher der Wahrheit, erzählt Markus später ganz unbefangen, dass das fragliche Zusammentreffen von Rainers Finger mit seinem Po auch ganz zufällig gewesen sein könnte. Man habe an dem Tag getobt, Rainer habe ihn von hinten ungeschickt angefasst. Finger in den Po? Na ja, so richtig nicht, er hatte ja eine dicke Hose an, Rainer hat da nicht reingefasst. Der renommierte Psychologe Günter Köhnken, der 15 Jahre später auch den Fall Jennifer enträtselt, gibt schon damals dem Gericht zu bedenken, dass Markus' verhängnisvoller Satz systematisch falsch interpretiert, »entharmlost« worden sei. In einem Gutachten erklärt Köhnken, er gehe davon aus, dass bereits auf einem der frühen Elternabende Anfang 1991 »die Grundlage für eine einseitig auf die Bestätigung vorgefasster Überzeugungen gerichtete Ermittlungstätigkeit der Eltern geschaffen wurde«.

Ende Februar 1991 halten es jedoch die Kinderschutzaktivisten immer noch nicht für nötig, den verdächtigten Rainer Möllers mal zu fragen, was mit dem Finger in oder an Markus Po war. Stattdessen nur eine Frage, auf die der Erzieher keine Antwort wusste: »Hast du uns nichts zu sagen?« Ja, sagt Rainer Möllers später, er hätte eine ganze Menge zu sagen gehabt, zum Beispiel dass er Ärger mit seiner Freundin hatte, dass er darum abgelenkt und nicht richtig bei der Sache war im Kindergarten. Ob es das war, was den Kolleginnen aufgefallen war?

Markus oder Rainer. Dazwischen gibt es nichts. Endlich, im März, ein »Konfrontationsgespräch« (»Zartbitter«), ein Tribunal aus Kinderschützern, Montessori-Mitarbeitern und Eltern. Rainer ist sprachlos, bestreitet jede falsche Berührung seiner Kinder. Tags darauf wird er fristlos gefeuert.

Wenige Tage später wenden sich die ehrenamtlichen Ermittler an die Profis: Strafanzeige gegen Rainer Möllers bei der Polizei. Nun übernehmen Staatsanwälte die Befragung der Kinder. Rainer wird verhaftet. Die Polizei schickt Fragebögen an die Eltern. Doch anstatt den Ermittlungseifer der aufgeregten Kinderschützer auf eine neue Basis der professionellen Besonnenheit zu stellen, schieben die Profis die Affäre erst richtig an. Die Beschuldigungslawine gerät außer Kontrolle: Nicht nur Rainer, eine ganze Kinderschändermafia gerät ins Visier der Ermittler. Dazu gehören Erzieher und Erzieherinnen, Zivildienstleistende, Reinigungskräfte, Taxifahrer. Immer neue Beschuldigte produzierten die Vernehmungen der Kinder.

Rings um den bösen Rainer rankten sich immer monströsere Geschichten, alle aus nicht jugendfreien Horrorvideos: Unter der Kinderturnhalle gebe es Fallgruben, unterirdische Gänge, wo dunkle Mächte ihr perverses Spiel trieben, zwischen Fledermäusen würden Frauen geschlachtet, grausige Spiele mit Särgen und Folterinstrumenten gespielt, Sexorgien gefeiert, Rainer sei immer mittendrin. Sie haben es glauben wollen. Sie haben – wirklich! – den Boden der Turnhalle aufgerissen, um die unterirdischen Gänge zu finden, sie fanden – nichts.

Eineinhalb Jahre lang hat die Staatsanwaltschaft in Münster mithilfe von Psychologen in dem unglaublichen Fall ermittelt. Die Anklage gegen Rainer Möllers lautete auf Missbrauch von 63 Kindern in den Jahren 1983 bis 1991. »Es herrscht Krieg«, kommentierte damals *Spiegel*-Reporter Gerhard Mauz. Ein Krieg um die Kinder werde ausgetragen von oft fanatischen Kinderschützern, selbst ernannten Robin Hoods gegen eine vermeintlich ignorante, wenn nicht gar verschworene Männerwelt, die das widerlichste und abartigste Verbrechen von allen nicht sehen will, nicht wahrhaben will, mit rechtsstaatlichen Bedenken die entschlossene Suche nach der grausigen Wahrheit behindert. Ein Krieg, der viele Opfer zurücklässt: die Kinder.

Nach 26 Monaten Haft und 120 Tagen vor Gericht wurde Rainer Möllers schließlich freigesprochen. Seinen Namen, erklärte er hinterher Journalisten, könne man ruhig nennen. Er habe nichts getan, wofür er sich schämen müsse.

Doch damals rückte ein anderer Name in den Fokus der öffentlichen Berichterstattung: Tilman Fürniss. Der Name des Münsteraner Kinderpsychiaters und Universitätsprofessors steht für die wahnhafte Massenbeschuldigung von Sextätern, die im Fall Montessori erstmals aktenkundig wurde. Man muss sich den Namen merken, weil er noch immer fast überall da auftaucht, wo die Justiz sich mit Kindern als Opfer von sexuellem Missbrauch beschäftigt. Die Fürniss-Methode, Kinder zum Sprechen zu bringen, ist so umstritten wie effektiv. Und wahrscheinlich ist sie verantwortlich für viele Fehlurteile gegen »Kinder-Schänder«.

Der Experte der Universität Münster unterwies jahrelang, einem Guru gleich, besorgte Väter und Mütter, Sozialarbeiter, Kinderschützer, Jugendhelfer in Wochenendkursen, Freitag von 14 bis 20 Uhr, Samstag von 9 Uhr 30 bis 16 Uhr, im Umgang mit sexuellem Missbrauch. So war er genau der Richtige, um die Ermittlungen von »Zartbitter« im Fall Montessori anzuleiten. Schon früh unterstützte er die Eltern bei der Inquisition im Kinderzimmer.

Seine Methode ist berühmt als die »Konjunktiv-Befragung«. Man kann, so seine Kernthese, missbrauchte Kinder zum Sprechen bringen, wenn man ihnen Vorschläge macht, wie es gewesen sein »könnte«. Was könnte der Rainer noch getan haben? Könnte er etwas mit deinem Penis gemacht haben? Könnte er sich nackt ausgezogen haben? Den Kindern macht es in solchen Momenten Freude, die Großen zu erfreuen, indem sie einfach nicken. In den Worten des Professors: Es gelte, für die Kinder »eine explizit sexuelle Sprache zur Benennung der Misshandlungsfakten zu finden …, die Fakten der sexuellen Misshandlung zu verbalisieren und damit die sexuelle Handlung als wahr zu etablieren und zu konstruieren«.

Bei der Etablierung und Konstruktion der Wahrheit helfen dem Professor und seinen Anhängern »anatomisch korrekte Puppen«. Papa-Puppen und Kinder-Puppen haben alles, was für Missbrauch infrage kommt, Schniedel und Scheide, Mund und Po. Die Kinder können mit den Puppen beliebig herumspielen, es wird alles protokolliert. »Strafprozessual geradezu unverantwortlich« nannte der Richter, der Möllers schließlich freisprach, diese Art von Kinderinquisition – zumindest wenn nicht klar ist, ob überhaupt sexueller Missbrauch stattgefunden hat. Mit den von »Zartbitter« verbreiteten Fürniss-Methoden sind die Kinder aus den Montessori-Kindergärten hineingesogen worden in die Albtraumgeschichten, die dann die Justiz jahrelang beschäftigten.

Die Justiz frisst kleine Kinder

Nichts, nichts, nichts haben sie gelernt aus der Anklagehavarie von Münster. Der beißende Rauch der Verleumdung über den Montessori-Kindergärten war noch nicht abgezogen, da wütete die Kriegsmaschine der Kinderschänderverfolgung ein paar Landgerichte weiter, in Mainz. Nur, diesmal war alles noch schlimmer. Diesmal ging es nicht mit einer Haftentschädigung für einen verkannten Erzieher ab. Die Verwüstungen, die von der Justiz im sogenannten Wormser Massenmissbrauchsprozess angerichtet wurden, sind nie wiedergutzumachen. Nie, nie, nie …

Wenn die Justiz Männer und Frauen als Kinderschänder verdächtigt, ist das eine Katastrophe für jene, die zu Unrecht als Täter gelten. Doch noch schlimmer kann es für jene werden, die von der Justiz zu Unrecht als Opfer behandelt werden. Die Justiz, man kann es nicht anders sagen, frisst kleine Kinder. Sie fallen durch Richterspruch der Vernichtung anheim. Die gewaltige Gerechtigkeitsmaschine verschluckt sie ganz plötzlich – und spuckt sie nie wieder aus.

Niemand kann sagen, wohin Nicole verschwunden ist, deren Name wie fast alle Namen in dieser entsetzlichen Geschichte verändert wurde. Nicole verschwand mitten im friedlichen Worms aus den Armen ihrer Eltern, als sie vier war.

Das war am 12. Dezember 1993. Sonja und Thomas Hoffmann brachen nachmittags mit ihren drei Kindern von zu Hause zum Weihnachtsmarkt auf. Auf dem Weg zu ihrem Auto wurden sie allerdings aufgehalten. Ein ganzer Trupp stellte sich der jungen Familie in den Weg: ein Staatsanwalt, ein Mann vom Jugendamt, eine Mitarbeiterin der Kinderschutzorganisation »Wildwasser«, mehrere Polizeibeamte. Familie Hoffmann wurde aufgefordert, ihre Kinder herauszugeben, jetzt, sofort. Warum? »Sie sind geschädigt.« Die Beamten hatten Papiere dabei, nicht Haftbefehle gibt es in solchen Fällen, sondern »gerichtliche Anordnungen zur vorläufigen Unterbringung von Minderjährigen«.

Was machen Eltern, wenn sie derart überfallen werden? Sonja Hoffmann reagierte wie jeder vernünftige Mensch, sie sprach von lächerlich, von Irrtum und Verwechslung. Sie bot an, jetzt, sofort, mit allen Kindern in die Kinderklinik zu fahren und sich dort dem medizinischen Urteil der Fachleute zu unterwerfen. Ihre Kinder seien wohlauf, alle drei.

Es half nichts. Die Beamten nahmen den Eltern ihre Kinder mit Nachdruck weg, diese wehrten sich und schrien. Papa, wohin werden wir gebracht? Der Vater versuchte zu beruhigen. Seid brav, wir holen euch gleich wieder heim. Im Auto fuhren die Justizpersonen Nicole und ihre beiden Brüder davon. Am nächsten Tag wurden auch die Eltern Hoffmann verhaftet. Das Ende einer Familie.

Was war passiert? Die Familie Hoffmann war ohne eigenes Zutun von einer Beschuldigungslawine erfasst worden, die bereits seit Monaten in Worms rollte und immer mehr Eltern und Kinder erfasste. Die Justiz bereitete den größten Kindermissbrauchsprozess aller Zeiten vor – er sollte sich, so später die *Welt*, zu »einem einzigartigen Justiz-Skandal« entwickeln.

Die Lawine wurde ausgelöst von einem miesen kleinen Scheidungskrach ums Sorgerecht, wie er die Justiz jeden Tag hundertfach beschäftigt. Mit Hoffmanns hatte das gar nichts zu tun, sondern mit den Eltern von Robert, auch aus Worms. Mit diesen Eltern hatte Robert ausgesprochenes Pech.

Kurt Baum und Marion, geborene Riffel, trennen sich, als Robert gerade zur Welt gekommen ist. Bald nach der Trennung bekommt Robert allerdings eine kleine Schwester, Jenny. Das Mädchen, daran hat die Mutter nie einen Zweifel gelassen, ist kein Wunschkind, es ist passiert. Jenny ist zwei Jahre alt, da bekommen sie und Robert einen neuen Vater – und noch ein Schwesterchen, Isabell. Doch auch dieser Papa bleibt den Kindern nicht lange erhalten, bald heiratet Marion Riffel erneut – einen Klaus Jürgen Unkelberg, und nun gibt es abermals eine kleine Schwester.

Es ist das Jahr 1993, das Jahr, in dem im Münsterland gerade der Prozess gegen einen Montessori-Kindergärtner wegen des Vorwurfs läuft, 63 Kinder missbraucht zu haben – und Gerhard Mauz im *Spiegel* schreibt: »Es ist Krieg.« Zwischen Marion Riffel und ihrem Exmann Kurt Baum sind es vorerst nur kleine Rückzugsgefechte, die aber schnell auf die Kinder ausgreifen. Es geht um Unterhalt, es geht um Besuchsrecht. Jenny und Robert sind beim Vater zu Besuch, dessen Mutter, die Oma der beiden Kinder, macht sich Sorgen. Bei Jenny findet sie blaue Flecken. Und Robert, acht, weiß auch, warum: Die kleine Schwester werde von der Mama mit dem Handfeger verhauen und außerdem werde sie nachts im Bett angebunden, damit sie nicht einfach aufsteht.

Die Oma, zu Recht besorgt um das Wohl der Enkel, informiert das Jugendamt in Worms. Sie bietet an, die

Enkel könnten sehr gut im Hause ihres Sohnes, des Vaters, leben, sie werde sich kümmern. Doch das Jugendamt zögert. Blaue Flecken, eine möglicherweise rabiate Mutter – reicht das für eine Intervention? Kurt Baum und seine Mutter geben keine Ruhe. Zu groß ist ihr Misstrauen und wohl auch ihr Hass gegen die Frau, die ihren Ehemann verlassen hat, und auch gegen deren neue Familie, »die Unkelbergs«. Eines Tages geschieht es, dass die kleine Jenny dem Vater bei einem Besuch zwischen die Beine in den Schritt fasst. »Gezielt«, sagt Kurt Baum, »ich möchte mal wissen, wo sie das herhat.«

»Was muss eigentlich noch passieren, damit die Kinder nicht mehr zu den Unkelbergs gelassen werden?«, tönt die Oma, als sie, Jenny auf dem Arm, in einer Wormser Kinderarztpraxis erscheint, um das Kind untersuchen zu lassen. Die Praxis ist den Baums im Kindergarten empfohlen worden: Da, so die Kindergärtnerin, frage man nicht nach dem Sorgerecht für die kleinen Patienten, da handele man. Der Kinderarzt Dr. Stephan Veit handelt dann auch bei Jenny entschlossen. Er untersucht das Kind von Kopf bis Fuß und wird fündig: eine wunde Stelle an der Schamlippe, Schrunde am Po, der Schließreflex des Afters fehlt. Der erste Aktenvermerk: »Analpenetrativer Missbrauch.« Dr. Veit ist ein Mann, der mit solchen Urteilen schnell bei der Hand ist. Das Gericht wird später im Urteil seine »Überzeugung« festhalten, dass der Kinderarzt »vorsätzlich falsche Gesundheitszeugnisse ausstellt«.

Vater Baum erstattet, Veits Zeugnis in der Hand, Anzeige gegen seine Exfrau und deren neuen Lebensgefährten. Ermittlungen verlaufen im Sand, aber das Wesentliche ist erreicht: Jenny und Robert werden bei der Oma untergebracht. Nun schlägt die Mutter zurück und erstattet Anzeige gegen Exehemann Kurt wegen Kindesmissbrauchs. Zwei Familienclans, die Baums und die Unkelberg-Clique, bewerfen sich gegenseitig mit Schmutz. Die Kinder bekommen alles mit. Das Familiengericht, mehrfach angerufen, verweigert die Rückgabe von Robert und Jenny an die Mutter – stattdessen verfügt das Jugendamt, dass Jenny vom Verein »Wildwasser« betreut werden soll, der in Worms als »Kinderschutzdienst« firmiert und nicht nur dem Jugendamt, sondern auch der Kinderarztpraxis von Dr. Veit eng verbunden ist. Bei »Wildwasser« übernimmt die neue Mitarbeiterin Ute Plass – ihr Name wird hier nicht verfremdet, dazu ist sie zu berühmt geworden – den Fall Jenny. Frau Plass ist von Beruf Religionspädagogin, legt allerdings Wert auf die Feststellung, dass sie in Wochenendkursen den Umgang mit sexuell missbrauchten Kindern gelernt hat, nach der Methode, die in Kriegszeiten wie diesen überall verwendet wird, der Methode des Münsteraner Kinderpsychiaters Fürniss.

Ute Plass arbeitet – Methode Fürniss – ebenfalls mit den Schniedel-Scheide-Po-und-Mund-Puppen, um mehr aus ihren Schützlingen herauszubekommen, und protokolliert alles. Jenny, wer hat dir wehgetan? Der Onkel Jürgen (= Unkelberg). Und wie? Jenny verhaut eine der Puppen. Ute Plass notiert. Und dann? Jenny steckt der Kind-Puppe den Papa-Puppen-Penis in den Po.

Robert, der große Bruder, muss nun auch zu »Wildwasser«. Er bestreitet alles. Daraufhin wird er unter Anwendung der Methode Fürniss befragt. Jetzt bestätigt Robert alles, was die Schwester zuvor an schlimmen Dingen erzählt hat. Nun ist Isabell dran, die kleinere Schwester von Jenny, die noch im Hause von Mutter Marion und Unkelberg lebt. Isabell ist total durcheinander. Frau Plass bekommt keine ordentliche Geschichte aus ihr heraus. Nun wieder Jenny, zusammen mit Isabell, eine Art Gegenüberstellung bei »Wildwasser«. Isabell soll sagen, wie Mama und Jürgen ihr wehtun. Ute Plass notiert: Isabell steckt den Penis der Vater-Puppe in den Mund der Kinder-Puppe.

Frau Plass informiert das Jugendamt. Isabell vertraut sich ihrer Mutter an: Sie habe gelogen, alles erfunden. Es hilft nichts. Isabell, verfügt das Jugendamt, muss ins Heim. Auf der Autofahrt ins Heim mit der kleinen Isabell bleibt die »Wildwasser«-Frau am Ball. Frau Plass fragt: Könnte es sein, dass bei Onkel Jürgen ein Film gedreht wurde? Isabell nickt. Und wer könnte noch dabei gewesen sein? Auf Nachfrage bestätigt Isabell bereitwillig: Andreas, Nadine, Kevin, Sylvia. Frau Plass informiert die Staatsanwaltschaft.

Nun geht es Schlag auf Schlag. Am 11. November 1993 steht Isabell, die vierjährige Isabell, vor den Schranken der Justiz: Bei der richterlichen Anhörung auf Antrag der Staatsanwaltschaft wird aus dem Kleinkind eine Belastungszeugin. Sie sagt gar nichts. Erst beim Rausgehen, an der Hand von Frau Plass, kommt ihr Stimmchen: »Robert war auch dabei«, sagt die Zeugin. Ute Plass: Oma und Jenny auch?

Isabell nickt.

Der Staatsanwalt ist fassungslos über den Wahnsinnsfall. Ein Kinderschänder und Pornofilm-Ring aus zwei bis aufs Blut verfeindeten Familien, den Baums und den Unkelbergs, eine globale Allianz des Bösen. Die Konsequenzen im Krieg gegen das Unfassbare werden schnell gezogen: Jenny und Robert werden der Oma weggenommen und zu einer Tante gebracht. Zu Sonja Hoffmann, der Mutter von Nicole. Die Ermittler im Aufdeckungsrausch schicken Nicole und ihre beiden Brüder auch gleich zu »Wildwasser«, damit Frau Plass sie befrage. Frau Plass holt ihre Puppen raus: Wer könnte was mit wem angestellt haben? Die Kinder nicken, schnell ist alles eindeutig. Frau Plass notiert. Namen über Namen, da fällt es gar nicht mehr auf, dass schließlich sogar die beiden ermittelnden Staatsanwältinnen auf der Liste der Beschuldigten stehen.

Die Hoffmann-Kinder, auf dem Weg zum Weihnachtsmarkt, kommen ebenso in ein Heim im pfälzischen Ramsen wie Jenny, Robert und Isabell. Das »Spatzennest« ist empfohlen von »Wildwasser«. Das Haus wurde gerade erst eröffnet. Die sechs sind die ersten Klienten des jungen, engagierten Sozialtherapeuten Stefan S. Er ist der Heimleiter. Wir werden noch von ihm hören.

Dann werden verhaftet: Mutter Marion, mehrere Tanten, die Hoffmanns, Jürgen Unkelberg, weitere Mitglieder der Unkelberg-Clique. Kurz darauf: Oma Baum, zwei ihrer Töchter und deren Ehemänner, Vater Baum natürlich auch.

Isabell wird in der Folgezeit noch öfter von Frau Plass besucht, sie hat, wenn man sie nur richtig fragt, viel mehr zu erzählen. Von einem Lokal etwa, in dem auch Filmaufnahmen gemacht wurden. Dort, so hatte auch eine andere kleine Plass-Klientin erzählt, passieren unheimliche Dinge. Sie habe etwas essen müssen, was ihr nicht geschmeckt habe. Was denn, könnte es Sperma gewesen sein?

Das Kind nickt.

Frau Plass kennt das Lokal, es ist – zufällig – in Sichtweite ihrer Wohnung. Der Wirt wird ebenfalls verhaftet. Dann gerät ein Schwimmbad ins Visier. Isabell erzählt, was Schreckliches in einem Schwimmbad passiert sei. Gesucht wird nun der Bademeister. Zu seinem Glück findet man ihn nicht.

Doch Ute Plass hat noch mehr Eisen im Feuer. Ihre Tochter hospitiert in einem Wormser Kindergarten. Die Tochter berichtet der Mutter über Mandy. Die Kleine habe auf dem Fußboden gesessen und ein Bilderbuch mit einem Dinosaurier angeschaut. Sie habe das Buch so kommentiert: Papa sei auch ein Dino und habe ihr an der Scheide gekratzt. Ute Plass erzählt der Staatsanwaltschaft, was ihr die Tochter gesagt habe, was Mandy gesagt habe, was ihr Vater getan habe. Mandy muss in die Kinderarztpraxis von Dr. Veit. Die Diagnose: »Missbrauch.« Mandy kommt ins Heim. Die Staatsanwaltschaft beantragt Haftbefehl auch gegen diesen Vater, der allerdings »mangels Fluchtgefahr« außer Vollzug gesetzt wird.

Zur Anklage vor dem Mainzer Landgericht kam nacheinander in vier Verfahren der größte Missbrauchsfall, den die deutsche Rechtsgeschichte zu verzeichnen hatte: 27 Erwachsene sollten mindestens 16 Kinder jahrelang missbraucht haben. »Der Fall«, so der damalige Chef der Mainzer Staatsanwaltschaft Hans Seeliger zu Journalisten, »sprengt die Grenzen des Vorstellbaren.« Und dabei sei, so sekundierten die beiden jungen Staatsanwältinnen, die diesen als ihren ersten großen Fall betreuten, »alles ungewöhnlich gut belegt«. Im Eifer war ihnen freilich nicht aufgefallen, dass die Anklage mehrere Missbrauchsfälle an Kindern aufführte, die zum angeblichen Zeitpunkt der Tat noch gar nicht geboren waren. In anderen Fällen wurden Täter des Missbrauchs bezichtigt, die, als es geschehen sein soll, schon längst in der Untersuchungshaftanstalt hinterm Mainzer Landgericht saßen. »Überfordert«, so kommentiert man heute beim Mainzer Landgericht, seien die jungen Staatsanwältinnen gewesen, man hätte sie nicht allein lassen sollen, sondern den Fall in erfahrene Hände legen müssen. Aber man ließ sie.

Am 24.11.1994 begann der erste Prozess gegen sieben Angeklagte der Baum-Familie, als Worms I in die Justizgeschichte eingegangen. Wenig später dann Worms II und Worms III vorwiegend gegen die Clique um Mutter Marion und die Unkelbergs vor einer anderen Strafkammer. Schließlich, wieder etwas später, Worms IV, der Dino-Prozess gegen Mandys Vater. Alle vier Prozesse endeten mit Freispruch.

Doch schnell ging das nicht.

Zweieinhalb Jahre quälten die Richter sich und andere mit den unglaublichen Vorwürfen, die von einer übereifrigen Kinderschützerin, willfährigen Medizinern und naiven Juristen zu einem Skandal aufgeblasen worden waren. Der Albtraum vor Gericht. Die Kinder aus dem »Spatzennest« erscheinen meist in Begleitung ihres Heimleiters und Betreuers Stefan S. Der Mann ist einer der wichtigsten Zeugen in den Prozessen. Sachverständiger, Elternersatz, enger Freund der Kleinen, Ankläger und Richter zugleich. Seine Auftritte werden von der atemlosen Journalistenmeute Wort für Wort verfolgt, selbst die Angeklagten zeigen sich beeindruckt und bedrückt unter den Vorwürfen, die dieser Mann im Gerichtssaal erhebt. »Die Kinder haben panische Angst vor ihren Eltern«, berichtet Stefan S. dem Gericht, »sie möchten, dass ihre Eltern für immer eingesperrt bleiben.«

Die Vorwürfe der Kinder, so der Pädagoge S., seien absolut überzeugend: »Ich weiß es, wann sie die Wahrheit sagen und wann nicht. Und ich tu' es nicht, wie hier unterstellt wird, um mir was zusammenzuspinnen, und frag' so lang an den Kindern rum, bis sie sagen, was ich will.« Nein, er spüre jeden Tag, was den Kindern angetan worden sei: »Die Isabell hat lange Zeit totale Angst gehabt, ist nicht allein aufs Klo, wollte nie allein schlafen.« Ebenso wie Jenny habe sie ein »total sexualisiertes Verhalten« an den Tag gelegt. »Die beiden sind jedem Fremden um den Hals gefallen. Sie kannten keine Grenzen zwischen Zärtlichkeit und Sex.« Robert und die anderen »fürchten sich ständig vor dem Zeitpunkt, wenn sie wieder wegmüssen«.

An einem der quälenden Tage, an dem sie von Aussagen wie denen von Stefan S. stark belastet worden ist, ist Oma Baum im Gerichtssaal zusammengebrochen. Angeherrscht, sie möge sich nicht so anstellen, hat sie es gerade noch zurück in ihre Zelle geschafft. Dann erleidet sie einen tödlichen Herzinfarkt. Ein tragischer Vorfall, der sich schnell bis ins »Spatzennest« zu den Enkeln herumspricht. Für Stefan S. ist die Reaktion der Kinder ein weiterer Beleg, den er vor Gericht vortragen kann, seine Überzeugung zu untermalen: »Hurra, die Oma ist tot!«, hätten die Kinder gerufen. Entmenschte Enkel?

Es sind nicht die Richter, die schließlich dem Horror im Landgericht ein Ende machen. Der Berliner Kinderpsychologe Max Steller, eine international anerkannte Kapazität, der »Papst« der forensischen Psychologie (*Wormser Zeitung*), viel zu spät zurate gezogen, kippt die Beweisaufnahme in allen Worms-Prozessen mit der schlichten Feststellung, dass man aus Kindern immer das heraushören könne, was man vorher in sie hineingerufen habe. Die Aussagen, die hier zur Debatte stehen, seien ihnen augenscheinlich aufgezwungen worden – alle kleinen Zeugen seien einem »suggestiven Leidensweg« erlegen.

Ein einziger Richter hat den Mut zuzugeben, dass in Mainz die Justiz furchtbar entgleist ist. Hans Lorenz, der Vorsitzende der Strafkammer, welche die Prozesse Worms II und III geführt hat, begleitet den fälligen Freispruch mit den Worten: »Bei allen Angeklagten haben wir uns zu entschuldigen für den langen Leidensweg, den sie erdulden mussten. Einen Massenmissbrauch in Worms hat es nie gegeben.«

Einen Richter, der sich öffentlich entschuldigt für das Unheil, das die Justiz – auch er selber – angerichtet hat, hat es noch nie gegeben. Wir werden uns mit diesem erstaunlichen Juristen (siehe Interview Hans Lorenz, Seite 217) noch ausführlich beschäftigen. Lorenz fasste bald nach dem Ende der Affäre sein Entsetzen über das, was den Kindern und ihren Eltern angetan wurde, in einer Abrechnung mit dem ganzen Kriegsapparat der Kinderschutzjustiz zusammen: »Am meisten macht uns zu schaffen, eingestehen zu müssen, dass wir zu Beginn die Beweislage falsch eingeschätzt haben.« In der *Richterzeitung*, einem Fachblatt für seine Kollegen, schrieb er: Kinder und Eltern seien »Opfer von Fehlern und Fehleinschätzungen geworden, denen sich heute beileibe nicht alle stellen, die sich aufrichtigerweise dazu bekennen müssten«.

Sollte Lorenz damit seinen Kollegen Jens Beutel gemeint haben? Der Vorsitzende Richter im Prozess Worms I sprach zwar seine Angeklagten auch frei – er warf ihnen aber

Steine hinterher. Es sei zwar nichts zu beweisen, so begründete der Richter sein Urteil, »ein schwerer Verdacht des sexuellen Missbrauchs« bestehe aber bei allen fort. »Und damit müssen diese Eltern leben.« Darum »müssen die Kinder geschützt werden vor diesen Eltern«. Feigheit? Rechthaberei? Jens Beutel war damals ein junger, ehrgeiziger SPD-Politiker, der als Mainzer Oberbürgermeister kandidierte und für seine Wahl auf die Stimmen der Grünen angewiesen war. Die Grünen aber waren – damals – in dem Krieg, der gerade verloren ging, auf der Seite der Angreifer, entschlossene Vorkämpfer einer unnachsichtigen Missbrauchsjustiz. Richter Beutel wurde bald darauf zum Mainzer Oberbürgermeister gewählt, musste allerdings ein paar Jahre später wegen Untreue-Vorwürfen zurücktreten.

Kollege Lorenz machte bei seinem Freispruch keinen Hehl daraus, dass er Beutels halbgares Urteil missbilligte: »Die Angeklagten von Worms I wären von uns genauso klar freigesprochen worden.« Aber Richter sind ja unabhängig. Alle Versuche der beiden Kammern, sich vorher auf eine gemeinsame Rückzugslinie zu einigen, waren an Beutel gescheitert.

Lorenz war umso entschlossener, den Schaden durch Offenheit zu begrenzen. In der *Richterzeitung* schrieb er weiter: »Die Handhabung dieser Verfahren durch die Justiz, Staatsanwaltschaft und Gerichte war von dem Mangel geprägt, dass sie nicht erkannt haben, vielleicht auch nicht erkennen konnten, dass einzelne Personen, die zur Auslösung der Beschuldigungslawine beigetragen haben, nicht mit jener fachlichen Kompetenz ausgestattet waren, die ihnen zugeschrieben wurde. Eine wesentliche Rolle spielte die Selbstüberschätzung einzelner Zeugen, die vermeintliche Ergebnisse ihrer Tätigkeit mit einem Selbstbewusstsein an die Mitarbeiter der Strafverfolgungsbehörden weitergegeben haben, das Zweifel an ihrer Kompetenz nicht aufkommen ließ.«

Nicht erkannt und nicht erkennen konnten? »Staatsanwaltschaft und Gerichte, der Autor eingeschlossen«, so schrieb Lorenz, »haben sich zunächst von den ärztlichen Befunden, dem Engagement der Kinderschützerin und den vorläufigen Gutachten beeindrucken lassen.«

Richter, die sich von Dilettanten, Ideologen oder Fanatikern beeindrucken lassen, sind eine Achillesferse der Justiz. Zu schweren Fehlern kommt es darum immer wieder und bis heute, wenn Richter ihr Handwerk nicht ernst nehmen: das Handwerk des Landvermessers.

Sie sollen messen, nicht jubeln und nicht zürnen. Sie sollen die Wahrheit erforschen, statt sich über sie zu empören. Die Empörung sollen sie den anderen überlassen, den Dilettanten, Ideologen und Fanatikern. Wenn jeder seine Rolle kennt, könnte gar nichts passieren. Warum sollen sich die mutigen Frauen von »Wildwasser« und »Zartbitter«, »Violetta« und wie die Kinderschutzorganisationen alle heißen, nicht öffentlich aufregen über all das Unrecht, das ihnen offenbar wird – auch über das mutmaßliche Unrecht, denn einer muss sich ja kümmern. Wer die Schuld an schwerem Unrecht gegen die Väter nur angeblich missbrauchter Kinder den Kinderschützern zuschiebt, verkennt deren Rolle: Sie sollen und müssen Krach schlagen. Engagierte Bürger, die sich um das Unrecht nebenan sorgen, verdienen große Anerkennung – wenn sie ihre Rolle kennen.

Bürger dürfen sich empören, Polizei und Justiz aber müssen aufklären, »sine ira et studio« verfolgen und notfalls bestrafen. Diese schlichte Aufgabenteilung ist eine der wichtigsten Kulturleistungen der Neuzeit, auf ihr beruhen der demokratische Staat und sein Gewaltmonopol. Doch sein Gewaltmonopol kann der Staat nur behaupten, wenn auch er seine Rolle glaubwürdig wahrnimmt. Am schwierigsten haben es dabei die Richter. Sie dürfen nicht Partei ergreifen, auch nicht für eine gute Sache. Aber dafür werden sie auch von allen im Staat an der Wahrheitssuche Beteiligten am besten bezahlt.

Richter sind Landvermesser. Die Aufgabe kann ihnen keiner abnehmen. Es hat keinen Sinn, die Verantwortung auf Gutachter, Wissenschaftler, Kinderärzte abzuschieben. All diese Personen sind nur Ratgeber des Gerichts, was wirklich stimmt, müssen die Richter allein entscheiden. Es gibt Richter, die darauf pochen. Der Vorsitzende im Worms-IV-Prozess gegen Mandys Vater etwa rügte eine von der Anklage vorgelegte Expertise: »In dem Gutachten steht tatsächlich, dass der Missbrauch durch (den Angeklagten) stattgefunden habe. Wenn man das liest, fragt man sich: Wozu braucht es dann noch Richter? So geht es nicht.« Vor der Privatjustiz, wie sie von Gutachtern und sachverständigen Zeugen vor Gericht geübt wird, warnt nachdrücklich auch Kollege Lorenz: »Erst in der Hauptverhandlung wurde klar, dass der Arzt, der eines der Kinder als ›zweifelsfrei missbraucht‹ bezeichnet hatte, dieses Kind gar nicht untersucht hatte, sondern aus der Weigerung des Kindes, sich untersuchen zu lassen, geschlossen hatte, das Kind sei sexuell missbraucht.« Darüber hinaus, so Lorenz, sei es ein »Missverständnis«, anzunehmen, »sexueller Missbrauch könne durch eine ärztliche Untersuchung bewiesen werden. Dies ist schlicht falsch.«

Nicht nur Richter Lorenz, auch der Bundesgerichtshof sah sich nach dem Desaster von Mainz zu einem Aufruf an die Richter veranlasst, bei der Beurteilung von Kinderaussagen genauer hinzugucken. Die Revisionsrichter, auf die Beanstandung von Rechtsfehlern der Landgerichte beschränkt, nutzten rechtliche Bedenken gegen die Beweisführung in einem anderen Missbrauchsfall und formulierten in ihrem Urteil ein regelrechtes Brevier über die Frage, wie man rechtlich korrekt erfahren könne, ob kleine Kinder vor Gericht die Wahrheit sagten. Der »zentrale Analyseschritt bei Kindern« sei eine »Fehlerquellenanalyse«, die sich mit der Entstehung der Beschuldigung durch ein Kind befasst. Wem gegenüber hat sich das Kind geäußert? Wie waren die Fragen? Inwieweit wurden die Antworten durch die Fragen suggeriert?

Doch so einfach lassen sich Landrichter von den Besserwissern in Karlsruhe nicht beeindrucken. Die Wahrheitsfindung in Missbrauchsprozessen hat sich bis in die Zeiten Jennifers nicht wesentlich geändert. Auch heute noch bezeugen Mitarbeiter von »Wildwasser« oder »Violetta« ihre Ansichten als reine Wahrheit vor Gericht, und bei Rückfragen berufen sie sich, wie jüngst im Flensburger Fall, auf Schulungen nach der Fürniss-Methode.

Und Gutachter, die vor Gericht ernst genommen werden wollen, haben ein neues Argumentationsmuster, das sie vor den Nachstellungen des BGH bewahrt: das »posttraumatische Belastungssyndrom«. Es spielt in fast allen Fällen, die in den vergangenen Jahren zur Anklage kamen, eine Rolle. Die »posttraumatische Belastungsstörung« sei, so empört sich der Hamburger Strafverteidiger Johann Schwenn, eine »Modediagnose«, die unübersehbar viel Unrecht angerichtet hat – auch im Fall der Hannoveranerin Jenny, die ihren Vater und dessen Freund mit Missbrauchsaussagen für Jahre ins Gefängnis brachte, mit Aussagen, die in sich widersprüchlich waren.

Meist findet sich ein Psychologe, der – wie bei Jennifer – offenbaren Unsinn als Folge einer »posttraumatischen Belastungsstörung« erklärt, statt als ihn als Anlass zu nehmen, an der Glaubwürdigkeit solcher Beschuldigungen zu zweifeln. Wer etwas Schlimmes erlebt, so die Logik, kann schon mal etwas durcheinanderbringen. Doch ob ein Kind etwas Schlimmes erlebt hat, soll ja gerade erst erforscht werden. Es mag Psychologen und Mediziner nicht stören, dass in dieser Beweisführung ein Zirkelschluss liegt. Richter dürfen dieser Logik nicht folgen, dann müssen sie sich hinterher auch nicht entschuldigen.

»Lass mich in Ruhe, du Kinderficker«

»In einer Lawine wird sich keine Schneeflocke je verantwortlich fühlen.« Mit dieser Weisheit des Lyrikers Stanislaw Lec beendete die Rechtsanwältin Gabriele Haas aus Ludwigshafen ihr Plädoyer im Wormser Missbrauchsverfahren. Es war eine Anklage gegen das, was die Verantwortungslosigkeit der Ermittler ihren Mandanten angetan hat. Die Lawine ist heute, zwei Jahrzehnte später, fast vergessen, die Warnung vor den Schneeflocken auch. Die verantwortungslose Missbrauchsverfolgung vor Gericht aber hat sich wie eine Krankheit in der Justiz ausgebreitet.

Das Justizdrama von Mainz geht noch weiter – bis ins Jahr 2012. Wer damals von der Lawine mitgerissen wurde, leidet noch immer. Einmal, 1997, schien es so, als könnte alles gut werden in der Geschichte vom Wormser Massenmissbrauch. Hatte sich nicht sogar ein Richter entschuldigt? Waren nicht alle freigesprochen worden? Doch anschließend kam es erst richtig schlimm, als Sonja und Thomas Hoffmann nach zweieinhalb Jahren Haft freigesprochen und aus dem Gefängnis entlassen wurden. Ihre Kinder, teilte ihnen das Jugendamt mit, würden sie trotzdem so bald nicht wiedersehen. Die Mitarbeiter beim Jugendamt stimmten den Bedenken zu, die im Prozess Worms I Richter Jens Beutel in der mündlichen Begründung des Freispruchs geäußert hatte. Ein Verdacht, so Beutel, bestehe weiter: »Die Kinder müssen geschützt werden vor diesen Eltern. Und damit müssen die Eltern leben.«

Gegen einen solchen Freispruch kann sich kein Angeklagter je wehren. Kein Gesetz erlaubt einem Strafrichter, sich in solch anmaßender Weise in das Familienleben eines Angeklagten einzumischen, den er soeben freigesprochen hat. Auch Beutel hat hier seine Rolle als Richter verfehlt. Doch die Leute vom Jugendamt zeigten sich beeindruckt. Freispruch hin, Freispruch her: »Wir sind anderer Ansicht, da wir aufgrund der Aussagen und des Verhaltens der Kinder zu einer anderen Einschätzung kommen«, hieß es in einem Schreiben an das Amtsgericht, das über die Vormundschaft zu entscheiden hatte. Sonja Hoffmann berichtet vor Fernsehkameras, was ihr beim Kampf um ihre Kinder widerfuhr: »Nach dem Freispruch sagte man mir im Jugendamt: Geben Sie Ihre Schuld zu, dann sehen Sie Ihre Kinder binnen einer Stunde – es kostet nur einen Anruf.«

Hätte Mutter Hoffmann gestanden, wie und was man von ihr verlangte, sie hätte wohl nie wieder Kontakt mit ihren dreien gehabt. So schaffte sie es immerhin nach zwei Jahren, 1999, die beiden Söhne aus einem Heim wieder nach Hause zu holen. Das gelang allerdings nur, weil der Ältere der beiden, inzwischen zwölf Jahre alt, heimlich einen Brief ans Amtsgericht schrieb, in dem er darum bettelte, endlich heimzudürfen.

Aussichtslos aber war der Kampf um Tochter Nicole. Das Mädchen verweigerte wie alle Kinder im »Spatzennest« des Sozialpädagogen Stefan S. jeden Kontakt mit seinem Elternhaus. Ein Brief, den die Mutter an ihre Tochter schrieb, kam ungeöffnet zurück mit der Aufschrift: »!!Lass mich in Ruhe, du Kinderficker!! Zurück an den Absender.« Das Jugendamt, das Amtsgericht, alle Instanzen, die Frau Hoffmann um Hilfe bat, lehnten ab. Sie stützten sich dabei auf Aussagen des Heimleiters, der ja schon vor Gericht bekundet hatte, die Kinder hätten Angst vor ihren Eltern und wollten, dass sie »für immer hinter Gitter« kommen. Nun legte Stefan S. nach: Er sei sicher, alle Eltern hätten »Dreck am Stecken«, dafür lasse er sich die Hand abhacken. S. machte keinen Hehl daraus, dass er sich als den besseren Richter sah: Als er von dem Freispruch und den entschuldigenden Worten des Richters Lorenz gehört habe, schwadronierte S., »da hat es bei mir klapp gemacht, und da ist der Rechtsstaat dann für uns gestorben gewesen«.

»Uns«? Stefan S. lebte derweil mit »seinen« Kindern wie in einer Familie zusammen. Jeder, der das »Spatzennest« besuchte, wusste von der sehr engen Bindung der Schützlinge zu ihrem Betreuer zu berichten. »Gehirnwäsche« vermutete schließlich die verzweifelte Mutter Hoffmann, deren Ehe über all dem Leid in die Brüche gegangen war. Sie erreichte immerhin, dass das Amtsgericht den renommierten Bielefelder Psychologen Professor Uwe Jopt ins »Spatzennest« schickte, um dort nach dem Rechten zu sehen.

Jopt war entsetzt. Es gelang dem Experten nicht, mit den Kindern auch nur ins Gespräch zu kommen: »Sie saßen stuporös da. Allenfalls bissige, eiskalte Zurückweisungen, wie auswendig gelernt, kamen von ihnen. Kein Kind war auch nur zu einem Minimalkontakt mit den Eltern oder einem Elternteil bereit, in welchem Rahmen auch immer. Ihre Empathielosigkeit war unheimlich, ja wahnhaft.« Wie kleine Sprechmaschinen antworten die Kinder auf alle Fragen über ihr Verhältnis zu den Eltern: »Steht alles in den Akten.« Jopt alarmierte das Jugendamt: »Eine Katastrophe« sei das, was da unter amtlicher Aufsicht geschehe. Das Jugendamt tat nichts.

Auch Robert, der Erstgeborene aus der Ehe von Marion und Kurt Baum, lebte im »Spatzennest«, auch er wollte nicht mehr weg, immerhin war es über Jahre sein Zuhause geworden. Als der Psychologe Jopt ihm ein unverbindliches Treffen mit seinen Eltern vorschlug, antwortete er: »Wenn Sie das versuchen, können Sie mich anschließend vom nächsten Baum abschneiden.«

2003 wurde Robert volljährig und musste das Heim verlassen. Mit seinem väterlichen Betreuer Stefan S. hatte er besprochen, dass er nach Mainz ziehen werde, um dort eine Ausbildung als Kinderpfleger zu beginnen. Eine Sozialarbeiterin, die als Roberts Vormund eingesetzt war, kümmerte sich um die Vorbereitungen seines Umzugs. Sie berichtete anschließend, es sei gar nicht gut gelaufen.

Robert, zuckerkrank, sei von dem Aufbau eines selbstständigen Lebens offenbar total überfordert gewesen. Er hatte, so die Sozialarbeiterin, nicht einmal seine Zahnbürste ausgepackt.

Robert besuchte die Pflegeschule nur wenige Tage, dann kam er ins Krankenhaus mit der Diagnose »komatöser Zustand«. Er hat die Trennung vom Spatzennest nicht überlebt. Am 27. September 2004 ist der junge Mann allein in seiner Wohnung gestorben. Stefan S. hat ihn gefunden.

Das Schicksal von Nicole Hoffmann ist unbekannt. Lebt sie noch? Für ihre Mutter ist sie vom Erdboden verschwunden. Seit 2007 ist auch sie volljährig. Vielleicht lebt sie heute irgendwo glücklich und zufrieden. Niemand hat das Recht, ihr nachzuspüren.

Nachschlag

Am 14. November 2011 verurteilt das Landgericht Kaiserslautern den 44 Jahre alten Psychologen und Sozialtherapeuten Stefan S. nach 24 Verhandlungstagen zu fünf Jahren und acht Monaten Gefängnis. Er soll zwischen 1994 und 2006 die ihm anvertrauten Kinder, die er so wortreich und wirkungsvoll vor ihren Eltern verteidigte, im »Spatzennest« sexuell missbraucht haben. Zwei Mädchen von damals, mittlerweile junge Frauen, haben ihn angezeigt.

Stefan S. hat gegen das Urteil Revision eingelegt. Ein Justizirrtum, sagt er.

Zu Protokoll

»Faul und phantasielos.«

Der Strafverteidiger Johann Schwenn über falsche Beschuldigungen und manipulierte Urteile

Darnstädt: Herr Schwenn, woran erkennen Sie, ob Sie ein Fehlurteil vor sich haben?

Schwenn: Man muss es riechen. Meine Erfahrung ist, dass falsche Urteile ein bestimmtes Aroma haben, das es lohnend erscheinen lässt, die Sache noch mal anzufassen, selbst wenn der Bundesgerichtshof das Ergebnis bestätigt hat.

D: Wie riecht das?

S: Es gibt in solchen Urteilen einen dümmlichen, unkritischen Ton. Das merkt man besonders an den Begründungen, warum einem Belastungszeugen zu glauben sei. Wenn ein Richter Partei für einen Zeugen nimmt, ist etwas faul.

D: Empathie mit den Betroffenen einer Straftat – das gilt doch als richterliche Tugend.

S: Ja, leider. In vielen Prozessen, in denen sich der Angeklagte gegen die Beschuldigungen des vorgeblichen Opfers wehren muss – etwa wenn es um Sexualdelikte geht –, kann man sehen, was bei zu viel Empathie herauskommt.

D: Der Richter, der Mitleid mit dem Opfer hat, neigt zur Vergewaltigung der Wahrheit?

S: Viele Richter werden jedenfalls mit ihrer schwierigen Aufgabe nicht fertig. Die Ausgangslage für den Richter ist doch stets dieselbe: Eine Anklage kann falsch sein, sie kann richtig sein. Was nun stimmt, weiß man am Anfang nicht. Also muss man sich dem Zeugen, der behauptet, Opfer einer Straftat geworden zu sein, zuwenden und ihn auch mit Respekt behandeln. Andererseits muss man auch dem Opferzeugen gegenüber eine kritische Distanz wahren. Das kriegt nicht jeder Richter hin.

D: Das ist ja auch eine harte Herausforderung: Einer Zeugin, die von dem furchtbaren Erlebnis berichtet, Opfer einer Vergewaltigung zu sein, ins Gesicht zu sagen, wir glauben dir nicht und sprechen den Mann frei.

S: Ja, das ist viel verlangt, aber nicht zu viel.

D: Als Strafverteidiger können Sie einem Angeklagten aber kaum vermitteln, dass sein Richter mit einem Freispruch überfordert wäre…

S: Nein, aber das kann der Ansatzpunkt für einen zweiten Anlauf, für ein Wiederaufnahmeverfahren zugunsten eines Verurteilten sein.

D: Ein mitleidiger Richter ist aber kein Wiederaufnahmegrund.

S: Das allein nicht. Es kommt immer darauf an, ob ich zugunsten des Mandanten neue Beweise oder neue Tatsachen beibringen kann, die ergeben, dass der Erstrichter bei der Wahrheitsfindung danebengelegen hat. Ein neues Beweismittel kann auch ein Sachverständigengutachten sein, wenn es zeigt, dass eine Zeugenaussage zulasten des Angeklagten falsch gewürdigt wurde.

D: Ein Gutachter, der den Feststellungen eines Urteils im Nachhinein widerspricht, lässt sich ja praktisch immer finden, wenn man nur genügend sucht. Ist ein rechtskräftiges Strafurteil wirklich so leicht zu knacken?

S: Na ja, so einfach ist es nicht. Es muss um eine Frage gehen, die im Ausgangsprozess nicht genügend beurteilt worden ist, sei es, dass die Richter sich eigene Sachkunde zu Unrecht zugetraut haben oder dass sie sich auf mangelhafte Gutachten verlassen haben. Oft sind das Fälle, in denen Ursache und Wirkung einer Straftat verwechselt wurden.

D : Das klingt ja eher exotisch.

S : Das ist die Standardsituation bei zahlreichen Fällen angeblicher Vergewaltigung oder sexuellen Missbrauchs. Die Zeugin, die den Angeklagten sexueller Übergriffe bezichtigt, hat angeblich eine posttraumatische Belastungsstörung als Folge der Misshandlung durch den Angeklagten. Das Gericht sieht darin ein Indiz für die Wahrheit der Beschuldigung, es erklärt damit – voller Empathie – auch Widersprüche und Auffälligkeiten im Verhalten der Zeugin weg, die sonst deren Unglaubwürdigkeit begründet hätten.

D : So war es im Fall Jenny, die in Hannover ihren Vater und dessen Freund mit erfundenen Horrorgeschichten hinter Gitter gebracht hat.

S : Das war nicht nur in Hannover so, das kommt immer wieder überall in Deutschland vor. In Wahrheit handelt es sich in solchen Fällen sehr häufig um das bekannte Phänomen der Borderline-Störung oder der symptomverwandten Pubertätskrise. Der psychische Defekt ist also die Ursache für wilde Falschbeschuldigungen und nicht etwa die Folge tatsächlich begangener Taten. Richter bringen das leider oft durcheinander. Wenn man das im Wiederaufnahmeverfahren mit einem neuen Sachverständigen aufdecken kann und vor ein faires Gericht kommt, hat man schnell gewonnen.

D : Das muss sich doch einmal herumsprechen. Wie kann es sein, dass Richter immer wieder denselben Fehler machen?

S : Nehmen Sie nur den Mannheimer Kachelmann-Fall ...

D : ... in dem Sie auch verteidigt haben ...

S : ... das ist ein klassischer Fall. Die Nebenklägerin und einzige Zeugin für die angebliche Tat, eine seiner Exfreundinnen, behauptet, von Kachelmann vergewaltigt worden zu sein. Sie bringt eine Aussage, die defizitär, fragmentarisch, widersprüchlich und in wesentlichen Punkten erlogen ist. Da hilft einer der sogenannten Traumatherapeuten. Das sind vollkommen distanzlose Leute, die leben eher von einem Glaubensbekenntnis als von Wissenschaft. Ich kann Psychiater zitieren, die ihre Kollegen vor der Diagnose posttraumatische Belastungsstörung warnen: Das sei ein interessengeleitetes Modekonstrukt, an dem sie ihre Patienten tunlichst vorbeisteuern sollten. Das Gericht aber glaubt den Traumatherapeuten und ihren Erklärungen, warum man selbst der Zeugin, die nachweislich gelogen hat, ihre Beschuldigungen glauben müsse: weil sie eine posttraumatische Belastungsstörung habe.

D : Im Fall Kachelmann hat das Gericht ja freigesprochen – der Zeugin also nicht geglaubt.

S : Das war aber auch ein hartes Stück Arbeit. Man konnte auch hier wieder beobachten, dass solche angeblichen Experten als Verbündete des angeblichen Opfers auftreten, das zugleich Nebenklägerin ist.

D : Eigentlich ist es ja zu begrüßen, wenn das mögliche Opfer einer schweren Straftat einen Fachmann hat, der ihm beisteht und ihm hilft, seine psychischen Probleme zu überwinden. Das Opfer – wenn es eines ist – braucht doch dringend Verbündete.

S : Das mag ja sein. Aber das Gericht muss auf Distanz zu solchen Verbündeten gehen. Im Prozess geht es nicht um Therapie. Richter dürfen Therapeuten nicht einfach glauben.

D : Machen sich da Richter zu Rächern der Opfer?

S : Ich glaube, bei vielen Richtern steckt auch Faulheit und Phantasielosigkeit dahinter, wenn sie auf dergleichen reinfallen. Zu faul, genau hinzuhören, was die Zeugen sagen, und sich mit Widersprüchen auseinanderzusetzen. Und zu phantasielos, um sich vorzustellen, warum die Geschichte der Anklage frei erfunden sein kann.

D : Andererseits muss man ja einem Richter abnehmen, dass er durch seinen Beruf viel Erfahrung mit Lüge und Wahrheit hat.

S : Aus Erfahrung zu lernen setzt Interesse voraus. Ich glaube aber, dass das Desinteresse vieler Strafrichter für ihre Kundschaft groß ist. Warum wird jemand Strafrichter? Mancher wird es nur, weil er durch Pech oder mangels Können nicht in die Ziviljustiz gekommen ist. Strafrecht gilt doch unter ehrgeizigen, anspruchsvollen Juristen nicht als richtige Juristerei, die Kollegen werden als »Sozialpädagogen mit Robe« verachtet.

D : Und wie sieht der Strafrechtler Schwenn das?

S : Der Strafprozess hat tatsächlich erhebliche Schwächen. Wenn ich Kollegen, die sich nur mit dem Zivilrecht befassen, von meinem Alltag vor Gericht erzähle, bekommen die Zustände. Die glauben nicht, was im Strafrecht alles möglich ist.

D : Sind unsere Strafprozesse nicht rechtsstaatlich genug?

S : Denken Sie nur an das Prinzip der freien Beweiswürdigung durch das Gericht. Das ist nichts anderes als willkürnahes Nachdenken über die Wahrheit.

D : Willkür? Ist das nicht ein bisschen hart?

S : In jedem Verfahren steckt Willkür. Der Richter darf alles glauben, was vertretbar ist, solange er nicht selber zweifelt.

D : Er darf glauben, was er glaubt.

S : Solange seine Gründe nicht gegen anerkannte Erfahrungssätze verstoßen oder selber Erfahrungssätze behaupten, die es nicht gibt, oder sich allzu weit von einer nachvollziehbaren Tatsachengrundlage entfernen, wird der Bundesgerichtshof die Urteile immer durchwinken. Dieses: »Ich darf glauben, was ich will« – das ist die Essenz der freien Beweiswürdigung.

D : Wenn es Willkür ist, dann ist es nicht rechtsstaatlich, sondern verfassungswidrig.

S : Das Prinzip der freien Beweiswürdigung wird nur dadurch geadelt, dass es die Folter abgelöst hat. Es gilt gegenüber den früheren Inquisitionsprozessen als wichtige zivilisatorische Leistung.

D : Früher hat das Gericht eine Wahrheit mit grausamer Gewalt erzwungen, heute lehnt es sich zurück und denkt willkürnah nach. Unbestreitbar ein Fortschritt.

S : Natürlich ist das gut so. Aber es bedürfte, wie in jedem System, einer Erfolgskontrolle. Irgendeine Instanz muss sicherstellen, dass Korrekturen möglich sind, wenn statt der Wahrheit Unsinn herauskommt.

D : Die Revision beim Bundesgerichtshof?

S : Die Revision ist damit überfordert. Die Beweiswürdigung des Landgerichts beanstandet der Bundesgerichtshof nur in engen Grenzen. Der Umgang mit Beweisen ist ja frei, also kommt es nur auf die Qualität der Urteilsgründe an. Und die wird von Strafsenat zu Strafsenat unterschiedlich genau geprüft. Einer nimmt – bei Revisionen der Angeklagten – fast alles hin, andere sind da strenger. Und jeder Richter weiß natürlich genau, mit welchem Senat er es zu tun bekommt.

D : Ist es möglich, dass Richter dem Bundesgerichtshof eine falsche Story revisionssicher unterjubeln, wenn sie nur nachvollziehbar begründet ist?

S : Das ist das gefürchtete Phänomen des sogenannten falschen Films. Dabei verschweigt das Gericht in seinem Urteil entlastende Teile der Beweisaufnahme und vermittelt dadurch der Revisionsinstanz ein unzutreffendes Bild.

D : Können Sie als Verteidiger das nicht rügen?

S : Dagegen kommt man nicht an, und das wissen die Richter, die so etwas machen, ganz genau. Denn die Revision überprüft ja nicht, ob das Urteil wirklich vollständig ist.

D : Sehen Sie also eine Rechtsschutzlücke im Strafverfahren?

S : Die Lücke ist da – und sie wird noch größer, weil Sie den falschen Film ja nicht einmal in einem Wiederaufnahmeverfahren angreifen können. Eine Wiederaufnahme ist, von anderen Gründen mit Seltenheitswert abgesehen, nur bei neuen Beweismitteln und Tatsachen möglich. Doch es geht hier ja gerade um uralte, längst bekannte Aussagen, die nur verschwiegen worden waren. Das halte ich für besonders bedenklich: Was die Revision nicht leisten kann, das müsste eigentlich die Wiederaufnahme leisten.

D : Die Wiederaufnahme eines Verfahrens gilt als Ausnahme für außergewöhnliche Fälle, nicht als normales Rechtsmittel gegen Richterfehler.

S : Das ist ein unerträglicher Zustand. Ich bin davon überzeugt, dass ein Verständnis der Strafprozessordnung, das dem Angeklagten keine Möglichkeit bietet, sich mit einem ordentlichen Rechtsmittel gegen die Entstellung der Beweisaufnahme im Urteil zu wehren, gegen die Verfassung verstößt.

D : Das Grundgesetz garantiert aber nach herrschender Auffassung nur, dass sich ein unabhängiges Gericht mit dem Fall beschäftigt. Die Überprüfung mit Rechtsmitteln ist kein Verfassungsprinzip.

S : Das Bundesverfassungsgericht hat aber erst vor wenigen Jahren in einer richtungsweisenden Entscheidung klargestellt, dass es von Verfassung wegen eine gesetzlich vorgesehene Möglichkeit für Angeklagte geben muss, sich gegen Unrecht zu wehren, das durch ein mangelhaftes Verfahren erst gesetzt wird. Ich glaube, es gibt eine große Zahl unentdeckter Fehlurteile. Die kommen niemals mehr zur Sprache, weil das nicht genug beachtet wird.

D : Sollte man also die Neuauflage eines Strafverfahrens unter vereinfachten Voraussetzungen zulassen?

S : Das Mindeste, was der Gesetzgeber anstellen müsste, wäre eine Erfolgskontrolle. Wie effektiv sind die Verfahrensvorschriften für die Überprüfung von Urteilen? Kommt dabei etwas heraus? Doch wenn Sie im Bundesjustizministerium mal nachfragen, welche statistischen Erkenntnisse es zu Wiederaufnahmeverfahren gibt, ist das Ergebnis kümmerlich.

D : Das stimmt, ich habe es versucht.

S : Das liegt daran, dass keiner daran rühren will. Sonst ist überall von Evaluation die Rede, in Unternehmen und sogar im öffentlichen Dienst. Jeder muss da seine Leistungsfähigkeit nachweisen. Aber die Justiz will nichts davon wissen, die schottet sich gegen jedes Infragestellen ihrer Leistungen ab.

D : Dabei ist gerade die Justiz ein System, in dem durch die Gerichtsinstanzen ja ein Kontrollmechanismus schon eingebaut ist.

S : Ja, ich habe auch gedacht, weil man es als Richter gewohnt ist, noch eine Instanz über sich zu haben, müsste doch die Bereitschaft, Fehler anzuerkennen und auszumerzen, besonders groß sein. Aber das Gegenteil ist der Fall.

D : Ist es möglich, dass Richter einfach Angst davor haben, ihre Fehlbarkeit zuzugeben, weil sie sehen, wie viel Unheil sie mit Irrtümern anrichten können?

S : Am Anfang, als ich meine ersten Wiederaufnahmen durchgesetzt habe, da haben mir die betroffenen Richter noch richtig leidgetan. Ich hab mir überlegt, wie müssen die sich fühlen? Das muss doch schrecklich sein, einzusehen, dass man einem Angeklagten so Unrecht angetan hat. Aber dann hab ich von Rechtfertigungsversuchen gehört und von Versuchen, dem Verurteilten durch Stellungnahmen im Hintergrund den Weg zum Freispruch zu verlegen, und hab gemerkt: Die wollen gar nicht einsehen, was für eine Katastrophe sie angerichtet haben. Es gibt keine Bereitschaft, über die eigenen Schlechtleistungen oder auch nur die der Kollegen zu reden.

D : Andererseits schafft Justiz keinen Rechtsfrieden,

wenn nicht irgendwann Schluss mit der Fehlersuche ist. Jedes richterliche Urteil muss irgendwann in Rechtskraft erwachsen – und damit die Diskussion beenden.

S : Das darf aber nicht zulasten der Rechtssuchenden gehen. Es gibt keinen Rechtsfrieden, wenn es dramatische Lücken in der Richtigkeitskontrolle gibt. Und so eine Lücke entsteht, weil Wiederaufnahmeverfahren so selten zugelassen werden. Und weil viele Verurteilte sich das auch gar nicht leisten können. Die zahlen ja oft den Rest ihres Lebens für den Verteidiger des ersten, verlorenen Prozesses.

D : Was sagen Sie denn einem verurteilten Gefangenen ohne eigenes Geld, der sich an Sie, den Staranwalt, wendet, weil er sicher ist, Opfer eines Justizirrtums zu sein?

S : Es kommen sehr viele. Man muss sich die Sachen alle anhören oder durchlesen. Ich sage niemandem gleich, ich mache es nicht, sondern höre zunächst zu. Wird erst einmal der bisherige Verteidiger beschimpft, bin ich misstrauisch. Häufig geht es ja um Kollegen, die ich kenne und von denen ich weiß, wie gut sie arbeiten. Auch lasse ich mir manchmal das Urteil schicken. Das ist die zweite Stufe, dann bin ich eigentlich kurz davor, es auch zu machen.

D : Und wem schicken Sie Ihre Rechnung?

S : Wenn die Wiederaufnahme gelingt, gibt es ja für den Mandanten eine Haftentschädigung. Meine Arbeit wird dann aus der Entschädigung bezahlt. Das ist natürlich ein Risiko, und man bekommt oft über Jahre gar nichts. Aber das ist nicht so schlimm, weil mir von allen Sachen die Wiederaufnahmen am meisten Freude machen.

D : Wiederaufnahmeverfahren kommen ja oft erst nach Jahren ins Rollen, wenn Zeugen sich nicht mehr so recht erinnern können und die Beweise der Tat schon Staub angesetzt haben oder verschwunden sind. Wäre es nicht besser und schneller, die Urteile gleich im Revisionsverfahren vor dem Bundesgerichtshof genauer und gründlicher als bislang zu kontrollieren?

S : Wiederaufnahme und Revision hängen natürlich miteinander zusammen. Wenn die Revision leistungsfähiger wird, braucht es weniger Wiederaufnahmen.

D : Und wie stellen Sie sich eine leistungsfähige Revisionsinstanz vor?

S : Dem Revisionsgericht, also dem Bundesgerichtshof, müssten gegenüber den Landgerichten weitere Eingriffsbefugnisse zugestanden werden.

D : Die BGH-Richter fühlen sich ja jetzt schon überlastet. Jeder Senat muss etwa 600 Fälle im Jahr prüfen.

S : Das ist natürlich ein Problem, weil der BGH mit der vollständigen Überprüfung der Landgerichtsurteile total überfordert wäre. Dann müsste man sehr viel mehr Richter einsetzen. Dadurch wäre andererseits die Einheitlichkeit der Rechtsprechung in Gefahr, weil jeder etwas anderes für wichtig hält. Gleichwohl würde ich mir viel davon versprechen, wenn Landgerichte gezwungen würden, ihre Verfahren zu protokollieren, vielleicht sogar mit Videoaufzeichnungen, und diese dann dem BGH vorzulegen. Beim Zivilgericht geht das ja auch.

D : Ein Horror, sagen BGH-Richter. Wenn die sich tagelang Prozesskino angucken müssten, kämen sie überhaupt nicht mehr nach Hause, oder es würde ein Stillstand der Rechtspflege eintreten.

S : Die müssten es sich ja nicht angucken. Allein die Existenz des Materials würde den elenden Streit um die Frage, was hat der Zeuge wirklich gesagt, im Keim ersticken. Allein das Wissen, dass alles aufgezeichnet ist, würde Richter daran hindern, den BGH mit einem falschen Film in die Irre zu führen. Richter würden sich auch überlegen, eine Zeugenaussage leichtfertig als glaubhaft darzustellen, wenn die Aussage als Video in den Gerichtsakten ganz anders dokumentiert ist. Eine authentische Dokumentation der Hauptverhandlung würde auf die Justiz wirken wie der Druck des Wassers auf den Deich hier an der Unterelbe bei schwerem Nordwest.

D : Wer mag schon Nordweststürme.

S : Eben. Und darum wird die Dokumentationspflicht wohl auch nicht so bald kommen.

SECHSTES KAPITEL

Gutachter

Eine alte Geschichte

Maria Rohrbach war eine Frau, der man vieles zutraute. Im braven Münster, wo sie lebte, zerrissen sich viele den Mund über das junge Ding, das sich ständig mit anderen Männern herumtrieb. Lebenshungrig, abgebrüht, mehrfach vorbestraft, ein richtiges Nachkriegsflittchen. Dabei war sie mit dem Anstreicher Hermann verheiratet, einem beschränkten, aber offenbar gutmütigen Mann. Gelegentlich, erzählte man in Münster, bekam er Schläge, oft schlief ein anderer Mann in seinem Ehebett. Er wehrte sich nicht.

Im Jahr 1957 verschwand Hermann, spurlos zunächst. Als an einem Freitag, zwei Tage danach, Frau Rohrbach ihren dreieinhalbjährigen Sohn Norbert im Kindergarten ablieferte, machte sich die Erzieherin Schwester Josephine gleich ihre Gedanken: »Ich konnte mich eines unangenehmen Gefühls nicht erwehren.« Die junge Mutter, damals 31, erschien der frommen Schwester »übernächtigt und ungepflegt«.

Der Rest ist schnell erzählt: Als bald darauf Leichenteile aus verschiedenen Weihern in der Nähe Münsters auftauchten, die eindeutig zum Anstreicher Hermann Rohrbach gehörten, wurde die Witwe verhaftet und angeklagt, ihren Mann erst vergiftet und dann erschlagen, zerteilt und versenkt zu haben. Das Schwurgericht bestätigte im

»Namen des Volkes«, was ja ohnehin längst jeder wusste: Frau Rohrbach habe gemordet, so das Gericht, um »ohne ihren Mann ihren triebhaften sexuellen Neigungen ungehindert nachgehen zu können«. Das Urteil lautete »lebenslang«. Damals, 1958, bedeutete ein »Lebenslang« wirklich lebenslang.

Eine alte Geschichte. Und wenn sie nicht gestorben ist, lebt Maria Rohrbach noch heute. Sie kam schon wenige Jahre nach ihrer Verurteilung aus dem Zuchthaus frei. Der Fall erwies sich als einer der spektakulärsten Justizirrtümer des aufstrebenden, jungen Rechtsstaats Deutschland. Befangen im moralischen Muff der Fünfzigerjahre, unter dem Druck frömmelnder Münsterländer Hausmachergerechtigkeit hat sich damals die Justiz unsterblich blamiert.

Wirklich unsterblich: Die Geschichte der Maria Rohrbach findet sich heute in Lehrbüchern für Jurastudenten, denn aus der Blamage kann man lernen. Die Geschichte der Wahrheitsfindung von Münster ist ein Lehrstück über eine gefürchtete Fehlerquelle im Strafprozess: die Beweisführung mithilfe von Sachverständigen. Wenn Zeugen und Dokumente nicht mehr weiterhelfen, wenn der Angeklagte schweigt, wenn ein Urteil allein auf die wissenschaftlichen Auskünfte von Gutachtern zu stützen ist, geht das Gericht ein hohes Risiko ein. Ein Richter, der sich auf die Expertise eines hochkarätigen Sachverständigen verlässt, begibt sich in dessen Hand. Er muss so tun, als verstehe er, was der Professor da an komplizierten naturwissenschaftlichen Zusammenhängen erläutert. Der Bundesgerichtshof verlangt, dass ein Tatrichter in seiner Urteilsbegründung die wissenschaftliche Beweisführung eines Sachverständigen so wiedergibt, dass auch die Oberrichter, falls sie sein Urteil überprüfen, alles verstehen und wissenschaftliche Fehler entdecken können.

Das kann nur missglücken, und Maria Rohrbach hat es zu spüren bekommen. »Das Gericht hat die Überzeugung, dass der Gutachter zuverlässig und gewissenhaft ist«, so befand 1958 das Münsteraner Schwurgericht in seinem Mordurteil gegen die Angeklagte Rohrbach. Was sollten die Richter damals auch anderes sagen? Professor Dr. Walter Specht hatte 30 Jahre Erfahrung als Gutachter vor Gerichten und war Leiter der kriminaltechnischen Abteilung des bayerischen Landeskriminalamts. Das ist ein Kaliber, das keine Zweifel erlaubt.

Professor Specht hatte das Gericht überzeugt, dass Maria Rohrbach den armen Hermann erst vergiftet, dann erschlagen und zerstückelt hat. Die Wahrheitsfindung fand im Labor statt. Der Toxikologe besorgte sich dazu Rußproben aus Teilen des Herdes und des Ofenrohrs in Maria Rohrbachs Küche. Den Ruß, so gab das Gericht später in einem Urteil wieder, untersuchte der Mann vom Landeskriminalamt »flammenphotometrisch«, zusätzlich »spektralanalytisch« und auch noch »mithilfe von Ultraschalluntersuchungen«. Die erblühende Wissenschaft der Nachkriegszeit verfügte über immer neue, immer raffiniertere Methoden. Specht war ein Mann, der den Inbegriff des Fortschritts bei der Suche nach der Wahrheit vor Gericht nutzbar zu machen verstand. Flammenphotometrie, Spektralanalyse, Ultraschall – weißer Rauch stieg auf aus dem Münchener LKA, der Fall war gelöst.

Specht fand heraus:
- Kurz vor der Verhaftung wurde Maria Rohrbachs Herd übermäßig stark beheizt;
- darin wurden »tierische oder menschliche Körperteile verbrannt«;
- dazu gehörten stark kochsalzhaltige Teile – wie etwa menschliche Hirnmasse;
- bei der Verbrennung wurde Quecksilber und Silber frei, wie es etwa in Amalgamplomben im menschlichen Gebiss steckt;
- der Ruß enthielt hochgiftiges Thalliumsulfat, und zwar

die unteren Rußschichten in geringerer, die obere Schicht in sehr hoher Konzentration.

Was anderes als der Schädel des ermordeten Anstreichers konnte da im Ofen gebrannt haben? Tatsächlich waren verschiedene Körperteile des Verschwundenen in den Weihern gefunden worden – nicht aber der Schädel. Und Thalliumsulfat ist ein Gift, das sich im Schädlingsbekämpfungsmittel Celiopaste findet. Mit Celiopaste bringt man Ratten um. Drogerien verkauften es damals nur gegen Vorlage des Personalausweises. Wenn ein Mensch kleine Portionen das Rattengifts abbekommt, reichert sich Thalliumsulfat nach und nach im Gehirn an und erreicht dort schließlich eine massive, tödliche Konzentration.

Da passte alles zusammen. Celiopastereste könnten von der Gattenmörderin nach und nach im Herd verbrannt worden sein. Das führte zu den Spuren in den älteren Rußschichten; schließlich der Schädel, das erklärte die hoch konzentrierte Spur in der äußeren Schicht. Specht ließ sich die gefundenen Leichenteile von der Gerichtsmedizin aushändigen und wurde abermals fündig: Thalliumsulfat, überall Thalliumsulfat. 15 Gramm, so rechnete der Professor hoch, müssten sich zum Schluss im Körper des armen Hermann befunden haben.

Als dann im Mageninhalt des Toten Sternhaare gefunden wurden, kleine Blütenbestandteile, wie sie auch bei Malven zu finden sind, wurde die Geschichte konkreter: Als »Giftvehikel«, so Specht, habe die Täterin wahrscheinlich Malvenblütentee verwendet und damit nach und nach ihren ahnungslosen Ehemann heimtückisch in den Tod getrieben. Logisch: Das heiße Getränk hat eine dunkelviolette Farbe und ist ideal geeignet, die tiefblaue Warnfarbe zu übertönen, mit der die gefährliche Celiopaste eingefärbt wird.

Flammenphotometrie, Spektralanalyse, Ultraschall – Specht fand immer mehr. Titan, Barium, Kadmium, Nickel, Vanadium, Kobalt! All diese Substanzen befanden sich in einem Blutrest, den die Spurensicherer aus einer Bodenritze der Rohrbach'schen Wohnung gekratzt hatten. DNA-Tests gab es damals noch nicht, die Merkmale der menschlichen Gene wurden erst Jahre später entdeckt. Doch Specht entwickelte seine eigene Theorie: Das Blut müsse vom Anstreicher Rohrbach stammen, es sei typisches »Malerblut«, weil es all die Stoffe enthalte, die im täglichen Umgang mit handelsüblichen Ölfarben auf den menschlichen Körper einwirken.

Dazu passte allerdings die Entdeckung, die ein anderer Gutachter im Körper des Toten gemacht haben wollte, nicht so richtig: »Eine ungewöhnlich große Menge« von Veronal, einem starken Schlafmittel. So wurde die Geschichte vom Tod des Anstreichers leicht abgewandelt: Erst habe die Ehefrau versucht, ihn zu vergiften. Weil dies nicht zum schnellen Erfolg geführt habe, sei sie auf ein anderes Mittel verfallen. Mit Veronal habe sie ihn bewusstlos gemacht, dann den Bewusstlosen erschlagen – Malerblut! – und den arg zerstörten Schädel abgetrennt und im Herd vernichtet. Diese Version übernahm das Gericht, und dafür musste Maria Rohrbach im Zuchthaus büßen.

Im Sommer 1959, einem sehr heißen, regenarmen Sommer, fand ein Spaziergänger am Rand eines fast ausgetrockneten Tümpels bei Münster einen stark verwesten Schädel. Es war, wir ahnen es, der Kopf des Hermann Rohrbach.

Irgendetwas an der Geschichte, die naturwissenschaftlich so gründlich bewiesen war, konnte nicht stimmen. Eine Wiederaufnahme des Falls Rohrbach wurde unvermeidlich. Kaum eine deutsche Illustrierte erschien damals ohne das Porträt der lasterhaften jungen Frau, die vielleicht unschuldig im Zuchthaus saß. Der *Spiegel* brachte eine Titelgeschichte über den missratenen »Gutachter-Prozess« Rohrbach.

Natürlich hatte sich, wie meist, die Justiz ganz uneinsichtig gezeigt, die Staatsanwaltschaft hatte einen Antrag
des Verteidigers von Frau Rohrbach auf Wiederaufnahme
als »unzulässig« abgebügelt. Doch dann hatte der findige
Anwalt die Kollegen beim Gericht mit frisch gezogenen
Rußproben aus verschiedenen Schornsteinen Münsters
bombardiert: Überall fand sich Thalliumsulfat. Dazu kam
eine Rußprobe aus dem Kamin des Landgerichts Münster.
Auch sie wies Thalliumsulfat auf. Als der Verteidiger
schließlich eine Probe aus dem Schornstein von Professor Specht schickte – natürlich ebenfalls mit Thalliumsulfat –, wurde die Justiz weich. Am 3. Mai 1961 begann
der Wiederaufnahmeprozess gegen Maria Rohrbach. Er
endete ziemlich schnell mit einem Freispruch.

Alles, ausnahmslos alles, was Specht und Kollegen dem
Gericht des ersten Verfahrens als Wahrheit verkauft hatten, erwies sich als Unsinn. Thalliumsulfat kommt in fast
jedem Ofenrohr vor, das »Malerblut« war beim Abkratzen
mit schwermetallhaltigen Resten der Fußbodenfarbe aus
dem Hause Rohrbach kontaminiert worden. Das Veronal
war kein Veronal, die Sternhaare stammten nicht vom
Malventee. Frau Rohrbach hatte wahrscheinlich in ihrem
ganzen Leben kein Rattengift in der Hand gehabt, schon
gar nicht ein ganzes Pfund davon, wie sie es, geht man von
Spechts Hochrechnungen der Thalliumspuren im Körper
aus, ihrem Mann verabreicht haben müsste. Professor
Dr. Heinrich Kaiser vom Institut für Spektrochemie der
Dortmunder Uni fand im Wiederaufnahmeprozess einen
selbst für Wissenschaftler ungewöhnlich langen Satz, mit
dem er, fast ohne Luft zu holen, die Arbeit des Kollegen im
ersten Prozess würdigte: »Das Gutachten, um das es hier
geht, enthält so viele Fehler und verrät so viele Unterlas-
sungen und Unwissenheit, es steht in einem solchen Kon-
trast zu den grundlegenden wissenschaftlichen Regeln, es
verstößt mit seinen Irrtümern gegen jede klare wissenschaftliche Erkenntnis, es ist mit so viel falschem, schein-

bar wissenschaftlichem Ballast behaftet, in ihm werden ohne ernsthafte Nachprüfungen verhängnisvolle Folgerungen gezogen – sodass es in den Augen der ernsthaften Wissenschaft keinerlei Beweiskraft besitzt.«

War's das? Hat die Justiz aus den Sünden früherer Jahre gelernt? Passen die Richter heutzutage besser auf, wenn ihnen mit wissenschaftlichem Aplomb ein Hokuspokus vorgemacht wird?

Flammenphotometrie, Spektralanalyse, Ultraschall wirken heute lächerlich. Ein halbes Jahrhundert später sind die Methoden in den Landeskriminalämtern viel ausgefeilter. Der wissenschaftliche Fortschritt ist unaufhaltsam weitergegangen. Gutachter arbeiten heutzutage computergestützt, nach international genormten wissenschaftlichen Konventionen. Die Beweisführung über Schuld und Unschuld von Angeklagten ist derart perfekt, dass kein Fehler passieren kann.

Und wenn doch, dann merkt ihn keiner.

So ähnlich wie versaut

Niemand hat etwas gemerkt. Unangefochten war der Ruf des »Kompetenzzentrums Kriminaltechnik« beim Landeskriminalamt in Berlin. In der Abteilung KT 43 saßen Spezialisten, denen kein Brandstifter etwas vormachte. Mit selbst entwickelten Methoden gelang es den Chemikern, im Massenspektrometer aus dem Schutt von Brandruinen allerkleinste Rückstände herauszufiltern, die den Beweis für gezielte verbrecherische Brandstiftung lieferten. So konnten die Experten zahlreiche Fälle aufdecken, in denen Großfeuer mithilfe von Brandbeschleunigern gelegt worden waren. Brandbeschleuniger sind Flüssigkeiten, die aus der kleinsten Glut ein Flammenmeer machen können. Spiritus gehört dazu.

In 196 Fällen, so die stolze Statistik des Berliner LKA, konnten die Experten von KT 43 allein von 2003 bis 2007 die kriminelle Verwendung von Spiritus bei Bränden in Berlin nachweisen. Ein denkwürdiges Hauptstadtphänomen. Bundesweit findet sich Brennspiritus eher in den Händen von harmlosen Hobbygrillern als in denen von Brandstiftern. Denn als Brandbeschleuniger im großen Stil eignet sich das Ethanolgemisch nur bedingt. Die Kollegen vom Wiesbadener Bundeskriminalamt schauten darum lange Zeit etwas erstaunt auf die Berliner Spiritusdelinquenz. In 17 Jahren Berufserfahrung ist eine BKA-Expertin ein einziges Mal auf den Einsatz von Spiritus als Brandbeschleuniger gestoßen. 196 Mal wurde dagegen Spiritus in vier Jahren in Berlin verwendet? Kaum zu glauben. Aber was soll man machen: Es waren alles anerkannte Experten bei der Abteilung KT 43.

Doch seit dem 9. April 2008 ist der gute Ruf von KT 43 dahin. Da sprach das Landgericht Berlin die Arzthelferin Monika de Montgazon, 52, vom Vorwurf frei, ihren Vater per Brandstiftung umgebracht zu haben. Ein Spiritusgutachten des Landeskriminalamts hatte dazu geführt, dass die Berlinerin verurteilt worden und 888 Tage in Haft gehalten worden war. »Mein Leben ist im Prinzip versaut«, resümierte die Arzthelferin nach ihrer Freilassung, »na ja, vielleicht nicht versaut, aber doch so ähnlich.«

So ähnlich wie versaut hat der Frau, die heute eine Disco betreibt, das Leben – ja, wer eigentlich? Waren es die Richter, die sie im Januar 2005 zu lebenslanger Haft verurteilten und, sich ihrer Sache ganz sicher, auch noch zusätzlich die »besondere Schwere der Schuld« feststellten? Sie haben sich und sie konnten sich auf die KT 43 verlassen, wie immer. Und die Chemiker der KT 43? Sie haben sich auf die gemessenen Werte im Massenspektrometer verlassen. Das ist Naturwissenschaft: 3-Methyl-2-butanon wurde gefunden, und, so der verantwortliche Wissenschaftler, »3-Methyl-butanon ist von grundlegender Bedeutung« für den Nachweis von Spiritus am Brandort. Das musste jeder als gesichert betrachten, weil das LKA seine Erfahrungen »auf Untersuchungsergebnisse an realen Brandorten« stützt, »die wir seit mehr als 15 Jahren mit fast gleich bleibender Methodik untersucht haben«.

Rohrbach reloaded: die alte Geschichte, diesmal auf Hightech-Niveau. Diesmal waren alle sehr gewissenhaft, die Wissenschaftler, die Richter, niemandem ist ein Vorwurf zu machen. Und doch haben sie das Leben der Monika de Montgazon versaut, oder zumindest so ähnlich. Wie konnte das passieren?

Was wirklich passiert ist in jener Nacht zum 18. September 2003, das wird wohl für immer ungeklärt bleiben. Wie einst im Münster der muffigen Nachkriegsjahre war es auch im Berlin des 21. Jahrhunderts der Justiz nicht möglich, die Wahrheit über den Tod eines Menschen zu ergründen. Niemand hat je erfahren, wie der Anstreicher Hermann Rohrbach wirklich starb. Und bis heute sind die Umstände nicht ganz geklärt, unter denen Theodor de Montgazon, 76, ums Leben kam. Nur sind wir diesmal näher dran, wir haben sogar einen Originalton.

»Gute Nacht, Papa, und schlaf schön«, das sind die letzten Worte, die Monika de Montgazon zu ihrem kranken Vater sagt, bevor sie aus seinem Zimmer geht. Die Tür lässt sie, wie sie später sagt, angelehnt. Man kann ja nie wissen, wie die Nacht wird. Der Vater ist ein Pflegefall, hilflos liegt er in seinem Bett, der Krebs hat ihn schon fast getötet, wenige Wochen, sagen die Ärzte, habe Theodor de Montgazon noch zu leben.

Der Vater hat, wie immer, im Bett geraucht, als Monika das Zimmer verließ. Und er wollte auch nicht, dass Monika ihm die Zigarette abnimmt und im Aschenbecher ausdrückt. Die paar Züge wollte er noch genießen, bevor er versuchen würde, einzuschlafen.

Also gut, aber pass auf, dass du nicht mit der brennenden Zigarette einschläfst, so oder so ähnlich muss die Tochter ihren Vater ermahnt haben, wie immer. Der eigensinnige Alte war so nachlässig mit der Glut, dass die Tochter schon ein Stück Linoleum vors Bett legen musste, weil immer mehr Brandflecken den Teppich ruinierten. Wie oft hatte sie ihn gebeten, das Rauchen im Bett zu lassen. Aber der Vater setzte seinen Willen durch, nicht nur, weil er schwer krank war, sondern vor allem, weil er noch immer Herr im Hause war. Ihm gehörte die Doppelhaushälfte im Uhuweg. Die Tochter war mit ihrem Freund Charly hier erst vor wenigen Monaten eingezogen, um ihrem pflegebedürftigen Vater näher zu sein. Der arbeitslose Charly betätigte sich als Krankenpfleger für Theodor, wenn Monika tagsüber bei der Arbeit war. Charly wechselte dem alten Mann sogar die Windeln. Dem Alten war das unangenehmer als dem Jungen, es muss darüber zwischen beiden zu heftigem Streit gekommen sein. Charly sei ruppig, beklagte sich der Kranke. Theodor sei streitsüchtig, beklagte sich Charly. Aber er bekam immerhin 350 Euro Pflegegeld dafür.

Es war keine harmonische Wohngemeinschaft, und niemand wusste, wie das enden würde. Warteten die Jungen nur darauf, dass der Alte endlich starb, um dann ein neues Leben am Uhuweg zu beginnen? So einfach waren die Dinge nicht. Das Haus würde die Tochter nicht allein erben, es gab noch eine Schwester, die auch Ansprüche erhob. Außerdem würde man sehr viel Geld brauchen, um die Doppelhaushälfte zu renovieren. Das Gebäude und das Grundstück waren in den letzten Jahren total heruntergekommen. Aber Geld hatten die Jungen nicht, Monika war hoch verschuldet. Weil alles so unklar war, hatte sie, als sie zum Vater zog, ihre eigene Mietwohnung behalten. Ein paar Kisten standen noch darin, ein paar Kisten hatte sie mit in den Uhuweg genommen. Sie wusste schließlich selber nicht mehr, wo sie was hatte. Umso leichter, haben sie ihr später vorgeworfen, sei es ihr gefallen, das verkommene Haus mit dem Vater drin anzuzünden, um an die Feuerversicherungssumme zu kommen.

Doch so weit ist es noch nicht. Es ist zehn Minuten nach Mitternacht, Monika de Montgazon und ihr Charly gehen im ersten Stock ins Schlafzimmer und schlafen schnell ein; sie haben reichlich getrunken. Das Zimmer liegt genau gegenüber dem Schlafzimmer des Vaters. Und dessen Tür ist, wie Monika sagt, angelehnt. Bald, nach wenigen Minuten, ist das Prasseln von Flammen zu hören. Rauch dringt unter der Tür von Theodors Schlafzimmer hervor. Unter der Tür? Die Tür ist geschlossen.

Monika de Montgazon berichtete später immer wieder dieselbe Geschichte: Sie sei aufgewacht vom Prasseln. Habe Feuer bei Theodor bemerkt. Sie habe Charly wachgerüttelt, damit er dem Vater helfe. Man habe dessen Hilferufe durch die Tür gehört. Charly sei aus dem Bett gestürzt, habe an der Tür zu Theodors Zimmer gerüttelt. »Ich kriege die Tür nicht auf«, habe er geschrien. Monika will derweil ins Erdgeschoss gestürzt sein, ihre Hose unterm Arm, um die Feuerwehr zu alarmieren. Doch das Telefon habe nicht funktioniert, also wollte sie es mit dem Handy versuchen, aber wo war das Handy? Bei der Feuerwehr geriet sie in eine Warteschleife. Monika hatte mittlerweile die Hose an, ein Hemd von Charly übergeworfen, rannte in den falschen Schuhen vors Haus auf die Straße, das Telefon immer noch am Ohr, um die Nachbarn zu alarmieren. Rannte wieder rein. Plötzlich ein Knall aus dem Obergeschoss, eine Feuerwalze, berichtete sie, sei von oben heruntergekommen, habe das ganze Haus ergriffen.

Charly erzählte, das sei passiert, als er endlich die Tür aufbekommen habe, die Sauerstoffzufuhr habe die Flammen offenbar zur Explosion gebracht. Er selber sei in Panik aus dem Fenster in den Garten gesprungen.

Als die Feuerwehr schließlich eintrifft, steht das ganze

Haus in hellen Flammen. Die Helfer finden eine aufge-
löste Monika in Charlys Hemd, ihren Freund schwer verletzt im Garten liegend. Als sie endlich in das Zimmer des
Vaters vordringen, finden sie nur noch eine verkohlte Leiche. Tochter und Freund werden derweil ins Krankenhaus
gebracht. Doch Monika de Montgazon hat alles einigermaßen heil überstanden, ist kurz darauf wieder am Brandort. Polizisten nehmen sie zur Seite, um sie schonend über
den Tod ihres Vaters zu unterrichten. Die Antwort der
Tochter finden sie so befremdlich, dass sie die zu den
Akten nehmen: »Na, der wird ja wohl verbrannt sein,
nehme ich an.«

Wenige Tage später – die Ausgebrannte war bei Freunden untergekommen – erschienen die Brandermittler von
der Polizei dort und baten sie, mitzukommen. »Die haben
gesagt«, berichtet Monika de Montgazon, »sie hätten noch
ein paar Fragen. Da bin ich halt mitgegangen.« Erst kamen
die Fragen, doch die wurden immer dringlicher. Dann
wurde sie gebeten, all ihre Kleidung abzuliefern, damit
sie untersucht werden könnte. Dann wurde ihr mitgeteilt,
nun sei sie festgenommen, »unter dem Verdacht, Ihren
Vater umgebracht zu haben«.

Monika de Montgazon berichtet, sie sei ganz ruhig geblieben: »Ick wusste ja, ick bin unschuldig. Und ick dachte,
allet wird jut.«

Feuerball

Die Spezialisten von K 43 hatten inzwischen in den ver-
kohlten Resten am Uhuweg ihre Proben gezogen, und die
Ergebnisse verteidigten sie durch alle Instanzen und gegen alle Zweifel. Die von ihnen entwickelte Methode des
Spiritusnachweises, so verbreiteten sie in einer amtlichen
Stellungnahme, sei »international anerkannt« und beruhe
auf 15-jähriger Erfahrung mit Brandstiftung in Berlin.

17 Schuttproben vom Uhuweg hatten die Chemiker im Massenspektrometer untersucht. 16 davon waren positiv. Die LKA-Leute fanden Ethanol, 2-Butanon und 3-Methyl-2-butanon. Das sind tatsächlich die Bestandteile, auf die es ankommt. Spiritus ist nichts anderes als Ethanol mit ein bisschen Wasser. Damit man ihn nicht trinken kann, wird Brennspiritus vergällt mit Stoffen, die zumindest 2-Butanon und 3-Methyl-2-butanon enthalten. Zwar wurden in weiteren acht Proben vom Brandort, die später genommen wurden, keine Ethanol-Reste mehr nachgewiesen, aber das macht nichts, sagte der verantwortliche Chemiker, denn »2-Butanon und 3-Metyl-2-butanon reichen aus, die Anwesenheit von Spiritus zu unterstellen«.

Mithilfe eines weiteren Brandgutachtens meinte die Anklage nun im Einzelnen belegen zu können, dass im Haus am Uhuweg das Feuer zugleich an mehreren Orten entstanden war: Im Erdgeschoss des Hauses fand im Wohnzimmer gleich neben dem Sofa der Brandgutachter Spuren eines zweiten Feuers, das – so die Vermutung – die Tochter gelegt haben musste, als sie unter dem Vorwand, die Feuerwehr alarmieren zu wollen, nach unten gestürzt war. Die Expertise des LKA-unabhängigen Mannes schien unangreifbar, die Sache war anklagereif. Und sie war auf den ersten Blick auch schlüssig: Die Tochter, so die Story, hatte erst Spiritus im Zimmer des Vaters ausgeschüttet, entzündet, die Tür geschlossen, damit es nicht zu schnell losgeht, dann Charly aus dem Bett geholt, und während der oben beschäftigt war, unten das Unheil mit weiterem Spiritus beschleunigt. So – und nach Expertenansicht nur so – ließ sich auch erklären, dass die Flammen oben und unten so massiv und schnell um sich gegriffen und das ganze Haus erfasst hatten.

Warum sollte die Tochter das getan haben? Die Ankläger hatten auch darauf eine Antwort. Sie hatten ein Telefonat abgehört, das die, ohne es zu wissen, bereits unter Verdacht stehende Tochter mit ihrem Charly geführt hatte. In dem Telefonat ging es um die zu erwartenden Zahlungen der Feuerversicherung in Höhe von mehr als 200 000 Euro. Dabei zeigte sich die hoch verschuldete Gesprächsteilnehmerin Monika verdächtig gut informiert darüber, dass solche Feuerversicherungen auch bei fahrlässiger Brandstiftung zahlen, also in Fällen, in denen etwa eine glühende Zigarette einem Schlafenden entgleitet …

Alles passte zusammen. Es wurde eng für die Untersuchungsgefangene in der JVA Lichtenberg, Gefangenenbuchnummer 642/03-5. Was kann man aus der Haft heraus tun, um seinen Kopf zu retten, noch dazu, wenn man kein Geld hat? Sie hatte sich ja nicht einmal um einen ordentlichen Verteidiger gekümmert, weil: Sie war's ja nicht. Sie war sicher, das würde sich aufklären.

Als dann endlich ein Anwalt gefunden war, konnte der wenig Mut machen. Aus einem informellen Gespräch mit dem Richter wollte der Jurist den Eindruck gewonnen haben, »die Sache ist aussichtslos«. Er hatte sogar von einem »Verständigungsangebot« des Gerichts zu berichten: Für ein schnelles Geständnis sei man unter Umständen bereit, statt der zu erwartenden lebenslangen Freiheitsstrafe mit einer nach Jahren bemessenen begrenzten Haftstrafe zu reagieren.

Mithilfe von Freunden und der Unterstützung ihres Schwagers, draußen in Freiheit, organisierte die Beschuldigte den Widerstand gegen die Mühlen der Justiz. Die Helfer trieben Gutachter auf, renommierte Experten aus anderen Gegenden Deutschlands, um die Spiritustheorie infrage zu stellen. Auch die tödliche These, dass am Sofa im Erdgeschoss ein zweites Feuer gelegt worden sei, fand Widerspruch unter den Experten. Die hielten es tatsächlich für wahrscheinlicher, dass ein Schwelbrand im Zimmer des Vaters explosive Gase entwickelt hatte. Die hätten nach Öffnen der Tür und beschleunigt vom Luftzug der Haustür eine Feuerwalze durchs ganze Haus geschickt.

Vor der 22. Großen Strafkammer des Landgerichts Berlin entwickelte sich im Sommer 2004 eine Gutachter-schlacht. Sechs Brandexperten traten vor Gericht auf, zwei von ihnen stützten die Spiritustheorie. Vier stützten die Theorie nicht. Drei von ihnen standen auf dem Stand-punkt, es habe sich um einen Schwelbrand gehandelt, der sich explosionsartig ausgeweitet habe, als am Uhuweg die Tür aufging. Ein »Backdraft« habe das Haus zerstört, ein »Feuerball«.

Feuerball klingt nach Katastrophenfilmen aus Holly-wood, das passt nicht in einen deutschen Gerichtssaal. »Jetzt wird es zu bunt«, befand deshalb der Vorsitzende. Ein Sperrholzmodell des Häuschens am Uhuweg, das der Schwager der Angeklagten selber gebaut hatte, um daran zu zeigen, wie so ein Feuerball funktioniert, wurde vom Gericht als Beweismittel nicht zugelassen. Von wegen Backdraft. Es war der Spiritus, Schluss jetzt mit diesen amerikanischen Horrorideen.

Dabei würde der deutschen Justiz ein Blick hinter den Horizont manchmal ganz guttun. Im fernen Texas war wenige Wochen vor dem Prozessbeginn gegen Monika de Montgazon der US-Amerikaner Cameron Todd Willing-ham mit einer Giftspritze hingerichtet worden. Willing-ham war verurteilt worden, im Jahr 1991 sein Haus im texanischen Corsicana angezündet und dabei seine drei Töchter getötet zu haben. Die Jury hatte befunden, er habe seine Tat mit Spiritus ausgeführt. In Corsicana hat-ten die Gutachter ebenfalls gemeint, mehrere Brandorte nachweisen zu können. Auch Willingham hatte bis in den Tod alles bestritten.

Auch das ein Justizirrtum. Erst Jahre später trat der Brandwissenschaftler John Lentini aus Florida mit einem Bericht an die Öffentlichkeit, in dem er Willingham post-hum weitgehend entlastete: Ganz offenbar war auch in Texas kein Spiritus verwendet worden, ganz offenbar war auch dort das unheimliche Phänomen des Feuerballs übersehen worden. Nicht nur US-amerikanischen Feuerexperten stellte der Kollege Lentini ein katastrophales Zeugnis aus. »Junk science« sei die Brandwissenschaft, weltweit Schrott. Dilettantismus sei unter Brandermittlern üblich: »Es gibt überall Fälle, die zu Unrecht als Brandstiftung deklariert werden – wahrscheinlich auch in Deutschland«, zitierte der *Spiegel* 2011 den kritischen Experten aus Florida.

Das Landgericht in Berlin konnte all dies nicht wissen, als es im Januar 2005 Monika de Montgazon zu lebenslanger Haft wegen Mordes, besonders schwerer Brandstiftung und Versicherungsmissbrauch verurteilte. Es hatte dem Gutachten des Landeskriminalamts geglaubt und nicht der Theorie vom Feuerball.

Detailliert, glaubhaft, kompetent

Was geht in Richtern vor, wenn sie eine Phalanx von Experten vor sich haben, die sich alle widersprechen? Alle haben den Anspruch, wissenschaftliche Wahrheit zu verkünden, und nur so viel ist sicher: Das kann nicht sein. Es kann nicht ein Sachverhalt wahr sein und sein Gegenteil gleichzeitig auch. Die Strafprozessordnung verlangt vom Strafrichter: Er muss sich entscheiden. Er muss sich selbst ein Urteil bilden, von welcher Wahrheit er überzeugt ist. Die Professoren des Strafprozessrechts werden nicht müde, diese Zumutung in gewählten Worten immer neu zu umschreiben. »In der Konstruktion der Strafprozessordnung bleibt der Sachverständige in der instrumentalen Funktion, dem Gericht das Fachwissen seiner Disziplin zu vermitteln«, schreibt der Hannoveraner Strafrechtsprofessor Hinrich Rüping, er sei »Gehilfe« des Gerichts. »Immer handelt es sich darum, dass er Sachkunde übermittelt oder anwendet oder beides tut«, schreibt der BGH-Richter Lutz Meyer-Goßner in seinem Gesetzeskommentar, der auf fast jedem Strafrichterschreibtisch steht. Jedenfalls, so resümierte schon 1974 der berühmte Tübinger Strafrechtsprofessor Karl Peters in seinem Grundlagenwerk *Fehlerquellen im Strafprozess,* trage »der Richter die Verantwortung für die Richtigkeit des Ergebnisses«. Doch niemand, schon gar kein Rechtsgelehrter, hat ihm, dem Richter, je gesagt, wie er das denn machen soll.

Die Richter über Monika de Montgazon haben es trotzdem versucht.

»Es steht fest, dass vorliegend Brandbeschleuniger in Form von Spiritus im Haus während des Brandes vorhanden war«, formuliert das Gericht seine sichere Überzeugung. Es bleibt ihm aber auch gar nichts anderes übrig, sonst kann es kein Urteil sprechen. Und dann führt es weiter aus: »Das beruht in erster Linie auf den detaillierten, glaubhaften und kompetenten Darstellungen des chemischen Sachverständigen.«

Glaubhaft und kompetent: So war der Mann vom LKA. Und in dieser Charakterisierung spiegelt sich die Verantwortungsteilung, die zwischen Gericht und Gutachter gilt. Der Experte beurteilt die Tatsachen. Das Gericht beurteilt die Tatsachenbeurteilungen des Experten. Ist es das, was das Gesetz verlangt?

Auch bei der Wahrheitsfindung mithilfe von Sachverständigen geht es, wie meist vor Gericht, um Tatsachen, die sich nicht einfach durch Augenschein beobachten, sondern nur operativ erschließen lassen. Die Operation besteht darin, Aussagen über bekannte Tatsachen mit Theorien so zu verknüpfen, dass Aussagen über unbekannte Tatsachen erschlossen werden. Das ist ein Vorgang, der in der Wissenschaft mit dem HO-Begründungsschema beschrieben wird. »HO« ist das Kürzel für die beiden Wissenschaftstheoretiker Carl Gustav Hempel und Paul Oppenheim, die nach dem Zweiten Weltkrieg das Argumentationsmodell bekannt gemacht haben, nach dem auch Juristen arbeiten (sollten), wenn sie begründen, warum sie zur Annahme nicht unmittelbar beobachtbarer Tatsachen oder Sachverhalte gelangen.

Das HO-Schema geht so:

$G_1 \ldots G_r$ (r Aussagen über Gesetzmäßigkeiten oder Theorien)

$T_1 \ldots T_n$ (n Aussagen über Tatsachen oder Sachverhalte)

_____

E   (Aussage über das zu erschließende Ereignis)

Die Sammlung von Gesetzmäßigkeiten und Tatsachenfeststellungen über dem Strich wird lateinisch Explanans genannt (»das Erklärende«), die Aussage über die zu erschließende Tatsache wird Explanandum genannt (»das zu Erklärende«). Wenn das gelingt, kann der Richter schreiben: »E steht fest.« Die Arbeit der Begründung liegt darin, lauter G und lauter T anzuführen, aus denen sich E logisch-deduktiv ableiten lässt. Dies geschieht, indem wissenschaftlich untermauerte Gesetzmäßigkeiten (G) herangezogen werden, die allgemeine Aussagen darüber treffen, unter welchen Bedingungen generell mit dem Auftreten des fraglichen Ereignisses zu rechnen ist. Liegen die von den Theorien verlangten Bedingungen bzw. Tatsachen tatsächlich vor (T), dann ist es korrekt, vom Vorliegen des Ereignisses E auszugehen. Formelhaft sieht das so aus:

(G) Wenn a, dann b.
(T) Nun ist a der Fall.
(E) Also dürfen wir auch vom Vorliegen von b ausgehen.

Auf diesen Dreischritt muss sich die Argumentationskette einer Urteilsbegründung stets zurückführen lassen. Natürlich ist es eine Vielzahl von Schritten, die bei der richterlichen Wahrheitsfindung zurückgelegt werden. Doch es lohnt sich, sie genau zu analysieren. Denn nun wird deutlich, worum es bei der Verantwortungsteilung zwischen Richter und Gutachter geht.

Der Richter ist verantwortlich für E. Er muss, wie Peters es formuliert, dafür sorgen, dass das »Ergebnis« richtig ist. Der Gutachter ist zuständig für die Zeile (G). Er muss, da sind sich die Kommentatoren der Strafprozessordnung einig, dem Gericht die wissenschaftlich fundierten Gesetze nennen, die nötig sind, um über E Klarheit zu gewinnen. Schwierig aber wird es mit der Zeile (T). Wir waren im HO-Schema einfach davon ausgegangen, dass es eine Anzahl n von Tatsachenaussagen gibt, die sich ganz einfach treffen lassen, weil sie sich auf beobachtbare Tatsachen beziehen. Und von dieser einfachen Sicht der Dinge gehen auch die Strafprozessualisten aus, die verlangen, das Gericht müsse dem von ihm beauftragten Sachverständigen die »Anknüpfungstatsachen« geben, auf die er sein Gutachten stützen soll.

Die Welt, nicht nur am Uhuweg, ist aber wesentlich komplizierter. In den meisten Fällen sind die Tatsachen, die man zur Erklärung braucht, nicht so einfach vor Gericht zu beurteilen, sondern müssen ebenfalls erschlossen werden. Die meisten T(atsachen) müssen also, bevor sie ins HO-Schema eingestellt werden können, ihrerseits als E aus einem Explanans abgeleitet werden. Dies geht wiederum nur, indem ich eine neue G(esetzmäßigkeit) suche, die T als Folge weiterer Umstände ausweist, welche ich, um nicht durcheinanderzukommen, nun U nennen will, in der Sprache der Juristen also »Anknüpfungstatsachen für Anknüpfungstatsachen«. Dafür brauche ich erneut einen Gutachter, der mir die G-Zeile nennt, die ich brauche, um von U nach T zu kommen. Dies würde unendlich so weitergehen, wenn wir nicht die Hoffnung hätten, dass die Wahrheitssuche irgendwann an einen Punkt gelangt, an dem der Richter selbst die notwendigen Tatsachen beurteilen kann. Häufiger kann er sie ohne die Hilfe eines

Gutachters erschließen, weil dafür eine Gesetzmäßigkeit reicht, die Juristen gern als »Alltagstheorie« bezeichnen, weil die Intelligenz eines Alltagsjuristen ausreicht, ihre Validität zu beurteilen. Oder der Alltagsjurist glaubt zumindest, dass sie ausreicht.

Häufig hat also ein Gutachter nicht nur die Theorie zu liefern, auf die ein Richter seine Begründung aufbaut, sondern auch die Tatsachen, die er für die Anwendung dieser Theorie braucht. Da er die Tatsachen selbst erarbeitet, braucht der Gutachter auch dafür Theorien, und so weiter. Ein erfahrener Wissenschaftler hat damit keine Probleme. Aber ein Richter verliert leicht den Überblick. Wo beginnt der Boden gesicherter Erkenntnisse, und wo sind die zugrunde gelegten Tatsachen selbst nur Ergebnis einer wissenschaftlichen Theorie?

Den Überblick zu behalten ist für den Richter, der ja für das Ergebnis verantwortlich ist, besonders wichtig. E ist ja nur richtig, wenn auch G richtig ist. Daraus folgt, dass er einer wissenschaftlichen Theorie nicht blind vertrauen darf. Das bringt ihn in ein doppeltes Dilemma.

Er hat zwar einen Gutachter beauftragt, weil sein eigenes Theoriewissen naturgemäß unzureichend ist. Und der »Gehilfe des Gerichts« bringt eine wissenschaftliche Gesetzmäßigkeit herbei, deren Dann-Komponente so wundervoll zum Fall passt, dass die Verhandlung, meist unter Zeitdruck, alsbald zu einem Ende zu kommen verspricht. Aber statt damit zu arbeiten, muss er die Theorie erst auf ihre Zuverlässigkeit prüfen. Das kann er aber als Laie nicht. Eigentlich bleibt ihm also nur, einen anderen Gutachter damit zu beauftragen, die Theorie des ersten Gutachters zu begutachten, ob sie den wissenschaftlichen Standards genügt. Solche »Obergutachten« kosten Geld und Zeit, und beides ist knapp vor Gericht. Einfacher, billiger und schneller ist es darum, das Urteil über die Qualität der wissenschaftlichen Gesetzmäßigkeit durch ein Urteil über den Gutachter zu ersetzen: Ist der Mann kompetent? Klingt es vernünftig, was er sagt? Hat das Gericht bislang mit dem Wissenschaftler gute Erfahrungen gemacht?

»Detailliert, glaubhaft und kompetent«, schrieb das Gericht in seine Begründung, spreche der Gutachter.

Das ist eine Formel, die in fast jedem Urteil so oder so ähnlich zu lesen ist. Wer sollte so eine Einschätzung mit welchem Argument widerlegen? Doch dieses Urteil lässt sich nur über den Richterdaumen fällen. Und so steht ganz am Schluss der abgeschrittenen Begründungskette ein Begründungsschritt, der nicht mehr aus dem Logiklehrbuch stammt, sondern aus dem Bauch des Richters.

Doch es ist noch komplizierter. Kann man einer wissenschaftlichen Theorie überhaupt vertrauen? Wie zwingend ist eine Begründung nach dem weltberühmten HO-Schema? Darauf gibt es eine pessimistische, eine optimistische und eine rechtsstaatliche Antwort. Die pessimistische ist Stand der Wissenschaftstheorie seit dem britischen Philosophen Sir Karl Popper: Es gibt überhaupt keine bewiesenen Gesetzmäßigkeiten, sondern nur vorläufige Hypothesen. Das Beste, was wir von einem Naturgesetz sagen können, ist, dass wir bisher keinen Grund gefunden haben, ihm zu misstrauen – aber das kann sich jeden Moment ändern. Die optimistische ist die der meisten Naturwissenschaftler, jedenfalls der bei Landeskriminalämtern angestellten: Bisher ist alles gut gegangen.

Der rechtsstaatliche Umgang mit dem Problem orientiert sich an einer genauen Analyse der Qualität der jeweiligen Theorie. Selbst wenn man anerkennt, dass wissenschaftliche Gesetzmäßigkeiten nicht richtig oder falsch sein können, so sind immerhin Aussagen darüber möglich, wie gut sie sich bewährt haben. Ein Wissenschaftler kann meist angeben, wie hoch die Fehlerquote bei der Anwendung solcher Theorien ist und ob diese Fehlerquote internationalen Standards entspricht. In der Regel sind die Gesetzmäßigkeiten, um die es geht, ohnehin keine strikt deterministischen, sondern statistische Häufigkeitsaussagen aus zurückliegenden Testreihen. Dann ist es möglich, statt auf das Vorliegen einer Tatsache auf das wahrscheinliche Vorliegen einer Tatsache zu schließen. Solche Wahrscheinlichkeitsschlüsse lassen sich präzise beziffern – üblich sind Wahrscheinlichkeitsbeweise zum Beispiel bei der Auswertung von DNA-Proben oder bei Alkoholtests im Straßenverkehr. Das Gericht kann dann entscheiden, ob es die Wahrscheinlichkeit von beispielsweise 99:100 für ausreichend hält, um zu urteilen, der Angeklagte sei »mit an Sicherheit grenzender Wahrscheinlichkeit« überführt.

»Es steht fest«, so urteilten die Richter von Monika de Montgazon, dass am Uhuweg Spiritus im Spiel war. Und nun, nach all den theoretischen Einsichten über den Weg zur Wahrheit, kann der Leser die weitere Begründung des Gerichts mit anderen Augen lesen:

»Dies beruht in erster Linie auf den detaillierten, glaubhaften und kompetenten Darstellungen des chemischen Sachverständigen Dr. A. Er erläuterte insoweit grundlegend die entsprechenden schriftlichen Gutachten über die Untersuchung der Brandschuttproben und Bekleidung der Angeklagten. Die ordnungsgemäße Entnahme und Verpackung der Proben wurde von dem Sachverständigen B. und dem Zeugen KHK B. glaubhaft dargelegt. Der Sachverständige Dr. A erklärte unter umfassender Darlegung seiner jahrelangen diesbezüglichen Erfahrung und durchgeführter eigener Versuche, dass das Vorhandensein und die drei Bestandteile des Spiritus (Ethanol und der Vergällungsmittel 2-Butanon und 3 Methyl-2-butanon) oder auch nur der Vergällungsmittel in einer Quantität oberhalb einer von ihm aus Erfahrungswerten entwickelten Kappungsgrenze zweifelsfrei auf Spiritus im Brand schließen lässt.«

Das klingt sehr speziell, aber auch die Richter haben nicht Chemie studiert. Ein rechtsstaatliches Urteil muss so formuliert sein, dass jeder, der sich bemüht, es verstehen kann. Also versuchen wir die Deutung.

Es ist die entscheidende Passage, in der das Gericht den Streit der Gutachter zugunsten des LKA-Chemikers Dr. A. und zulasten der Angeklagten entscheidet. Dr. A hat – »Anknüpfungstatsache« T – in Proben vom Brandort, in der Kleidung und an den Schuhen von Frau de Montgazon, in der Lunge des toten Vaters Theodor neben gelegentlichem Ethanol überall Spuren von 2-Butanon und 3-Methyl-2-butanon gefunden. Wir wollen hier für einen Augenblick außer Acht lassen, dass schon diese Tatsachen nicht direkt zu besichtigen waren, sondern ihrerseits Ergebnis aufwendiger Untersuchungsverfahren, die wiederum die mehrfache Anwendung des HO-Schemas erforderten. Dr. A erklärte nun, er habe eine Theorie (G), aus der folge, dass am Brandort Spiritus verwendet wurde (E).

(G) Wenn a, dann b – wenn 2-Butanon und/oder 3-Methyl-2-butanon, dann ist Spiritus da.
(T) Nun ist a der Fall: 2-Butanon und 3-Methyl-2-butanon wurden gefunden.

—————————

(E) Spiritus war am Brandort.

Diese Schlussfolgerung muss einen Richter, der sich ein bisschen über Spiritus erkundigt, zunächst überzeugen. Denn Spiritus wird immer genau mit jenem 2-Butanon und 3-Methyl-2-butanon, das man am Brandort, an der Kleidung und beim Toten fand, vergällt. Eine Theorie, die darauf aufbaut, hat viel für sich.

Die Gegengutachter sagten nun, (G) stimmt nicht. Und damit hatten sie recht. Denn mit 3-Methyl-2-butanon ist es beispielsweise nicht anders als mit Thalliumsulfat im Rohrbach-Fall: Es taucht überall auf, selbst in den ehrenwertesten Zusammenhängen. 3-Methyl-2-butanon findet sich in Hartkäse und in Mandeln. Ebenso wie sein Verwandter, das 2-Butanon, taucht das 3-Methyl-2-butanon auch als Produkt eines chemischen Vorgangs auf, der unkontrolliert bei Bränden stattfindet, etwa wenn Holz verschmort. Und das ist hier fatal. Denn wenn derselbe Stoff, der als Vergällungsmittel im Brennspiritus steckt, ebenso gut als Produkt eines Feuers entstehen kann, das ganz ohne Spiritus brannte – was nutzt uns dann der ganze Hokuspokus von KT 43? Es gilt, so machten die Verteidiger geltend, also ein anderes Gesetz, das genau umgekehrt zu dem behaupteten lautet:

(G') Wenn b, dann a – wenn Spiritus, dann 3-Methyl-2-butanon.

Doch daraus lässt sich kein E ableiten, kein Spiritus und kein Urteil.

Man kann dem Gericht nicht vorwerfen, dass es auf dieses Problem nicht gestoßen wäre. Und man kann dem LKA nicht vorwerfen, dass es darauf keine Antwort gewusst hätte. Seine Chemiker waren der Auffassung, über eine Messmethode zu verfügen, mit der sie mittels des Massenspektrometers die Verbindungen, die aus dem Vergällungsmittel des Brennspiritus stammen, von denen unterscheiden konnten, die etwa als Endprodukt beim Verschmoren von Holz entstehen.

Im Massenspektrometer lassen sich unter Laborbedingungen winzige Chemikalienspuren der gleichen Substanz über Massenzahlen charakterisieren. Und die Experten vom Kompetenzzentrum waren stolz auf ihre seit 15 Jahren erprobte Messmethode mit einem speziell geeichten Massenspektrometer, das beispielsweise alle aus 3-Methyl-2-butanon stammenden Massen aussortiert, deren Quantität unterhalb einer sogenannten Kappungsgrenze liegt. Es bleiben als Rest des Tests die Spuren mit

Massen oberhalb der Kappungsgrenze, die dann als Bestandteile des Vergällungsmittels im Brennspiritus gelten. Die »Kappungsgrenze« ist der Trick: Nur 3-Methyl-2-butanon-Spuren mit Massen oberhalb der Kappungsgrenze präsentierten die Chemiker vom K 43 dem Landgericht.

Und das Gericht machte in der Begründung deutlich, dass es schon meinte, das verstanden zu haben: »Der Sachverständige erklärte, dass … das Vorhandensein der Vergällungsmittel in einer Quantität oberhalb einer von ihm aus Erfahrungswerten entwickelten Kappungsgrenze zweifelsfrei auf Spiritus im Brand schließen lässt.«

Will man den Untersuchungen in K 43 gerecht werden, muss man also ein anderes Explanans aufbauen. Wir müssen nun doch berücksichtigen, dass die Tatsachen, an denen der Schluss des Dr. A anknüpft, diffiziler sind. Eine 2-Butanon-Spur etwa, die im Brandschutt gefunden wurde, taugt nur dann als Anknüpfungstatsache, wenn das Massenspektrometer von dieser Spur eine bestimme Massezahl anzeigt. Auch der beste Wissenschaftler muss einfach glauben, was das Massenspektrometer sagt. Und der Richter muss glauben, dass der Chemiker seinem Messgerät glauben konnte. Oder eigentlich meistens: Der Richter muss glauben, dass der Chemiker A. seinem Mitarbeiter glauben konnte, der dem Massenspektrometer geglaubt hat.

Eine kleine Panne aus dem Rohrbach-Verfahren mag manchen Richter bis heute beeindrucken. Der Professor, der damals so weitreichende Folgerungen aus unglaublichen Thalliumsulfat-Messwerten gezogen hatte, war auf seinen Assistenten hereingefallen, der gemessen hatte. Der Assistent aber hatte versehentlich die Eisenwerte mit gemessen. Das lag daran, dass diese chemische Laboruntersuchung die erste war, die der junge Mann in seiner Karriere auszuführen hatte. »Irgendwann muss man ja mal anfangen«, rechtfertigte er später seinen Anfängerfehler.

Schon die Tatsachen, die Chemiker A. als Grundlage seiner Erklärung über die Ereignisse am Uhuweg zugrunde legte, waren Schlussfolgerungen aus Theorien: Es versteht sich nicht von selbst, sondern ist erklärungsbedürftig, dass bestimmte Massen, die das Spektrometer anzeigt, gewissen Quantitäten des Stoffs am Brandort entsprachen. Quantitäten, die nach Ansicht des Gerichts groß genug waren, um sich von den Produkten, die etwa beim Holzabbrand entstehen, deutlich zu unterscheiden.

Die Theorie, die der Gutachter mit den so theoretisch gewonnenen Tatsachenaussagen verknüpfte, lautete also nicht einfach »Wenn 2-Butanon und/oder 3-Methyl-2-butanon, dann Spiritus« – sondern:

(G) Wenn a, dann b – wenn 3-Methyl-2-butanon und/oder 2-Butanon oberhalb der Quantität x auftreten, dann Spiritus.
dazu dann
(T) Die beiden Stoffe waren am Tatort in der Quantität von mehr als x vorhanden.

(E) Also: Spiritus.

Dies war exakt das Denkmodell, welches das Leben der Arzthelferin Monika de Montgazon in die Nähe von versaut brachte.

Die Weißkittel und die Schwarzmäntel

Die Verurteilte hat sich über alles hinterher auch ihre Gedanken gemacht – wenn auch nicht so präzise. »In gewisser Weise«, sagte sie in einem Interview, könne sie den Richter, der sie verurteilte, verstehen. »Wenn er sich jetzt sagen würde, ich habe da einen Fehler gemacht, dann hätte er schon ein schlechtes Gewissen und könnte nicht mehr schlafen. Das kann ich mir schon vorstellen.«

Wo aber lag der Fehler, den Frau de Montgazons Richter gemacht hat? Der Bundesgerichtshof, der solche Fehler suchen muss, hat es bei der Beurteilung von Landgerichtsurteilen in der Revision nicht leichter als der Leser. Er muss nahezu ausschließlich aus der Lektüre der Urteilsbegründung beurteilen, ob die Vorinstanz etwas falsch gemacht hat. Am 11. Januar 2006 hob der 5. Strafsenat des BGH das Urteil des Landgerichts Berlin gegen Monika de Montgazon auf. Begründung: Die Richter hätten die Theorien des Chemikers Dr. A nicht sorgfältig genug geprüft.

Schon in der ersten Zeile des HO-Schemas, in der Zeile (G) mit den Gesetzmäßigkeiten, so das Gericht, stimmte etwas nicht. Der Satz: »(G) Wenn a, dann b – wenn 3-Methyl-2-butanon und/oder 2-Butanon oberhalb der Quantität x auftreten, dann Spiritus« sei »nicht zureichend und für das Revisionsgericht nachvollziehbar« erklärt. Es sei nicht verständlich, »wie der Sachverständige diese ›Kappungsgrenze‹ ermittelt hat«. Das Vertrauen in die Ergebnisse des Massenspektrometers sei offenbar zu groß gewesen: »Die vom Sachverständigen A dargestellte Messmethode ist offensichtlich nicht standardisiert, weil sie auf seinen eigenen Erfahrungswerten aufbaut.«

Natürlich dürfe sich ein Gericht auch auf die »Erfahrungswerte« eines Wissenschaftlers stützen, doch nicht so ohne Weiteres: »Um dem Revisionsgericht insoweit eine Nachprüfung zu ermöglichen, hätten die Dauer und die Anzahl der Versuche genauer geschildert werden müssen. Zudem hätte es einer ergänzenden Erläuterung dazu bedurft, ob die wissenschaftliche Literatur bei einem Vorhandensein von Vergällungsmitteln, die einerseits bei der Pyrolyse (also einem Holzbrand unter Ausschluss von Sauerstoff) entstehen können, andererseits aber auch im Spiritus vorhanden sind, in gleicher Weise quantitativ abgrenzt oder ob gegebenenfalls andere Indikatoren für die Feststellung der Verwendung von Spiritus herangezogen werden.«

Das Landgericht hatte sich tatsächlich in der Urteilsbegründung recht verdreht ausgedrückt, um zu begründen, warum es Dr. A.s »Kappungsgrenze« für geeignet hielt, die Spuren des Brennspiritus von den Spuren aus anderen Quellen abzugrenzen: »Der Sachverständige legte für die Kammer nachvollziehbar dar, weshalb sie sich dem dann nach eigener kritischer Würdigung anschloss, dass gerade durch das Anlegen einer Kappungsgrenze das Erfassen derartiger Quellen, wegen der geringen Mengen, in denen der Stoff dort vorhanden sei, verhindert werde, um gerade keine unzutreffenden Aussagen über das Vorhandensein von Spiritus während des Brandes zu treffen.«

Man muss nicht Recht studiert haben, um seine Ratlosigkeit hinter derart undurchdringlichen Formulierungen zu verbergen. Für den BGH jedenfalls war das »nicht nachvollziehbar«. Und dass sich dahinter vielleicht wirklich eine gewisse Unlust des Gerichts verbarg, allzu tief in die Chemie einzusteigen, zeigt die freche Art, mit der die Juristen die Argumente der Gegengutachter gegen A.s Kappungsgrenzen-Theorie abbügelten: Die von der Angeklagten benannten Wissenschaftler hätten der von A. entwickelten Theorie »schon deshalb nichts Durchgreifendes entgegenzusetzen, weil keiner von ihnen Chemiker ist«. Das war auch dem BGH zu anmaßend, der »durchgreifende Bedenken« gegen dieses Argument geltend machte, schon »weil nicht mitgeteilt wird, welche berufliche Qualifikation und welche Ausbildung die anderen Sachverständigen haben«.

Die Geschichte von der Kappungsgrenze müsste eigentlich alle Landrichter um den Schlaf bringen. Was die oberste Instanz im Fall Uhuweg von den Richtern verlangt, können sie in der Praxis gar nicht leisten: Das Gericht muss sich beim Gutachter informieren, mit welchen wissenschaftlichen Experimenten er im Labor seine Theorie abgesichert hat. Den Verlauf der Versuche, die Versuchsanordnung und die Ergebnisse muss das Gericht nicht nur verstehen, sondern auch im Urteil so nacherzählen, dass die chemischen Laien vom Obergericht es ihrerseits verstehen und zustimmend nachvollziehen können. Dazu muss es chemisch-wissenschaftliche Literatur studieren, um sich ein Urteil zu bilden, was die Fachwelt von der Theorie des Wissenschaftlers hält. Auch über diese Lesefrüchte muss das Gericht dann in seinem Urteil berichten. Das Landgericht Berlin – ein Kompetenzzentrum für chemische Spektralanalysen?

Es klingt überspitzt, was der Bundesgerichtshof da verlangt – aber es ist nur konsequent. Wenn ein Richter die Verantwortung für die Ermittlung der Wahrheit im Strafprozess hat, kann er das Urteil über wahr oder unwahr nicht anderen überlassen. Auch ein Gutachter, ob Doktor oder Professor sogar, kann ihm die Verantwortung nicht abnehmen.

Das ist die Theorie. Sie macht zugleich deutlich, wie groß die Verantwortungslücke ist, die in Gutachterprozessen klafft. Denn die Praxis kann so hohen Anforderungen nur selten gerecht werden. Es wird immer ein massives Kompetenzgefälle zwischen den wissenschaftlich hochgerüsteten Kompetenzzentren der Landeskriminalämter und den Juristen hinterm Richtertisch geben, deren Ausbildung wissenschaftliches Arbeiten auch nicht im Ansatz umfasst. »Die sogenannte Sachverhalts- und Tatsachenfeststellung« gehöre »zu den dunkelsten Kapiteln« der Rechtswissenschaft, urteilt der Marburger Strafrechtsprofessor und Rechtsphilosoph Walter Grasnick: »Jeder tut es, doch keiner weiß, wie er es macht.«

Wie wollen solche Leute auf Augenhöhe das Treiben der Experten vom Landeskriminalamt beurteilen? Dort geht es nicht so ärmlich zu wie bei der chronisch klammen Justiz. Die Landeskriminalämter unterstehen den Innenministern, und die haben schon immer die meisten Mittel. Die buttern massiv Geld in die Hightech-Ausrüstung der »Kompetenzzentren«.

Der Kompetenzsprung zwischen den Weißkitteln und den Männern im schwarzen Talar wird häufig übertüncht. Weil die Weißkittel vor Gericht immer dieselben Kunststücke vorführen, verfügen die Schwarzkittel in ihren Computern schon über die entsprechenden Textbausteine für ihre Urteilsbegründungen, in denen sie den Oberrichtern darlegen, dass sie – wie immer – alles genau geprüft und verstanden haben. Das wird kopiert, eingesetzt und fertig. Und die BGH-Richter müssen es gar nicht mehr studieren, sie kennen den Text schon auswendig, er ist in jedem Urteil beinahe derselbe.

Eine große Wahrheitsshow. Und alle machen mit, weil's schneller geht. Nur wenn einmal ein Gutachten fällig wird, für das es keinen Textbaustein im Computer gibt, dann zeigt es sich: Der Kaiser ist nackt. So war es im »Gorillamasken-Fall«, mit dem sich die Justiz im Jahr 2012 noch immer quälte.

Zwischen 1995 und 1998 war in Stuttgart eine Reihe von Banken und Sparkassen überfallen worden. Der Täter trug jedes Mal eine Karnevalsmaske, meist hatte er einen Gorillakopf auf. Und meist trug er weiße Handschuhe. Im Sommer 2000 endlich nahm die Polizei den Bodyguard Andreas Kühn fest, seine Freundin hatte ihn angezeigt, weil er angeblich in ihrem Hausflur gezündelt hatte.

Bei der Durchsuchung fanden die Fahnder in Kühns Wohnung weiße Handschuhe. Und im Terminkalender auf seinem Schreibtisch stand hinter mehreren Daten ein kleines »ü«. Zu diesen Terminen war stets eine Bank überfallen worden.

»Ich war's nicht«, sagte auch Andreas Kühn. Die kleinen »üs« sollten tatsächlich »Überfall« bedeuten, räumte er ein, er sei schließlich im Sicherheitsgewerbe, und da habe es ihn rein professionell interessiert, ob es ein zeitliches Muster hinter den Bankrauben gebe, die in der Umgebung seiner Wohnung stattfanden. Als der Haftrichter ihm Handschellen anlegen lassen wollte, drehte Kühn durch. »Ich war's doch nicht«, brüllte er und nahm den Richter in den Schwitzkasten. Ein Polizist reagierte entschlossen und schoss den Bodyguard ins Bein. Nun kam noch eine Anklage wegen versuchten Totschlags dazu – gegen Kühn wohlgemerkt: Der Richter, schon am nächsten Tag wieder im Dienst, habe im Schwitzkasten um sein Leben fürchten müssen.

Wegen versuchten Totschlags und vielfachen Bankraubs verurteilte das Landgericht Stuttgart 2001 den Sicherheitskleinunternehmer Andreas Kühn zu 13 Jahren Haft. Der blieb dabei, bis heute: Der Angriff auf den Richter tue ihm leid, aber das mit den Banken sei er nicht gewesen.

Entscheidend für das Urteil gegen Kühn war die Videoaufnahme einer Überwachungskamera am 2. August 1995 in der Filiale der Landesgirokasse am Killesberg. Auf dem Bild ist der Täter zu sehen, wie er am Geldschalter steht. Auf dem Kopf hat er eine Gorillamaske. Aber die Maske ist etwas verrutscht. Das rechte Ohr schaut heraus. Das reichte. Ein Gutachter, pensionierter Polizeihauptkommissar, vom Gericht bestellt, kam zu dem Ergebnis: Das Ohr das Angeklagten und das Ohr auf dem Bild sind identisch.

Ich war's nicht, beharrte Kühn.

Ein guter Freund, auch Sicherheitsunternehmer mit Erfahrung bei den ganz harten Kollegen in den Vereinigten Staaten, nahm sich der Angelegenheit an, denn: »Jeder Trottel erkennt, dass auf den Bildern nicht Andreas Kühn zu sehen ist.« 2008 schließlich engagierte der Privat-Cop einen Strafverteidiger, den rechtskräftig entschiedenen Fall seines Freundes noch einmal aufzurollen. Der hatte sich mittlerweile im Knast ein T-Shirt mit der Aufschrift »Freiheit und Gerechtigkeit für Andreas Kühn« drucken lassen. 2009 hätte er ohne das Shirt endlich herausgedurft. Nach Verbüßung von zwei Dritteln der Strafe dürfen die meisten in Freiheit, die ihre Schuld eingestehen und sich reuig zeigen. Wegen des Shirts aber blieb Kühn drin.

Draußen war mittlerweile eine Kapazität gefunden: Der Ulmer Anthropologieprofessor Friedrich Rösing verfügt über Methoden, die weltweit anerkannt sind, wenn es auch beim Landgericht dazu keine Textbausteine gibt. Rösing verglich die Kamerabilder aus einem der fraglichen Überfälle mit einem Porträtfoto Kühns. Der Experte stellte 17 Unähnlichkeiten zwischen den Männern auf den beiden Bildern fest. Zum Beispiel hatte der Täter auf dem Bild unterm Ohr einen kleinen Fleck auf der Haut, bei Kühn gab es da keinen Fleck. Rösing, der 120 Gutachten im Jahr verfasst, kam zu dem Schluss: »Es handelt sich eindeutig um zwei Personen.« Das Gutachten des »Kollegen« vor dem Landgericht Stuttgart sei »eine ziemliche Katastrophe«.

Freiheit und Gerechtigkeit für Andreas Kühn. Doch so einfach geht das nicht. Das Gericht lehnte eine Wiederaufnahme des Verfahrens ab. Begründung: Es gebe zwar ein neues Gutachten, aber keine neuen Tatsachen. Die Bilder seien dieselben, nach denen damals auch schon geurteilt wurde. Ein Wiederaufnahmeverfahren nur wegen unterschiedlicher Gutachten gibt es nicht.

Erst das Oberlandesgericht, die Beschwerdeinstanz, äußerte 2009 schließlich »ausreichend ernsthafte Zweifel«, ob das Gutachten damals, 2001, wirklich auf den richtigen wissenschaftlichen Grundlagen aufbaute. Seitdem muss sich das Landgericht Ravensburg erneut um die Wahrheit bemühen. Als Erstes beauftragten die Richter abermals eine Gutachterin. Die legte einen 16-Seiten-Bericht vor. Ergebnis: »Eine Beurteilung der Merkmale am rechten Ohr ist an diesem Vergleichsbild nicht möglich.«

Kühn kommentierte frustriert: »Ich bin ein Spielball der Justiz«. So ganz unrecht hat er nicht.

Die Wahrheit vom Uhuweg

Im zweiten Anlauf verlief die Wahrheitsfindung im Fall der Monika de Montgazon zügiger. Nachdem der Bundesgerichtshof das Urteil aufgehoben hatte, musste sich das Landgericht erneut mit der Spurensuche in der Asche befassen. 2006 wurde die Gefangene freigelassen. Diesmal gab es keine Gutachterschlacht, diesmal bestellte das Gericht gleich eine Expertin vom Bundeskriminalamt. Die Brandwissenschaftlerin aus Wiesbaden erklärte den Juristen anhand von Lehrfilmen, dass Spiritus als Brandbeschleuniger ganz ungeeignet ist. Sie zeigte auch, wie aus einem Schwelbrand Rauchgase entstehen, und wie die, wenn Sauerstoff hinzukommt, urplötzlich zum Feuerball werden. So und nicht anders war es am Uhuweg geschehen: »Es gibt keine Hinweise, die auf das Ausbringen einer brennbaren Flüssigkeit deuten.«

So erklärte sich auch die Einschätzung des Brandgutachters, der in der Sofaecke im Erdgeschoss einen zweiten Brandherd entdeckt haben wollte, als unzutreffend. Er hatte, so stellte sich nun heraus, nicht beachtet, dass das Feuer am Sofa ebenso gut von brennenden Teilen ausgelöst worden sein könnte, die von oben herabgefallen waren. Wie er zu seinem Irrtum gekommen war, konnte der gewissenhafte Mann ohne Weiteres erklären: Als »Anknüpfungstatsache« habe ihm die Information zur Verfügung gestanden, dass das Feuer mit Spiritus gelegt worden sei. Also habe er auf andere Brandursachen wie herabfallende Teile gar nicht geachtet. Am Uhuweg biss sich die Wahrheit in den Schwanz.

Offen und wahrscheinlich für immer ungeklärt blieb die Frage, warum die Tür zum Zimmer des Vaters nicht, wie üblich, angelehnt, sondern geschlossen war. Hatte doch jemand seine böse Hand im Spiel? Das ist heute nicht mehr nachprüfbar.

»Kompetent, nachvollziehbar und detailliert«, so begründeten die Richter 2008 ihren Freispruch, habe die Wissenschaftlerin vom BKA ihre Auffassung dargelegt. Das Gericht hatte alles genau verstanden: »Die Brandursache war eine brennende Zigarette, die einen Schwelbrand ausgelöst hat.«

Nachschlag

Im Februar 2012 musste sich das Kammergericht noch einmal mit dem Justizopfer Monika de Montgazon befassen. Es ging um 32000 Euro, einen Teil des Geldes, das Frau de Montgazon für all die Gutachten hatte aufbringen müssen, mit denen sie die Wissenschaftler des LKA widerlegt hatte. Das Kammergericht entschied, die Freigesprochene müsse diese Summe für die Gutachter selbst bezahlen. Die Richter begründeten ihre Kostenentscheidung so: Der Freigesprochenen seien laut Gesetz nur die »notwendigen Auslagen« zu erstatten. Notwendig sei aber die eigenmächtige Suche nach der Wahrheit »in der Regel nicht«. Denn: Im Strafprozess werde die Wahrheit ja »von Amts wegen« gefunden.

Der » Badewannenmord « (III)
Ein Schock

Dienstag, 17. Januar 2012:
Landgericht München II

Im Namen des Volkes

URTEIL

der 4. Strafkammer als 2. Schwurgericht des Landgerichts München II

in der Strafsache gegen

Genditzki, Manfred Benno, geboren am 28.5.1960 in Kalübbe, verheiratet, deutscher Staatsangehöriger, Hausmeister, derzeit Justizvollzugsanstalt München Stadelheim

wegen Mordes

I. Der Angeklagte ist schuldig des Mordes in Tateinheit mit vorsätzlicher Körperverletzung. Er wird deswegen zu lebenslanger Freiheitsstrafe verurteilt.

II. Der Angeklagte trägt die Kosten des Verfahrens einschließlich der Kosten des Revisionsverfahrens.

» Dieses Urteil kommt wie ein Schock «, schreibt Hans Holzhaider, der erfahrene Gerichtsreporter der *Süddeutschen Zeitung.* Kaum jemand, schon gar nicht der Angeklagte Manfred Genditzki, hatte damit gerechnet, dass die Justiz im zweiten Anlauf beim Prozess der Wahrheitsfindung im »Badewannenmord von Rottach-Egern« den Hausmeister erneut schuldig sprechen würde, im Oktober 2008 die behinderte 87-jährige Lieselotte K. umgebracht zu haben. Es gibt nach wie vor keine Beweise dafür, dass Frau K. überhaupt durch ein Verbrechen in der Badewanne ertrunken ist und nicht durch einen Unfall. Keine Spur, kaum ein Indiz weist auf den Hausmeister als Täter, aber es ist auch niemand bekannt, der nach ihm die alte Frau noch lebend gesehen hat.

Die Beweisführung der Ankläger stand von vornherein auf einem wackeligen Fundament: Dass es sich überhaupt um eine Straftat handelt, die Frau K. das Leben kostete, lässt sich allein damit begründen, dass die Ermittlungen keinen Anhaltspunkt für einen Unfall gefunden haben. Diese Art der negativen Beweisführung wurde erschüttert, als Genditzkis neuer Verteidiger Widmaier in den Akten das Foto einer Plastiktüte voll offenbar stark verschmutzter Unterwäsche der Toten fand: ein Hinweis darauf, dass Frau K. in der Wanne diese Wäsche einweichen wollte und dabei ins Wasser gestürzt und ertrunken sein könnte. Der Hausmeister hatte stets zu seiner Verteidigung auf diese Möglichkeit hingewiesen.

Dennoch: »Die Kammer ist davon überzeugt, dass ein Unfallgeschehen, d. h. ein Sturz in die Badewanne, ausgeschlossen ist und ein Tötungsdelikt vorliegt.« So lautete nach Abwägung aller Argumente die Conclusio der Richter. Aber was ist mit der Wäschetüte?

»Die Kammer kann nicht ausschließen«, dass sich in der Tüte ungewöhnlich stark verschmutzte Wäsche befand, die Frau K. nach einer Durchfallerkrankung kurz vor ihrem Tod aus dem Krankenhaus mitgebracht hatte.

Und warum kann die Kammer dann ausschließen, dass Frau K. beim Einweichen in der Badewanne verunglückt ist?

»Zur Überzeugung der Kammer steht fest, dass Frau K. Wäsche nie in der Badewanne eingeweicht hat.«

Aber Genditzki hat doch davon berichtet! Er muss es schließlich wissen, weil er normalerweise die Wäsche von Frau K. versorgt hat.

»Keiner der Zeugen, die persönlich mit Frau zu tun hatten, hat je beobachtet, dass sie Wäsche in der Badewanne eingeweicht hat, … noch hat Frau K. jemals diesen gegenüber erwähnt, dass sie Wäsche in der Badewanne einweichte.« Dass Frau K., einer Dame alter Schule, ihre verschmutzte Unterwäsche peinlich war und sie deshalb niemandem von solchem Malheur berichtete – darauf kam niemand.

Auch dass der nette Manfred Genditzki, der sich wie ein Sohn fürsorglich und für ein Taschengeld um die alte, streitlustige Frau gekümmert hat, der Täter war, »steht zur Überzeugung der Kammer fest« – obwohl bei ihm ein Mordmotiv weder beweisbar noch plausibel ist. Ein Streit zwischen der Alten und ihrem »Manfred« um mehr Zeit fürs gemeinsame Kaffeetrinken sei der Anlass gewesen, mutmaßt das Gericht, ein plötzlicher Wutanfall des wegen seiner Geduld in der ganzen Wohnanlage gerühmten Hausmeisters.

Der »zentrale Punkt«, so erklärt die Vorsitzende Richterin in der mündlichen Urteilsbegründung, sei der Schlüssel gewesen, den Genditzki von außen in der Wohnungstür der alten Dame habe stecken lassen, als er das Haus nach dem gemeinsamen Kaffeetrinken – und nach dem Mord? – verlassen habe. Es handelte sich um den Reserveschlüssel, der einst dem Ehemann der Witwe K. gehört hatte. Genditzki hatte immer wieder erklärt, die alte Dame habe ihn gebeten, den Schlüssel von außen ins Schloss zu stecken, damit der Pflegedienst, den sie für den Abend erwartete, auch dann in die Wohnung komme, wenn sie – wie so oft – eingeschlafen sei und die Klingel nicht höre.

Eine erfundene Geschichte sei das, erklärte die Richterin. Den Schlüssel habe Genditzki stecken lassen, nachdem er die alte Dame ertränkt habe, damit der Pflegedienst die Tote alsbald finde und nicht etwa am nächsten Tag der

Täter bei seinem routinemäßigen Besuch erneut mit seinem Opfer konfrontiert werde.

Zugegeben – so könnte es gewesen sein. Doch die Geschichte des Gerichts hat nur einen Sinn, wenn der Hausmeister der Mörder war. Dass er es war, sollte aber erst belegt werden.

Denkfehler können in der Revision gerügt werden. Wird der BGH noch einmal eingreifen?

Zu Protokoll

»Ich bin mir hundertprozentig sicher.«

Der Strafrichter Hans E. Lorenz über seine Methode der Wahrheitsfindung

Darnstädt: Herr Lorenz, haben Sie schon mal jemanden zu Unrecht verurteilt?

Lorenz: Nein, jedenfalls nicht, dass ich wüsste.

D: Hat sich nie einer beschwert?

L: Mir ist noch keine falsche Entscheidung bekannt geworden. Aber man muss sich natürlich immer des Risikos bewusst sein, dass es passieren kann.

D: Sie schlafen nach einem Urteil nicht gelegentlich schlecht und fragen sich: Hab ich dem Mann nicht doch Unrecht getan?

L: Nein.

D: Mancher würde das als selbstherrlich bezeichnen.

L: Selbstherrlichkeit ist der Feind des Richters. Es gibt keine größere Gefahr als einen Richter, der glaubt, immer alles richtig zu machen.

D: Und trotzdem schlafen Sie gut?

L: Ich würde wahrscheinlich zugrunde gehen, wenn ich mir jede Nacht überlegen würde, hast du vor zwei Jahren den unschuldig verurteilt, und vor vier Jahren den? Ich muss es aber auch nicht, weil ich mir hundertprozentig sicher bin. Ich habe mir die Sache ja vor dem Urteil mit meinen Kollegen in der Strafkammer sehr gründlich überlegt. Bleiben Zweifel, wird freigesprochen.

D: Sie schlafen also vorher schlecht.

L: Ich schlafe vorher mitunter schlecht. Das ist aber vielleicht auch eine Alterserscheinung.

D: Wie kriegen Sie das hin, so sicher zu sein?

L: Ich habe diesen Beruf erlernt. Zwei Staatsexamina, später Fortbildungsseminare an der Richterakademie. Ich habe Literatur dazu gelesen. Man muss sich für Sachaufklärung interessieren und für die Kriterien zur Bewertung von Zeugenaussagen. Wer das nicht tut, wird kein Richter und bleibt kein Richter. Wer meint, das sei alles nur ein Bauchgeschäft, und immer nur davon ausgeht, dass das, was er meint, das Richtige ist, wird scheitern.

D: Sind also Justizirrtümer vermeidbar?

L: In der Regel schon. Es haben sich ja stets mehrere professionelle Stellen mit einem Tatverdacht auseinandergesetzt. Zuerst ermittelt die Polizei, ausgebildete Kräfte, unter der Führung der Staatsanwaltschaft, das sind schon mal zwei Siebe. Dann ein Sieb im Zwischenverfahren, wenn sich das Gericht überlegen muss, lässt es eine Anklage zu oder nicht. Und dann kommt noch einmal ein Sieb in der Hauptverhandlung. Wir haben also vier verschiedene Siebe, die normalerweise dafür sorgen, dass der Justizirrtum eine absolute Ausnahme ist.

D: Aber Irrtümer kommen vor, trotz der vier Siebe.

L: Sie können vorkommen, wenn die Justiz in einem Verfahren zum Beispiel auf Sachverständigengutachten angewiesen ist. Und die Kripo folgt der Richtigkeit des Gutachtens, die Staatsanwaltschaft und das Gericht tun das auch. Das Gutachten ist aber falsch. So kann ein falsches Gutachten zu einem falschen Urteil führen. Da ist sicherlich ein Risiko für die Justiz.

D: Wie schützen Sie sich vor falschen Gutachten?

L: Wir versuchen natürlich, auf dem jeweiligen Gebiet die Besten zu nehmen. Wenn ich einen Professor für Psychiatrie vor mir habe, dann weiß ich, dass er sich über viele Jahre mit diesem Thema sehr intensiv theoretisch und praktisch beschäftigt hat. Und wir wissen natürlich auch, wer gut ist und wer sehr gut ist. Es ist aber nicht immer einfach, die sehr Guten zu bekommen, weil die natürlich auch stark beschäftigt sind.

D: Gibt es zu wenig gute Gutachter?

L: Es gibt von allem, was gut ist und gut sein soll, zu wenig. Zu wenig gute Richter, zu wenig gute Anwälte ...

D: ... zu wenig gute Richter, kann man das so stehen lassen?

L: Das ist jetzt mehr eine philosophische Betrachtung, in der Praxis glaube ich, dass wir in der Justiz ein sehr gutes Niveau haben. Das hängt natürlich damit zusammen, dass die Justiz sich eben seit Jahrzehnten erlauben kann, eine Bestenauslese zu treffen, und man heute in der Regel Prädikatsexamen gemacht haben muss, um in der Justiz überhaupt unterzukommen.

D: Auch der beste Richter kann an einen miesen Gutachter kommen.

L: Die Gutachter melden sich hier, junge Leute beispielsweise, quasi bewerben sie sich. Sie schicken ihre Unterlagen und Zeugnisse über Tätigkeitsfelder, und dann werden sie in einfacheren Verfahren getestet, so gewinnt man einen Eindruck.

D: Und wer entscheidet dann?

L: Wenn wir die Akte mit der Anklage von der Staatsanwaltschaft bekommen, ist der Gutachter meistens schon drin. Die Staatsanwaltschaft wählt in der Regel die Gutachter aus, in der Regel nach Anhörung des Beschuldigten.

D: Wäre es nicht besser, die Auswahl der Gutachter dem Gericht zu überlassen?

L: Das muss oft schon im Ermittlungsverfahren geschehen, bevor wir die Akte überhaupt sehen. Ein Gutachter muss sich ja intensiv vorbereiten, das heißt, er muss die Akten lesen, dann muss er häufig ein Explorationsgespräch mit dem Beschuldigten führen. Dann macht er ein vorläufiges schriftliches Gutachten, das heißt also auch, der Gutachter braucht einen Vorlauf von acht Wochen bis drei Monaten. Das Gutachten ist oft eine Säule der Anklageschrift. Wenn wir den Gutachter erst installieren, nachdem die Sache schon hier ist, dann könnten wir erst nach acht, neun oder zehn Monaten einen Termin machen. Derweil sitzt der Angeklagte aber oft in U-Haft.

D : Muss man nicht befürchten, dass Gutachter, die der Staatsanwalt aussucht, nur das Belastende sehen?

L : Nein, weil Staatsanwälte gehalten sind, die Auswahl des Gutachters im Benehmen mit dem Verteidiger des Angeklagten vorzunehmen. Außerdem sind die Gutachter – wie auch Staatsanwälte – der Objektivität und Neutralität verpflichtet.

D : Gibt es Gutachter, die Sie nie wieder nehmen wollen?

L : Ja, die gibt es. Ich kann mich an drei, vier Fälle erinnern. Ich bringe Ihnen mal ein Beispiel: Da hält ein Gutachter einen Vortrag und kommt zu einem Ergebnis, das mich nicht überzeugt. Ich stelle drei, vier kritische Fragen. Er knickt immer weiter ein. Ich merke das und sage am Schluss, es könnte doch auch das Gegenteil der Fall sein. Und er sagt dann: Ja, wenn Sie das so sehen.

D : Woran erkennen Sie ein gutes Gutachten?

L : Es muss handwerklich sauber sein. Es muss überzeugen. Wenn die tatsächlichen Feststellungen, die es zur Grundlage seiner fachlichen Bewertung gemacht hat, denen entsprechen, die wir auch gemacht haben, und die fachliche Bewertung nachvollziehbar ist, dann sehen wir keine Veranlassung zu zweifeln. Aber ich sage auch, wer solche Erfahrungen gemacht hat wie wir mit den Gutachtern bei den Wormser Kindesmissbrauchsprozessen, wird zwangsläufig sehr kritisch, was Gutachten angeht. Wir nicken nichts ab. Das schließt aber nicht völlig aus, dass wir auch mal einem falschen Gutachten aufsitzen.

D : Aber können Sie denn erkennen, ob ein Professor in seinem Gutachten fachliche Fehler macht?

L : Das trauen wir uns auf dem einen oder anderen Gebiet schon zu, weil es Fachliteratur gibt. Es ist dem Richter nicht verwehrt, solche Fachbücher zu lesen. Das machen wir regelmäßig auch.

D : Besonders schwer überprüfbar sind psychologische Gutachten über die Glaubwürdigkeit von Zeugen. Müssten sich die Richter nicht selbst ein Urteil bilden, welchem Zeugen sie glauben können?

L : Das ist ureigenste Aufgabe des Richters. Und der Richter, der sein Geschäft versteht, wird diese Aufgabe auch selber wahrnehmen. Es gibt aber so ein paar Sonderfälle, in denen auch der professionelle Richter auf diesem Gebiet auf sachverständige Hilfe angewiesen ist. Wenn es sich zum Beispiel um die Beurteilung der Bekundung eines kleinen Kindes oder um die Aussage eines psychisch Kranken handelt, etwa eines, der unter Wahnvorstellungen leidet. Wenn der plötzlich einen Vorgang schildert, bei dem er Opfer einer Straftat geworden sein will, brauchen wir einen Gutachter, der uns sagt, der Zeuge erzählt zwar tolle Geschichten, wenn er so einen wahnhaften Schub hat, gleichwohl hat das, was er hier erzählt hat, offensichtlich einen Realitätsbezug.

D : Gerade bei Sexualdelikten, wo sehr oft die Aussage des Opfers gegen die Unschuldsbeteuerungen des Angeklagten steht, hören die Gerichte Glaubwürdigkeitsgutachter, wenn es darum geht, ob man der Beschuldigung einer erwachsenen Frau glauben kann. Wenn alles von einer Zeugin abhängt, und die ist noch – mögliches – Opfer und zu allem Nebenklägerin: Ist das nicht eine Situation, in der Sie die professionelle Hilfe eines Gutachters brauchen?

L : Ganz klar: nein. Solche Fälle zu beurteilen gehört zu unserem Tagesgeschäft. Wir haben im Jahr zwischen zehn und 20 Vergewaltigungsverfahren. Wir haben nie einen

Glaubwürdigkeitsgutachter eingesetzt, wenn es sich um erwachsene, gesunde Menschen handelt.

D : Gerade Feministinnen meinen, dass sich Richter da regelmäßig überschätzen.

L : Wir haben für die Bewertung einer Zeugenaussage, sagen wir also eines Vergewaltigungsopfers, eine Fülle von Kriterien, die wir abprüfen können. Das sind von der Wissenschaft entwickelte Hilfestellungen, die sich als sehr zuverlässig erwiesen haben.

D : Welche Kriterien verwenden Sie?

L : Es kommt zum Beispiel auf den Detaillierungsgrad einer Aussage an und auf deren Konstanz. Wenn das Opfer Anzeige erstattet, erzählt es seine Geschichte, die dann in einem Vermerk niedergelegt wird. Dann findet wenige Tage später bei der Kripo eine polizeiliche Vernehmung statt. Der Inhalt der Vernehmung muss zu dem passen, was in der Anzeige gesagt wurde. Eventuell findet dann noch eine ermittlungsrichterliche Vernehmung des Tatopfers statt. Auch die sollte konstant, inhaltlich identisch zu dem sein, was vorher gesagt wurde.

D : Wenn jemand immer haargenau dieselbe Geschichte erzählt, ist das nicht auch verdächtig?

L : Wenn Formulierungen von A bis Z wortgleich sind, dann deutet das auf auswendig gelernt hin. Wenn aber die detaillierte Geschichte gleich ist, die Formulierungen hingegen unterschiedlich sind und um Randdetails ergänzt werden, wenn die übrigen Kriterien erfüllt sind, dann spricht das für die Glaubhaftigkeit.

D : Und was sind Indizien für Lügen?

L : Das Aussageverhalten ist sehr wichtig. Vergewaltigungsopfer sind in aller Regel nicht in der Lage, cool, sachlich und ruhig darüber zu berichten, was ihnen passiert ist. Die emotionale Belastung, die bei einer solchen Schilderung immer dabei ist, bricht dann in solchen Situationen in aller Regel so durch, dass die dann anfangen zu weinen, eine Pause brauchen. Es fällt in der Regel auf, wenn etwas emotional nicht stimmig ist. Gerade am Ende von Vergewaltigungsverfahren bin ich mir eigentlich sicher, wie wir zu entscheiden haben.

D: Halten Sie es für möglich, dass Sie manchem Zeugen einfach deshalb glauben, weil Sie ihn sympathisch finden?

L: Da ich die Leute in der Regel nicht kenne, die da als Zeugen aussagen, bin ich zunächst auch nicht voreingenommen, aber ich habe natürlich Eindrücke. Es gibt Leute, die mir sympathisch sind, und andere weniger. Von diesen Eindrücken kann man sich gar nicht frei machen. Davon soll man sich auch nicht frei machen.

D: Das ist aber auch eine Gefahr, dass die Wahrheitsfindung von Umständen beeinflusst wird, die nicht zu den wissenschaftlich anerkannten Glaubwürdigkeitskriterien gehören.

L: Die meisten der Kollegen sind durchaus in der Lage, da zu trennen. Ich kann einem Menschen, der mir nicht gefallen hat, gleichwohl glauben, und einem intelligenten, sachlichen, sympathischen Menschen misstrauen. Betrüger und Hochstapler leben ja in aller Regel davon, dass sie einen guten Eindruck machen, auch bei Gericht. Da sagt man sich: Okay, heute kriegen wir einen, der kann tolle Reden halten und einen glänzenden Eindruck machen, und du darfst dich trotzdem von dem nicht hinters Licht führen lassen, denn das ist möglicherweise Teil seines Taterfolgs gewesen. Auf die Distanz muss man gehen.

D: Kann man die Wahrheit immer aus der Distanz ergründen? Ist nicht oft Nähe zu Menschen, zur Welt außerhalb des Gerichtssaals, ebenso wichtig?

L: Sie als Journalist brauchen Nähe, um an Informationen zu kommen. Der Richter braucht eher Distanz. Derjenige, der geneigt ist, mit Menschen, denen er tagsüber gegenübersitzt, abends ein Bier trinken zu gehen, wäre als Richter ungeeignet. Weil er dann die Distanz aufgibt und die Gefahr besteht, dass persönliche Dinge eine Rolle zu spielen beginnen.

D: Wo lernt man Wahrheitsfindung?

L: Wahrheitsfindung ist ein intellektueller Vorgang, eine Sache der Logik, der Kenntnis der Beurteilungskriterien, der praktischen Erfahrung.

D: Können Sie beschreiben, wie Sie vorgehen, wenn Sie sich Ihre feste Überzeugung bilden?

L: Wir bereiten uns anhand der Akten auf die Verhandlung vor, da gewinnt man schon einen vorläufigen Eindruck. Die Verhandlung ist gerade bei Kapitalverbrechen keine Geschichte von einem Tag, sondern da sitzen wir drei, vier, sechs Wochen, da läuft ein innerer Prozess ab. Man macht ja immer Zwischenbilanzen und sagt ab einem gewissen Punkt: Wir sind überzeugt. Das kann schon am zweiten Tag sein, etwa wenn der Angeklagte sagt: »Ich lege ein Geständnis ab.« Dann muss man nur noch die Details herausarbeiten. Es kann aber auch sein, dass solch eine Entscheidung erst nach acht oder zehn Verhandlungstagen fällt: Spricht man ihn frei oder verurteilt man ihn.

D: Es sind ja immer mehrere Richter einer Kammer beteiligt. Hat jeder seinen eigenen Kopf?

L: Jeder hat seinen Kopf, seine Meinung. Vor einer Entscheidung wird ja alles noch einmal hinter verschlossenen Türen beraten und von der Kammer aufbereitet. Aber wenn die Entscheidung getroffen ist, dann ist sie getroffen. Für eine Verurteilung muss ich eben überzeugt sein. Wenn ich nur zu 80 Prozent sicher bin, wird freigesprochen.

D: Zu wie viel Prozent müssen Sie sicher sein?

L: Das ist nicht in Prozentzahlen zu messen.

D: Wie dann?

L: Wir haben zum Beispiel mal einen zu lebenslanger Freiheitsstrafe verurteilt, einen Engländer aus Wales, von dem war in seiner Heimat ein Fingerabdruck genommen worden, der identisch war mit dem Abdruck bei einem Frauenmord in Worms. Der Mann bestreitet bis heute, dass er der Täter war.

D: Und ein Fingerabdruck liefert das hinreichende Maß an Sicherheit?

L: Wir haben uns natürlich nicht nur auf den Fingerabdruck gestützt. Die Polizei hat glänzend recherchiert, welche Verbindungen es geben könnte zwischen dem Mann in Wales und dem Tatort in Worms. Dann hat sich herausgestellt, dass er fünf Jahre in Deutschland als Monteur gearbeitet hat, mit der Hausgehilfin des Mordopfers ein halbes Jahr liiert war, in dem Haus des Mordopfers Reparaturen vorgenommen hat. Da hat sich der Kreis geschlossen.

D: Was, wenn Sie nur die Fingerabdrücke und sonst nichts weiter gehabt hätten?

L: Wenn wir die Verbindung nach Deutschland nicht hätten herstellen können, wenn der uns nachgewiesen hätte: Ich habe England nie verlassen, dann hätten wir den nicht verurteilt. Allein über den Fingerabdruck hätten wir nichts gemacht. Das wäre zu dünn gewesen.

D: Aber die Verbindungen zum Tatort, die von der Polizei ermittelt wurden, beweisen ja auch noch keinen Mord.

L: Anders wär's gewesen, wenn der Angeklagte uns gesagt hätte: Ich kam da hin, hab geklingelt, es hat keiner aufgemacht, die Tür stand offen, und zwar vom Garten, da bin ich rein, die Wohnzimmertür stand offen. Da habe ich an den Türrahmen gefasst, dann habe ich Blut gesehen, und da lag die tote Frau. An dieser Einlassung wären wir möglicherweise nicht vorbeigekommen. Aber das hat er nicht gesagt.

D: Wenn es um die Wahrheitsfindung geht, sind Sie am Landgericht die erste und die letzte Instanz. Wäre Ihnen manchmal wohler, wenn es – wie bei Amtsgerichtsurteilen – eine Berufung gegen Ihre Urteile gäbe, sodass andere Richter die Tatsachenfragen noch einmal prüfen können?

L : Beim Amtsgericht gibt es in einer Strafsache nur einen Berufsrichter, der mehrere Hundert Verfahren im Jahr erledigt. Beim Landgericht sind wir drei Berufsrichter, drei sehen in der Regel mehr als einer. Als einzige Tatsacheninstanz tragen wir die komplette Verantwortung, die kann man nicht an eine weitere Instanz weitergeben.

D : Fühlen Sie sich manchmal von der Öffentlichkeit unter Druck gesetzt, ein bestimmtes Urteil zu fällen oder nicht zu fällen?

L : Ich habe ja einer der Kammern vorgesessen, die sich mit den Wormser Missbrauchsprozessen befassen mussten. Da gab es schon einen erheblichen Widerhall in den Medien. Und es gab ja auch zwei Lager, das eine, das gesagt hat: Das ist der größte Massenmissbrauch in der deutschen Rechtsgeschichte. Und das andere, das überzeugt war: Das kann so nicht gewesen sein.

D : Hat Sie das irritiert?

L : Wenn ich anfange, jeden Tag die Zeitung zu lesen, und mich davon leiten lasse, dann werd ich verrückt. Man muss sich von öffentlichen Meinungen frei machen. Man muss die Entscheidung so treffen, dass man am nächsten Morgen in den Spiegel gucken kann.

D : Keine Angst davor, was dann am nächsten Tag über Sie in der *Bild*-Zeitung steht, wenn Sie jemanden freisprechen?

L : Das Problem besteht darin, so etwas der Öffentlichkeit rechtzeitig zu vermitteln. Die schwierigste Phase in diesem zweijährigen Missbrauchsprozess war die, als wir uns eingestehen mussten, dass wir in der falschen Richtung unterwegs waren. Und nachdem wir uns das eingestanden hatten, war die nächste Schwierigkeit, wie bringe ich das jetzt den anderen bei – auch der Öffentlichkeit? In einem laufenden Prozess sich zu weit aus dem Fenster zu lehnen ist ja auch gefährlich, das führt leicht zu Befangenheitsanträgen.

D: Man sagt ja, ein Gericht spricht nur durch sein Urteil.

L: Ich bin dazu übergegangen, gerade in spektakulären Prozessen, wenn wir glauben, den öffentlichen Erwartungshaltungen nicht gerecht werden zu können, die Öffentlichkeit auch durch Zwischenbilanzen vorzubereiten. Dabei spreche ich dann immer im Konjunktiv. Dann gibt es keine Überraschungen.

D: Darf ein Richter vor dem Urteil verraten, was in seinem Kopf vorgeht?

L: In Andeutungen ja. Man kann zum Beispiel mitteilen, welche Fragen neu in den Fokus gerückt sind. Das funktioniert in aller Regel gut und wird auch von den Medien verstanden. Die Öffentlichkeit ist eine wichtige Kontrollinstanz. Und wir können unsere Entscheidungen nur dann der Öffentlichkeit verständlich machen, wenn wir sie teilhaben lassen an unseren Überlegungen.

SIEBTES KAPITEL

Beweise

Der Gefangene von Straubing

Ein Mord passt nicht zu Benedikt Toth. Er sieht aus wie der Rechtsreferendar, der er fast geworden wäre. Gepflegte schwarze Tolle, modische Brille, sanfte Augen, sensibler Mund. Sorgfältige Ausdrucksweise. Eigentlich ganz sympathisch. Bringt so einer seine Tante um? Unvorstellbar.

Unvorstellbar, dass so jemand aus Habgier einen stumpfen, schweren Gegenstand packt, seiner Erbtante hinter der Wohnungstür auflauert und 24 Mal auf sie einschlägt, bis sie tot ist. »Unvorstellbar«, antwortet seine Verlobte, als die Polizei sie fragt, ob sie es für möglich halte, dass der Mann, den sie heiraten will, einen Menschen ermordet hat. »Er war's nicht«, schwören alle seine Freunde, alles gepflegte junge Leute, echte Rechtsreferendare darunter, sogar Anwälte. Doch die Richter kommen zu einem anderen Ergebnis.

Das Landgericht München verurteilte den jungen Mann 2008 wegen des Mordes an seiner schwerreichen Tante Charlotte Böhringer, 59, zu lebenslanger Freiheitsstrafe und stellte die »besondere Schwere der Schuld« fest. Das bedeutet, eine vorzeitige Entlassung ist ausgeschlossen. Benedikt Toth, damals 33, wurde für mindestens 20 Jahre hinter Gitter geschickt. Unvorstellbar. »Ich war's nicht«, brüllte Toth immer wieder. »Das ist falsch, jeder Satz ist falsch«, schrie er den Richtern ins Gesicht, als der Vorsit-

zende das Urteil begründete: »Ich habe diese Wahnsinnstat nicht begangen.« Tumulte im Gerichtssaal, das Publikum empörte sich über den Schuldspruch, Justizwachtmeister mussten den Staatsanwalt vor tätlichen Angriffen
schützen. »Ein offenkundiges Fehlurteil«, tobte der Verteidiger.

Selten hat ein Mordurteil so viel Unfrieden ausgelöst
wie der Schuldspruch gegen Benedikt Toth. Der prominente bayerische Jurist Ermin Brießmann, 36 Jahre im
Dienst der Justiz, ehemals Vorsitzender eines Strafsenats
beim Bayerischen Obersten Landesgericht, sah sich berufen, dem netten Typen, den seine Kollegen da im Griff
hatten, lautstark beizuspringen: »Ein Phantasieprodukt«
sei das Urteil, wütete der Pensionär. Die Richter vom
Bundesgerichtshof, die alsbald den Schuldspruch gegen
Benedikt Toth bestätigten, zeigte der erfahrene Jurist
wegen »Rechtsbeugung und Freiheitsberaubung« an. Das
blieb natürlich folgenlos. Denn unvorstellbar ist es ebenso, dass Strafrichter wegen eines Strafurteils bestraft werden. So sitzt Benedikt Toth, wenn dieses Buch seine Leser
erreicht, im Hochsicherheitstrakt der Strafanstalt Straubing, während sein Anwalt Peter Witting noch immer um
eine Wiederaufnahme des Verfahrens kämpft. Am Anfang
galt er hinter Gittern als »äußerst angenehmer Gefange-
ner«. Doch nun merkt man ihm die Verzweiflung an. Die
schwarzen Haare hat er sich inzwischen abschneiden lassen, er trägt einen Glatzkopf – als Zeichen des Protests.
Wochenlang war er in Hungerstreik, aus verzweifelter
Wut. »Ich war's nicht«, beharrt er. Tagsüber die Arbeit in
der Gefängnisdruckerei, abends philosophische Klassiker
in der Zelle. »Ich war's nicht«, beharrt er.

Jahre vergehen. Die Justiz lässt Menschen verschwinden.
»Es gibt eine Phase, da glaubt man, er ist gar nicht mehr
da«, sagt seine Verlobte Frauke S., mit der Benedikt zusammen in der Münchner Georgenstraße gewohnt hatte.
»Als wenn jemand gestorben wär.« Der letzte Brief von

Benedikt kam 2007 – er schreibt nicht mehr, aus Protest, weil ja doch alle Briefe zensiert werden. Im Jahr 2010 drehte die Regisseurin Daniela Agostini einen Dokumentarfilm über den Gefangenen von Straubing. Verlobte Frauke und alle Freunde von Benedikt kommen darin vor, sie alle sind sich einig über die Wahrheit: Es ist unvorstellbar, dass der junge Mann das getan hat, wofür er in Straubing sitzt. »Unglaublich« findet es die Regisseurin, »wie ein so großer Kreis so fest an die Unschuld eines Menschen glauben kann.«

Glaube oder Wahrheit? Unvorstellbar, dass der nette Benedikt einen Mord begangen hat. Der Hallodri, der immer ein guter Schüler war, später ein verschlampter Jura-Student, den sie nach dem zwölften Semester von der Uni geworfen haben, weil er sich immer noch nicht zum ersten Examen angemeldet hatte. Der Lieblingsneffe, der seiner reichen Tante immer vorgespiegelt hatte, er sei kurz davor, ein seriöser Rechtsanwalt zu werden, der aber doch eigentlich mehr wie ein Künstlertyp lebte. Hatte er sich nicht sogar heimlich bei der berühmten Münchner Falckenberg-Schauspielschule beworben? Ja, hat aber leider nicht geklappt. Das war doch typisch für Bence, wie seine Freunde ihn nannten: Da organisiert er ein riesiges Weißwurst-Essen zur Feier seines juristischen Staatsexamens, dabei ist er schon lange nicht mehr an der Uni. Der Bence, vielleicht war er ein Felix Krull. Aber ein Mörder?

Ja, eben, sagen jene, die von seiner Schuld überzeugt sind. Wen wundert es, dass jemand, der sein Scheitern nicht einsehen will, schließlich zu mörderischer Gewalt greift, um sich der Konseqenzen seiner Lügengeschichten zu entziehen? Wenn die Lieblingstante des Lieblingsneffen hinter all diese Lügengeschichten gekommen wäre, hätte sie ihren Reichtum einem anderen gegeben. »Extrem übersteigerte Geldgier«, so befanden die Richter über Benedikt, habe ihn so zu der brutalen Konsequenz getrieben, seine nichts ahnende Tante in ihrer Wohnung zu erschlagen, als sie gerade auf dem Weg zu ihrem Stammtisch das Haus verlassen wollte. »Heimtücke« und »Habgier« sind die Merkmale, die aus einem Tötungsdelikt das lebenslang zu ahndende Kapitalverbrechen des Mordes machen.

Und nun? Welche Wahrheit kann man glauben? Die Frage stellt sich nicht, solange alle das Spiel von Schuld und Sühne mitmachen, dessen wichtigste Regel lautet: Was wahr ist, bestimmt das Gericht. Wenn aber einer wie Benedikt Toth trotz des Schuldspruchs über ihn nicht weinend zusammenbricht, sondern aufsteht und ruft: »Falsch, alles falsch!«, kommt die Justiz in eine schwierige Situation. Natürlich können sich die Richter darauf zurückziehen, dass jemand, der ihr Urteil nicht glaubt, das Rechtsmittel der Revision hat. Doch das ist nicht sehr überzeugend, da geht es nur noch um Rechtsfehler. Oder die Richter können – wie beim Urteil gegen Benedikt – den Justizwachtmeister alarmieren, damit er den renitenten Delinquenten gewaltsam aus dem Saal entferne. Doch die Frage nach der Wahrheit wird sich so nicht beantworten lassen. Wer wie Benedikt Toth die Wahrheitsfindung der Justiz herausfordert, bringt sie in Verlegenheit. Denn die wenigsten Urteile, die von Strafgerichten gesprochen werden, sind erweislich wahr. Was Richter als Ergebnis ihrer Beweisaufnahme verkünden, ist in den seltensten Fällen das Ergebnis einer zwingenden Beweisführung. Wenn Wahrheit überhaupt nachweisbar ist, dann geschieht dies in einem deutschen Strafprozess jedenfalls nicht. Und bei genauem Hinsehen behaupten die Richter das auch gar nicht. »Zur Überzeugung des Gerichtes steht fest« – so ist die gängige Formel in den Urteilsbegründungen. Das Gericht findet nicht *die* Wahrheit, sondern seine Überzeugung davon, wie es gewesen ist. Auch im Fall der ermordeten Witwe Böhringer aus München gibt es keinen einzigen Beweis, dass Benedikt Toth der Täter ist. Im Urteil heißt es: »Jedes in der Beweisaufnahme gewonnene Indiz reicht für sich alleine gesehen noch nicht aus, den vollen Beweis dafür zu erbringen, dass der Angeklagte das Opfer Charlotte Böhringer in ihrer Wohnung getötet hat.« Die Kammer sei sich bei ihrem Urteil »bewusst, dass es sich nicht um einen zwingenden Schluss handelt«, dennoch habe sie »keinen Zweifel«, dass der Angeklagte der Mörder sei.

Benedikt Toth unschuldig? Unvorstellbar.

Schau'n mer mal

Erst wenn einer wie Benedikt Toth ruft: »Falsch, alles falsch!«, fühlt sich die Umgebung berufen, genauer hinzusehen. Was suchen die Richter eigentlich, wenn sie behaupten, nach der Wahrheit zu suchen? Und was finden sie? Die Wahrheitsfindung vor Gericht regelt Paragraf 261 der Strafprozessordnung. »Über das Ergebnis der Beweisaufnahme entscheidet das Gericht nach seiner freien, aus dem Inbegriff der Hauptverhandlung geschöpften Überzeugung«, heißt es da. Wer sich blumig ausdrückt, hat meist zu verbergen, dass er nicht genau weiß, worüber er spricht, das gilt auch für den Gesetzgeber. Da schöpfen Männer und Frauen in schwarzen Kitteln im Gerichtsaal etwas. Was schöpfen sie? Überzeugung. Woraus schöpfen sie? Aus dem Inbegriff. Das Wunder der Umwandlung von Glauben in Wahrheit, auch der Gesetzgeber weiß nicht so genau, wie er es beschreiben soll. Es gibt keine Regeln dafür, es ist halt ein Wunder.

Beunruhigt darüber, was im Kopf eines Richters geschieht, wenn er die Wahrheit findet, sind die Juristen selber. »Der gesicherte Befund der intuitiven richterlichen Beweiswürdigung ist besorgniserregend«, sagt Ralf Eschelbach, Richter am Bundesgerichtshof, der in der Revision täglich mit den Überzeugungsschöpfungsergebnissen seiner Kollegen an den Landgerichten zu tun hat. Eschelbach traut dem gern feierlich als »freie richterliche Beweiswürdigung« bezeichneten Prozess überhaupt nicht. Den Kollegen fehle »vielfach Empathie und Erfahrung mit der Beobachterperspektive der anderen Seite«, viele seien behindert durch die »Überzeugung von der generellen Richtigkeit eigener Urteile«, die nichts anderes sei als »eine fatale Selbsttäuschung«.

Unten im Gerichtssaal, auf der Verteidigerbank, klingt es noch radikaler. Gerhard Strate, Strafverteidiger und Wiederaufnahmeexperte in Hamburg, nicht zuletzt wegen seiner spitzen Formulierungen überall im Land respektiert, sieht im »Prinzip der freien Beweiswürdigung genügend Spielraum für den Einfluss intellektueller Beschränktheit, persönlicher Ambitionen, verhohlener Vorurteile«. Von wegen Wahrheitsfindung: »Hätten die Beteiligten eine normale Psyche«, so Strate, »müssten sie an der Diskrepanz von Anspruch und Wirklichkeit eigentlich irre werden.«

Paragraf 261 der Strafprozessordnung umschreibt die wichtigste, aber auch die schwächste Stelle des deutschen Strafprozesses: Wie findet man die Wahrheit? Wie entscheidet man zwischen schuldig und nicht schuldig? Die Antwort des Gesetzes ist ein Skandal: Schau'n mer mal.

»Wenn die Burschen lügen, halten sie die Luft an.« Diese Vorstellung ist, nach Auskunft eines Eschelbach-Kollegen beim Bundesgerichtshof, eine der Grundregeln, nach der sich Richter in der Frage entscheiden, ob sie einem Zeugen glauben können. Die Wahrheitsfindung in deutschen Gerichtssälen ist dann nicht so weit von den Aberglaubensritualen der Hexenprozesse entfernt. Dabei hat der Bundesgerichtshof mit geradezu lyrischen Formulierungen versucht, Licht ins Dunkel der richterlichen Beweiswürdigung zu bringen: »Der Richter darf und muss sich aber in tatsächlich zweifelhaften Fällen mit einem für das praktische Leben brauchbaren Grad von Gewissheit begnügen, der den Zweifeln Schweigen gebietet, ohne sie völlig auszuschließen.«

Wenn offenbar etwas nicht in Ordnung ist mit den Feststellungen eines Richters, der Angeklagte muss es schlucken. Er kann brüllen wie Benedikt Toth, er kann die besten und teuersten Anwälte des Landes beauftragen, es hilft ihm nichts. So kann es passieren, dass ein Angeklagter zum wehrlosen Opfer eines Richters wird. Die Juristen haben einen eleganten Fachausdruck, das Problem hinwegzureden: Vor Gericht, so beschwichtigen sie, gehe es ja gar nicht um die Wahrheit, die richtige Wahrheit, sondern um die »prozessuale Wahrheit«.

Darunter muss man sich eine Wahrheit durch Verfahren vorstellen:

Wenn alle Regeln des Prozessrechts eingehalten und der Angeklagte ein faires Verfahren bekommen hat, wenn das Gericht vorschriftsmäßig besetzt war und kein Anhaltspunkt dafür besteht, dass ein Richter etwa aus unsachlichen Gründen gegen den Angeklagten entscheidet, dann gilt das Ergebnis als wahr. Punkt.

Doch das große Übel, das der Staat einem Menschen zufügt, den er zu einer Strafe verurteilt, lässt sich nicht damit rechtfertigen, dass der Betroffene »ja einen fairen Prozess« hatte. Denn wozu auch immer Strafe gut ist, sie kann ihre Funktion nicht erfüllen, wenn sie einen Unschuldigen trifft, ja nicht einmal, wenn sie Zweifel an der Schuld eines Angeklagten zurücklässt. Vielmehr riskiert eine Rechtsordnung, die sich mit der prozessualen Wahrheit behilft, dass ihre Urteile bei den Rechtsunterworfenen den Glauben an Gerechtigkeit untergraben.

Zum Beispiel Benedikt Toth. Das ungute Gefühl, dass der Prozess gegen den Gefangenen von Straubing vielleicht der prozessualen Wahrheit, aber nicht der wirklichen Wahrheit nahe kam, bereitet nicht nur den Freunden des jungen Mannes und seiner Verlobten schlaflose Nächte. Das ungute Gefühl befällt jeden, der sich mit dem Fall näher beschäftigt: Und wenn er es nun doch nicht war?

Das Loch

Und wenn er es nun doch nicht war? Wenn wir – wie das Revisionsgericht – die Beweise analysieren, die das Gericht im Urteil beschreibt, und dazu die Schlussfolgerungen des Gerichts, werden wir am Rand eines erschreckend großen, schwarzen Loches landen: Da drin steckt die richterliche Überzeugung.

Wie ein Puzzlespiel lagen die kleinen Teile der Wahrheit nach 93 Verhandlungstagen mit mehr als 60 Zeugen vor dem Gericht. Das ist der »Inbegriff der Hauptverhandlung«, von den Richtern zusammengesetzt zu einem schrecklichen Bild, die Auflösung des Mordfalls in der Münchner Baaderstraße im Glockenbachviertel.

Dort steht das Parkhaus mit Tankstelle, das der Millionärserbin Charlotte Böhringer gehörte. Oben auf das Parkhaus hatte sie sich eine Penthouse-Wohnung gebaut, unten zwischen Zapfsäulen, alten Autoreifen und den Abgasen im Bauch des Park-Imperiums jobbte für gut 1000 Euro im Monat der Neffe Benedikt, der sollte eines Tages hier der Chef werden. Doch Benedikt spurte nicht so, wie die herrische Tante oben im Penthouse sich das vorstellte. Schon seine Freundin, die Sonderschullehrerin Frauke, passte nicht ins Bild. Dass die beiden sich zusammen eine Wohnung suchten, wollte die Tante zunächst verhindern. Sie war überall in der Münchner Geldgesellschaft vernetzt, natürlich auch mit den einschlägigen Wohnungsmaklern. Benedikt schaffte es dennoch, mit Frauke eine Wohnung zu finden. Auch seine berufliche Entwicklung lief nicht nach dem Plan von Frau Böhringer. Sie wollte, dass er beide Staatsexamen in Jura macht, dann Rechtsanwalt wird und als Herr Rechtsanwalt die Firma leitet. Er fand keine Freude am Recht, gab schließlich sein Studium auf und bemühte sich lieber um den Schauspielerberuf. Lange erzählte er seiner Gönnerin erfundene Geschichten über das erfolgreich abgeschlossene erste Examen und über das unmittelbar bevorstehende zweite. Ja, er perfektionierte sein Doppelleben, fast all seine Freunde, selbst seine Verlobte ließ er im Glauben, der strebsame Rechtsreferendar mit Aussicht auf eine gute Position in einer guten Münchner Rechtsanwaltskanzlei zu sein. Schon da passen die Puzzlesteine nicht mehr so recht: Warum musste er all seine Vertrauten belügen, nur um die Tante nicht zu erzürnen? Irgendetwas, was wir nicht wissen, stimmte nicht mit dem jungen Toth.

Kein Wunder, dass die Polizei schnell auf ihn kam, als am 16. Mai 2006 Charlotte Böhringer tot im Flur ihrer Penthouse-Wohnung gefunden wurde. Die Frau war mit einem stumpfen Gegenstand erschlagen worden, als sie am Vorabend aus ihrer Wohnungstür trat, um zum Stammtisch im »Paulaner im Tal« zu gehen, wie sie das montags immer tat. So viel gaben die Spuren unzweideutig her. Doch für den weiteren Verlauf der Geschichte fanden sich nur noch einige Puzzleteilchen, die kein klares Bild ergaben. Die Handtasche der Tante lag auf dem Boden neben der Toten – geleert. An der Leiche und in der Umgebung fanden sich Abdrücke eines blutigen Handschuhs. Das Büro in der Wohnung wies Spuren einer Durchsuchung auf, auf dem Boden lagen eine Klarsichthülle und eine Geldbörse mit Fingerabdrücken und DNA-Spuren des Neffen. Benedikts Spuren fanden sich auch auf einem Umschlag, der auf dem Schreibtisch lag, und auf dem Testament der Tante in dem Umschlag. Seine DNA wurde auch auf dem Sakko der Toten festgestellt.

Klarer Fall? Vorsicht. Es handelte sich um den Lieblingsneffen der Toten. Oft war er bei der Tante zu Besuch, es wurde über Erbschaften und Testamente gesprochen und über die Zukunft der Firma. Man war sich so nahe, dass jederzeit und überall DNA-Spuren und Fingerabdrücke entstanden sein können. Aber auch am Sakko? Benedikt wies zur Erklärung darauf hin, dass er sich beim Auffinden der Leiche verzweifelt über die tote Tante gestürzt habe. Wie leicht kann da eine Haarschuppe oder Ähnliches auf ihr Sakko gefallen sein.

Wie viel Verwirrung so ein bisschen DNA stiften kann, zeigte sich, als die Experten der Spurensicherung in der Böhringer-Küche die Spülmaschine untersuchten. Sie fanden, ganz hinten, ein benutztes Glas und ließen es routinemäßig untersuchen. Da war auch eine DNA-Spur, die gehörte aber nicht zu der Toten, auch nicht zu Benedikt, zu keiner Person, von der man wusste. Es war die Spur eines Unbekannten.

Mithilfe von DNA-Dateien der Polizei wurden die Ermittler aber alsbald fündig. Die Spur an dem Wasserglas führte zu einem ganz anderen Verbrechen: Sie glich genau der Spur, die Ermittler vor Jahren an der Schraube einer Holzkiste im bayerischen Eching am Ammersee gefunden hatten. Mit der Holzkiste hatten im September 1981 die Entführer der kleinen Ursula Herrmann ein Versteck im Wald gebaut. Das Mädchen war in der Kiste erstickt, die Verbrecher waren mit zwei Millionen D-Mark Lösegeld unerkannt entkommen. Erst Jahre nach dem Parkhaus-Mord wurde wegen der Entführung ein Mann vor Gericht gestellt und verurteilt, der die Tat immer wieder bestritt. Aber das ist eine andere Geschichte.

Steckten Ursulas Entführer hinter dem Mord an Charlotte Böhringer? Gab es eine Geschichte hinter der Geschichte? Die Sache wurde niemals geklärt. »Eine unmittelbare zeitliche Nähe der Spurensetzung auf dem Glas zum Tatgeschehen kann nicht hergestellt werden«, befand schließlich das Gericht, zu Deutsch: Wer auch immer aus dem Glas getrunken hat, es geschah deutlich vor dem Mord. Also ist es egal.

Das kann man akzeptieren. Aber jetzt sind wir neugierig, jetzt wollen wir es genau wissen. Woraus schließt das Gericht denn auf den Zeitpunkt, zu dem aus dem Glas getrunken wurde? Das Gericht: »Das Glas Nummer 6 mit der nicht zuordenbaren DNA-Spur befindet sich auf der hintersten Position der linken Geschirrreihe« in der Spülmaschine: »Dies spricht für eine Nutzung zeitlich vor den Besuchen«, die das Opfer am Tattag empfing, und deren benutzte Gläser weiter vorn im Spüler standen. Fehlt natürlich noch eine Zusatzannahme: dass die Gläser von hinten nach vorn in zeitlicher Folge eingeräumt wurden. Brav liefert das Gericht das fehlende Puzzleteil für die Revisionsrichter: »Die Lage der Gläser, deren Nutzungszeitpunkt bestimmt werden kann und die sich alle an vorderen Positionen in den Geschirrreihen der Maschine befanden, lässt den Schluss zu, dass das Opfer die Maschine von hinten nach vorn mit Gläsern bestückte.«

Da fehlt natürlich wieder eine Prämisse: Das Opfer persönlich hat Glas Nummer 6 in die Spülmaschine geräumt und nicht ein großer Unbekannter, der mit seinem abweichenden Ordnungssinn die Ermittler verwirrte. Aber lassen wir das, der Regress zu immer weiteren Prämissen, die wiederum mit neuen Indizien gestützt werden müssen, die wiederum neue Annahmen erfordern, ist im Prinzip unendlich. Auch das Gericht bricht seine Beweiskette irgendwann ab, indem es feststellt, die Annahme, ein Unbekannter könnte in die Tat verwickelt sein, sei nicht widerlegt, aber »fernliegend«.

Ist damit allen vernünftigen Zweifeln Schweigen geboten?

Die Ermittler hatten ja noch mehr. Sie fanden beim festgenommenen Neffen viel Geld. Dabei waren drei 500-Euro-Scheine, zusammengefaltet in einem engen Fach im Geldbeutel Benedikts, einen vierten Schein hatte er, wie sich herausstellte, kurz zuvor irgendwo gewechselt. Woher er die Scheine hatte? Das Problem ist, dass er keine so richtig überzeugende Erklärung über die Herkunft des Geldes liefern konnte. Ein Teil sei Wettgewinn, behauptete er. Doch ein Wettbüro, das die Auszahlung des Betrags bestätigen konnte, fanden die Ermittler nicht. Eine Widerlegung ist das nicht. »Fernliegend«, so das Gericht, ist die Erklärung gleichwohl. Ein Teil sei ein Geschenk der Tante. »Fernliegend«, fanden die Richter.

Das Problem war nur: Für den ganz dringenden Verdacht, dass der Verdächtige die Geldscheine bei der zuvor getöteten Tante hatte mitgehen lassen, hatten die Ermittler auch keinen Beweis finden können. Wieder spielte das Gericht mit seinen Vermutungen Puzzle.

Jawohl, es war zu belegen, dass Charlotte Böhringer gern Geld in großen Scheinen bei sich trug. Bei der Toten hatte man hingegen nur 58 Euro und 38 Cent gefunden. Um herauszufinden, ob vor dem Aufbruch zum Stammtisch hohe Geldsummen beim Opfer vorhanden gewesen sein könnten, stellten die Richter Berechnungen an. Am 11. Mai hatte sie 3000 Euro abgehoben, dazu kamen 250 Euro aus der Parkhauskasse, macht 3250 Euro. Folgende Ausgaben konnten nach Belegen und Zeugenaussagen bewiesen werden: Modehaus Zara 253,60; Geschenk an die Tochter einer Freundin: 200 Euro; 250 Euro Geschenk für den Gastgeber einer Familienfeier. Da bleibt ein Rest von rund 2500 Euro. Das Gericht: »Somit ist davon auszugehen, dass das Opfer bei seinem Tod noch über Bargeld von höchstens ca. 2500 Euro verfügte.«

Ein kühner Schluss. Frau Böhringer war eine Millionärin, die ihr Geld mit offenen Händen ausgab. Die Überprüfung ihrer Kontoauszüge ergab, dass sie zeitweise in Intervallen von wenigen Tagen Bargeldbeträge von mehreren Tausend Euro von der Bank holte. Eine Ausgabe von 253,60 Euro im Billig-Modehaus Zara ist dabei eigentlich Kleingeld. Aus der Tatsache, dass sich im Haus der Toten keine weiteren Belege für Geldausgaben fanden, lässt sich bei dem Bargeldverbrauch der Witwe wenig ableiten. Der Umstand, dass üblicherweise Geld in großen Tranchen ohne Beleg verschwand, wirft ganz neue Fragen auf: Gibt es vielleicht doch eine Geschichte hinter der Geschichte?

Zahlte Frau Böhringer möglicherweise große Summen bar an einen Unbekannten, der keine Quittungen gab? Wurde sie erpresst?

Dass irgendjemand sie in den Stunden vor ihrem Tod um Bargeld erleichtert haben könnte, ist nach dem »Inbegriff der Hauptverhandlung« nicht fernliegend. Ihrem letzten bekannten Besucher – das war der, dessen Glas in der Spülmaschine weiter vorn stand als Glas Nummer 6 – hatte die reiche Witwe erklärt, sie erwarte jetzt noch den Besuch ihres Anwalts, deshalb sei sie zeitlich etwas knapp. Eine gerade geöffnete Weinflasche wurde darum nur knapp angetrunken und verkorkt in den Kühlschrank gestellt. Der Anwalt aber hat als Zeuge erklärt, er habe niemals vorgehabt, seine Mandantin an jenem Tag zu besuchen. Doch irgendjemand war tatsächlich da. Die Weinflasche nämlich war, als die Spurensicherung die Wohnung filzte, fast leer. Die Gastgeberin aber konnte den Wein nicht getrunken haben – es fanden sich keine erheblichen Spuren von Alkohol im Blut der Toten.

Ein großes Loch in der Geschichte, passende Puzzlesteine finden sich nicht. Vielleicht befinden wir uns in der falschen Geschichte? Das Gericht wischte alle Zweifel weg. Die Fehlmenge in der Weinflasche hätte – so das Gericht – »keine indizielle Bedeutung«, schließlich handele es sich ja bei den Inhaltsangaben »nur um Schätzungen« einer Zeugin, oder, andere Wahrheit, »es besteht ebenso die Möglichkeit, dass sich das Opfer ... noch ein weiteres Glas einschenkte, dieses dann aber nicht mehr trank, weil es zum Stammtisch aufbrechen wollte«. Und wo ist es dann hingekommen? Das Gericht puzzelt weiter: »Beim Aufräumen der Wohnung vor ihrem eigenen Aufbruch hätte sie dann den Wein wegschütten können.«

Jeder Zeuge, der so eine Geschichte zusammenspinnt, hätte ein Verfahren wegen Falschaussage am Hals: Wie soll denn auf diese Weise mehr als ein halber Liter Wein verschwinden? In ein normales Weinglas gehen bei normaler Füllung 0,2 Liter hinein. Alles andere, würden solche Richter sagen, ist »fernliegend«.

Nicht minder fernliegend ist es nach all dem anzunehmen, dass nur Benedikt Toth es gewesen sein kann, der, nachdem er seine Tante erschlagen hatte, ihre Bargeldbestände von »höchstens 2500 Euro« (Gericht) auf die 58,38 Euro reduzierte, die man am Tatort noch fand. Die Geldscheine, die der Neffe bei sich hatte, geben ein paar Rätsel auf – doch beweisen tun sie nichts.

Ein weiteres Indiz für die Täterschaft des Neffen sahen die Ermittler darin, dass bei der Durchsuchung seiner Schwabinger Wohnung unter alten Zeitungen eine *Süddeutsche*, eine *Abendzeitung* und eine *Bild* vom Tag nach der Tat gefunden wurden. Genau dieses Set Tagespresse hatte die Tante sich von den Mitarbeitern der Tankstelle jeden Morgen in einer Plastiktüte an die Wohnungstür ihres Penthouses hängen lassen. Und da hing es auch am Morgen nach der Tat, bevor die Tote in ihrer Wohnung gefunden wurde. Später aber, so berichten Zeugen, sei die Zeitungstüte weg gewesen. Frau Böhringer kann sie nicht genommen haben, sie war schon mehrere Stunden tot.

Der böse Neffe habe die Tüte heimlich von der Tür gepflückt. Er als Einziger habe ja gewusst, dass die Tante diese Zeitungen nie mehr lesen würde. Dies war die Hypothese der Ermittler, die der Beschuldigte heftig bestritt. Dafür, dass die These stimmt, spricht der bemerkenswerte Umstand, dass die bei Benedikt gefundene *Süddeutsche* eine Regionalausgabe war, die nicht in Schwabing, wohl aber im Glockenbachviertel vertrieben wird, wo das Parkhaus steht. Er habe, erklärte der Neffe, die Zeitungen morgens aus dem Kiosk der Tankstelle geholt. Ein Vorgang, der sich zumindest bei Prüfung der Abrechnungsunterlagen der Tankstelle nicht verifizieren ließ.

Auch das ist wieder so ein Indiz von zweifelhaftem Wert. Einmal angenommen, es wäre wirklich erwiesen, dass der Neffe die Zeitung von der Tür der Tante gestohlen hatte: Muss er die Tante deshalb auch umgebracht haben? Die Ermittler argumentierten, dass er die Zeitung gerade deshalb weggenommen habe, um die Aufmerksamkeit zu vermeiden, die entstanden wäre, wenn die heilige Tüte der Chefin mittags immer noch an deren Tür gehangen hätte. Dann hätte man ja bemerken können, dass mit der Chefin etwas nicht in Ordnung ist.

Aber warum hätte Toth das fürchten sollen? Früher oder später wäre die Tote sowieso entdeckt worden, und sie wurde ja auch alsbald entdeckt. Riskiert man als Täter, dafür an den Tatort zurückzukehren und sich als Zeitungsdieb verdächtig zu machen? Und wenn man das schon tut: Warum wirft man dann die Zeitungen nicht in die nächste Mülltonne, sondern schleppt sie nach Hause, wo sicher früher oder später die Polizei auftauchen würde? Das Zeitungsdetail ist mehrdeutig, und das Gericht, das auf diesen Puzzlestein keinesfalls verzichten wollte, ließ die Deutung denn auch offen: »Aus welchen Gründen auch immer« habe der Angeklagte die Zeitungen von der Tür der toten Tante geholt. Auch so kann man Zweifel zum Schweigen bringen.

Der Ring

»Wie ein Ring«, so schrieben die Richter in ihrer Urteilsbegründung, schlössen sich die Indizien um den Angeklagten. Der »Beweisring« ist tatsächlich eine unter Strafprozessualisten anerkannte Figur der Wahrheitsfindung. Der Ring erlaubt, eine Anzahl von Indizien zusammen zu betrachten und daraus die richterliche Überzeugung zu gewinnen, ohne dass die einzelnen Indizien für sich betrachtet zur Beweisführung ausreichen. Der Ring, der Benedikt Toth umschloss, hat laut Urteil 14 Glieder. Die wichtigsten Glieder kennen wir jetzt: das Bargeld; die Zeitungen; die Spuren im Büro; die Spuren am Sakko. Keines dieser Indizien reicht für sich gesehen auch nur annähernd aus. Sieht es besser aus, wenn wir sie gemeinsam betrachten?

Was bei solcher »Zusammensicht« der Indizien als Beweisring im Kopf eines Richters vorgeht oder vorgehen sollte, hat der BGH-Richter Armin Nack zusammen mit anderen in einem Standardwerk *Tatsachenfeststellung vor Gericht* rekonstruiert. Was Nack vertritt, muss uns besonders interessieren, weil er der Vorsitzende des 1. Strafsenats beim Bundesgerichtshof ist, eben jenes Senats, der die Revision gegen das Mordurteil über Benedikt Toth ohne jede Begründung verworfen hat.

Das Nack'sche Gesetz für das Denken im Beweisring lautet: Die Gesamtbeweiskraft des Rings ist das Produkt der Beweiskraft der einzelnen Indizien. Das klingt ganz einfach. »Bargeld-Indiz mal Zeitungs-Indiz mal Bürospur-Indiz mal Sakkospur-Indiz.« Wer nur ein wenig mathematisch denken kann, bemerkt schnell, dass die Formel ein Wahrheitsturbo ist: Durch die Multiplikation erhöht sich der Beweiswert explosiv. Intuitiv hat das einiges für sich: Es wäre schon ein merkwürdiger Zufall, so kann der Laie das sehen, wenn gleich mehrere Indizien gemeinsam auftreten, die für sich gesehen den Verdächtigen in gewisser Weise belasten.

Entscheidend ist dabei der Wert der Faktoren in der Multiplikation. Und da ist es schon nicht mehr so einfach. Wie ermittle ich den Beweiswert eines einzelnen Indizes? Nack bietet dafür tatsächlich Formeln an, die freilich nur von wissenschaftlichem Interesse sind und nicht geeignet für die Alltagstheorien, mit denen Juristen über Beweisführung entscheiden. Doch es ist – nach Nack – jenseits aller Zahlenspiele sinnvoll, über die »Beweiskraft« eines Indizes zu sprechen. In Anlehnung an das Theorem des Wahrscheinlichkeitstheoretikers Bayes (siehe drittes Kapitel) bestimmt sich die Beweiskraft eines Indizes in einer vergleichenden Betrachtung folgender (geschätzter) statistischer Häufigkeiten:

1. Wie häufig kommen Umstände der Art des Indizes I in Zusammenhang mit Tatsachen der Art vor, die der zu beweisenden Tatsache T entsprechen? Kurz: Wie häufig ist I in T?

2. Wie häufig kommen Umstände der Art des Indizes I in Zusammenhang mit Tatsachen vor, die nichts gemein haben mit der zu beweisenden Tatsache T? Kurz: Wie häufig ist I in Nicht-T?

3. Wie groß ist die Differenz zwischen 1 und 2? Ist der Häufigkeitswert in 1 größer als in 2, hat das Indiz belastende Kraft. Ist der Häufigkeitswert in 2 größer als in 1, hat das Indiz (Staatsanwälte: aufgepasst!) entlastende Kraft. Gibt es zwischen den Häufigkeitswerten bei 1 und 2 keinen signifikanten Unterschied, handelt es sich bei I überhaupt nicht um ein Indiz.

Natürlich ist es in den seltensten Fällen möglich, die Häufigkeitsangaben solch statistischer Relationen zahlenmäßig zu bestimmen oder gar zu belegen. Es wäre darum unsinnig, vom Richter zu verlangen, dass er konkrete Rechenoperationen vornimmt. Es handelt sich bei der Aussage über die Beweiskraft von Indizien lediglich um ein Denkmodell, das einigermaßen angemessen beschreibt, wie ein Richter methodisch bei einer Beweiswürdigung vorgehen sollte. Kein konkreter Zahlenwert, aber die oben skizzierte Argumentation in der Urteilsbegründung ist es, die als rationaler Bestandteil einer richterlichen Beweiswürdigung von uns – und vom Revisionsgericht – überprüfbar ist. Zumindest der nach Nack vorgegebene Dreischritt sollte auch der Beweisführung gegen Benedikt Toth zugrunde liegen.

Überprüfen wir die Argumentation des Gerichts am Beispiel der ersten vier Indizien, um deren Beweiskraft zu bestimmen:

A. Das Bargeld:

Ein Vergleich der Fälle, in denen ein Lieblingsneffe eine reiche Erbtante ermordet hat, und der Fälle, in denen ein Kandidat seine reiche (gleichwohl getötete) Erbtante nicht ermordet hat, ergibt: In Fällen, da er der Täter war, kommt es signifikant häufiger vor, dass der Kandidat Bargeld bei sich führt, das kurz vor dem Tod noch im Besitz des Opfers war. Die 500-Euro-Scheine in Toths Geldtasche wären in der Tat ein stark belastendes Indiz. Aber dieser Vergleich ist nicht fair. Denn dass das Geld wirklich kurz vor ihrem Tod noch in Frau Böhringers Besitz war, ist pure Spekulation. Folglich muss der Drei-Stufen-Vergleich anders aussehen:

Ein Vergleich der Fälle, in denen ein Lieblingsneffe eine reiche Erbtante ermordet hat, und der Fälle, in denen ein Kandidat seine reiche Erbtante nicht ermordet hat, ergibt:

Na, was?

In den Fällen, in denen er der Täter war, kommt es mit annähernd gleicher Häufigkeit vor, dass er größere Bargeldmengen bei sich trägt, wie in den Fällen, in denen er unschuldig ist, ihm aber seine Tante, weil er der Lieblingsneffe ist, schon früher ein Bündelchen Geldscheine zugesteckt hat.

Fazit: Das Indiz der Geldscheine, auf welches das Gericht sein Urteil stützt, ist überhaupt keins. Diese Perle muss aus dem Ring ausscheiden.

B. Die Zeitungen

zeigen noch deutlicher, wie nützlich der Nack-Test ist. Der Vergleich der Häufigkeiten des Zeitungsdiebstahls von Lieblingsneffen, die ihre reiche Erbtante kurz zuvor umgebracht haben, und des Zeitungsdiebstahls solcher

Kandidaten, die zu ihrer Tante ein Verhältnis ohne vergleichbare Gewalttaten pflegen, ergibt ohne große Untersuchungen: Es handelt sich eher um ein entlastendes Indiz, weil nur in sehr seltenen Ausnahmefällen ein Neffe, der kurz zuvor seine Tante umgebracht hat, auch noch ihre Zeitung klaut und bei sich zu Hause aufhebt.

C. Die Spuren im Büro

Benedikts Spuren auf Umschlägen und Unterlagen im Büro gewannen in der Argumentation des Gerichts an Gewicht, weil sich solche Spuren, so das Urteil, »nur an Gegenständen mit Bezug zur Tat« und »sonst nirgendwo im Büro« fanden. So galt der recht plausible Dreischritt: Der Vergleich der Häufigkeiten von Spuren eines Neffen und Angestellten im Büro der Tante und Chefin ausschließlich an Gegenständen in Zusammenhang mit einer vom Neffen begangenen Mordtat und der Häufigkeit von Spuren an Gegenständen mit Tatbezug eines gleichen Kandidaten, der nichts mit dem Mord zu tun hat, ergibt: Spuren vom Täter sind signifikant häufiger.

Doch das Gericht hat das Ergebnis der Beweisaufnahme in seinem Urteil falsch wiedergegeben. Juristen nennen dieses häufig zu beobachtende Phänomen einen »falschen Film«, der im Urteil abgespielt wird (siehe auch Interview Seite 168). Die Aussage »nur an Gegenständen mit Bezug zur Tat und sonst nirgendwo« ist vom Gericht eingeführt worden, um dem Indiz seine Beweiskraft zu geben. Tatsächlich zeigen die Asservaten-Listen von der Tatortspurensicherung, dass im Büro der Tante außerordentlich oberflächlich gesucht wurde. Von den Papierstapeln und Dingen auf dem Schreibtisch und in den Schränken wurde nur ein kleiner Teil überhaupt auf Spuren untersucht. Wenn sich aber Abdrücke und DNA-Reste vom Neffen – was sehr wahrscheinlich ist – überall in dem Büro finden, in dem er regelmäßig verkehrte, wäre es schon sehr auffällig, wenn sich ausgerechnet dort, wo die Ermittler suchten, keine Spuren finden würden. Zwischen der Häufigkeit (1) und der Häufigkeit (2) im Büro lässt sich unter diesen Umständen kein signifikanter Unterschied formulieren.

D. Die Spuren auf dem Sakko
lassen sich ebenfalls nicht anders bewerten. Lieblingsneffen hinterlassen ebenso häufig DNA-Spuren am Sakko ihrer Tante, wenn sie diese anschließend umbringen, wie wenn sie mit ihr bis ans Ende ihrer Tage friedlich eingehakt im Englischen Garten spazieren gehen. Auch Indiz D ist kein Indiz.

Aber vielleicht haben die Richter ja noch mehr Perlen in ihrem Ring. Zehn weitere Indizien führen sie an. Wäre dies eine Seminararbeit, könnte man als Hausaufgabe stellen: Der Leser möge, nun methodisch ausgerüstet, selbst erwägen, ob das Produkt folgender Zusatzannahmen am Ende die Überzeugung von der Täterschaft Benedikts zu vergrößern geeignet ist. Wir folgen dabei jedenfalls der von BGH-Richter Nack empfohlenen Methode: Jedes neue Indiz wird daraufhin untersucht, ob es die Anfangswahrscheinlichkeit erhöht, dass der Angeklagte der Täter ist. Wie bei einem Test könnte der Leser also die Aufgabe lösen, indem er hinter den folgenden Punkten ein Plus oder gar zwei Plus für: Belastung erhöht, oder ein Minus für: Belastung vermindert, oder ein Kreuz für: nicht als Indiz zu werten, macht. Zum Schluss wird abgerechnet. Das Gericht trägt vor:

- »Der Angeklagte hatte ein Motiv für die Tötung seiner Tante.« Erläuterung: Das Gericht sieht das Motiv in dem dringenden Wunsch des jungen Mannes, im Parkhaus endlich Chef mit einem Monatsgehalt von 3500 Euro zu werden, obwohl er die Berufswünsche seiner Tante nicht erfüllt hatte.

- »Die Familienmitglieder des Angeklagten, die ebenfalls ein Motiv gehabt hätten, scheiden als Täter aus.« Erläuterung: Der andere Neffe, Benedikts kleiner Bruder, war nicht der Lieblingsneffe.
- »Andere Personen hatten kein Motiv, Charlotte Böhringer zu töten. Eine sexuelle Tatmotivation oder ein finanzielles Motiv im Sinne eines Raubmordes durch einen fremden Täter scheiden aus.«
- »Der Angeklagte hatte die Gelegenheit, seine Tante zu töten, da er für den festgestellten Tatzeitraum kein Alibi hat.«
- »Das Nachtatverhalten des Angeklagten war im Hinblick auf verschiedene Details auffällig. Diese Auffälligkeiten passen im Einzelnen und in ihrer Gesamtheit zum Kenntnisstand und zur Interessenlage des Täters. Sie weisen in ihrer ungewöhnlichen Häufung auf den Angeklagten als Täter hin.« Erläuterung: Eine der besonders herausgehobenen »Auffälligkeiten« lag darin, dass Benedikt Toth am Tag nach der Tat nach Augsburg gefahren, auf halber Strecke aber umgekehrt sei. Benedikt erklärt, er habe seinen besten Freund besuchen wollen, sei aber wegen eines Staus zeitlich in die Klemme gekommen. Das Gericht meint, er hätte wahrscheinlich die Tatwaffe auf der Tour verschwinden lassen.
- »Der Angeklagte kannte die Gewohnheiten des Opfers. Es war ihm möglich, zur Tat gleichsam anzusetzen, und bei Störungen oder unvorhergesehenen Umständen diese auch wieder abzubrechen, ohne Verdacht zu erregen.«
- »Den Angeklagten entlastet nicht, dass er nach Auffindung der Leiche ›schockiert‹ wirkte, weil er zum Belügen seines Umfeldes, wie seine Studienlüge zeigt, in der Lage ist.«
- »Festgestellte, nicht zuordenbare Schuhspuren deuten nicht auf den oder die Schuhspurenverursacher als den oder die Täter hin.«

- »Die festgestellten, nicht zuordenbaren DNA-Spuren auf einem Glas deuten trotz Identität mit einer nicht zuordenbaren DNA-Spur auf einer Schraube aus dem Verfahren ›Ursula Herrmann‹ nicht auf den DNA-Verursacher als Täter hin.«

Es ist bemerkenswert, dass auch die letzten drei Umstände vom Gericht als Teil des »Rings von Indizien« genannt werden, die »unmittelbar auf den Geschehensablauf hinweisen«. Der vertieft interessierte Leser möge versuchen, aus diesen »Indizien« Sätze der Art (1) und (2) zu formen. Ganz besonders schwer wird ihm das fallen beim letzten »Indiz«:

- »Der Umstand, dass es sich bei dem Angeklagten um einen Linkshänder handelt und die Schläge nach den Feststellungen der Kammer ausnahmslos mit der rechten Hand, möglicherweise teilweise unterstützt mit der linken Hand, geführt worden sind, spricht nicht gegen die Täterschaft des Angeklagten.«

Das ist der Höhepunkt der Wahrheitsfindung. Nur unter geistigen Verrenkungen, die weder einem Linkshänder noch einem Rechtshänder möglich sind, gelingt es den Richtern des Landgerichts München, einen Umstand, der dramatisch zur Entlastung des Angeklagten beitragen musste und mit dem sich zahlreiche Gutachter in der Hauptverhandlung gequält haben, als »Indiz« zu bewerten, »das unmittelbar auf den festgestellten Geschehensablauf« hinweist. Linkshänder (wie der Autor dieses Buches) mögen es – vorsichtig – versuchen, mit einem beliebigen stumpfen Gegenstand in ihrer Rechten 24 schwere Schläge auf ein Objekt in Augenhöhe zu lancieren. So etwas funktioniert nur im seltenen Ausnahmefall der sogenannten Ambidexteren, der »Beidhänder«. Alle anderen werden merken: Das geht sehr schlecht. Dann mögen sie bitte die Linke nehmen und damit die Rechte »teilweise unterstützen«. Sie werden merken: Das geht noch schlechter. Warum hätte sich Benedikt, um seine Tante zu erschlagen, zu der er jederzeit Zugang hatte, so ein unsinniges Handicap auferlegen sollen? Richter, da hat Oberrichter Eschelbach recht, tun sich nicht nur mit Argumentationslogik schwer, sie sind allzu oft unfähig, die »Perspektive der anderen Seite einzunehmen«.

Es ist ein Rätsel, wie die Richter des Münchner Landgerichts die Stirn haben konnten, dem Nack-Senat beim Bundesgerichtshof so eine Beweisführung vorzulegen, und es ist noch rätselhafter, wie der BGH so ein Urteil bestätigen konnte. Doch wer das von BGH-Richter Nack über die »Tatsachenfeststellung vor Gericht« mitverfasste Handbuch genau studiert, findet des Rätsels Lösung. Das Revisionsgericht, so erläutert der für Benedikt Toth letztverantwortliche BGH-Jurist, überprüfe eine landgerichtliche Urteilsbegründung nur daraufhin, ob die erstinstanzlichen Richter die »Möglichkeit« des Schlusses von einem Indiz I auf die zu beweisende Tatsache T korrekt angenommen hätten, auf die korrekte Einschätzung der »Beweiskraft« komme es im Revisionsverfahren nicht an. Dies bedeutet aber, so das Nack-Handbuch, dass bei der Beweisführung mit Indizien lediglich der erste Schritt des oben entwickelten dreistufigen Argumentationsschemas reversibel ist.

Von der Trias:
1. Wie häufig ist I in T?
2. Wie häufig ist I in Nicht-T?
3. Wie ist die Differenz zwischen (1.) und (2.)?
überprüft Nack als Revisionsrichter beim BGH also lediglich (1.). Jede richterliche Einschätzung über das regelmäßige Auftreten von Indizien in Zusammenhang mit Beweistatsachen hat also den Segen der Revisionsinstanz.

Da haben wir es, das große schwarze Loch im Kopf eines jeden Tatrichters: Warum soll er sich quälen mit der Beweiskraft von Indizien? Niemand wird überprüfen, ob er den kritischen Dreischritt tatsächlich gegangen ist. Da mag der Bundesgerichtshof in schönen Worten fordern, dass die Überzeugung im Kopf jedes Richters jeden vernünftigen Zweifel zum Schweigen bringen muss. Doch wer kann in die Richterköpfe hineinschauen? Jedes Gericht kennt die Revisionsrichter, die über seine Urteile entscheiden werden, ganz genau. In der Schwurgerichtskammer, die über Toth zu entscheiden hatte, wusste man darum sehr gut, was beim Bundesgerichtshof in Karlsruhe der Senatsvorsitzende Nack von ihrem Urteil erwartet und was nicht.

»Ich habe diese Wahnsinnstat nicht begangen!« Benedikt Toth konnte schreien, so viel er wollte. Das Urteil gegen ihn war eine sichere Sache. Bald nachdem der BGH die Revision der Verteidiger verworfen hatte, wurde der Vorsitzende der Schwurgerichtskammer zum Richter am Oberlandesgericht befördert.

Ein Gorilla kommt ins Bild

»Der typische Grund für Justizirrtümer ist, dass der Richter sich auf unzuverlässige Zeugenaussagen verlässt.« In diesem Satz des Münchner Strafprozessforschers Bernd Schünemann steckt ein doppeltes Problem der Wahrheitsfindung vor Gericht: Zeugen sind unzuverlässig. Und Richter sind leichtgläubig. Darum gilt der Zeugenbeweis als das gefährlichste aller Beweismittel. Leider ist es aber auch das häufigste. »Bis heute«, sagt Schünemann, »ruht der größte Teil aller Strafverfahren auf dem Zeugenbeweis.« Eben darum sei »in diesen Strafverfahren die objektive Wahrheitsfindung gar nicht durchführbar«.

Die Wahrheitsfindung findet trotzdem statt. Täglich

werden in deutschen Gerichtssälen Menschen verurteilt, weil Zeugen beschwören oder auch ohne Eid versichern, sie wüssten genau, wie es gewesen sei. 63 Zeugen haben in München über den Angeklagten Benedikt Toth ausgesagt, und auf ihre Aussagen stützte das Landgericht seine Beweisführung.

So viel Geschwätz war nie. Ein »Kaleidoskop der Münchner Hautevolee« *(Süddeutsche Zeitung)* bot der Saal A 101, in dem gegen den Neffen der ermordeten Charlotte Böhringer verhandelt wurde. Sie gehörte ja selbst zur Münchner Schickeria. In ihrem Angedenken machten sich vor den Richtern nun Leute wichtig wie Gerd Käfer, damals 74, Begründer des gleichnamigen Feinkostimperiums. Er nannte den Angeklagten einen »Playboy«, er wollte sich genau erinnern, wie es »heiße Diskussionen« zwischen der Tante und ihrem Benni gegeben habe. Wutentbrannt habe die Böhringer ihm, dem Feinkost-Käfer, einmal erzählt, »der Benni will immer mehr und mehr. Jetzt ist Schluss.« Bei der polizeilichen Vernehmung hatte Käfer davon noch nichts erzählt. Wieso fiel ihm das jetzt erst ein? »Vielleicht hab ich das vergessen«, rang der Promi um Worte.

Falsche Aussagen sind strafbar, auf Meineid steht sogar Gefängnis, doch die meisten Unwahrheiten vor Gericht bleiben ungeahndet, selbst wenn sie entdeckt werden. Denn der Regelfall ist nicht der lügende Zeuge, sondern der irrende Zeuge. Suggestion und Selbstüberschätzung, Unaufmerksamkeit, Geltungsbedürfnis, Zerstreutheit, Vergesslichkeit: Die Liste, die Psychologen über die Gründe falscher Aussagen aufstellen, ist lang. »Als Zeuge ist der Mensch eine Fehlkonstruktion«, fasst Thomas Rönnau, Strafrechtler an der Hamburger Bucerius Law School, das Problem zusammen. 90 Prozent aller Justizirrtümer in den USA, so schätzen Experten, beruhen auf falschen Zeugenaussagen. Kriminalgeschichte hat dort der Fall Kirk

Bloodsworth gemacht: Fünf Zeugen hatten angegeben, den Mann zur Tatzeit in der Nähe eines grausigen Mädchenmordes gesehen zu haben. 1985 wurde der Seemann deshalb zum Tode verurteilt, später zu zweimal Lebenslang »begnadigt«. Erst 1993 bewies eine DNA-Analyse, dass Bloodsworth unschuldig war und alle Zeugen sich geirrt hatten.

Wie unzuverlässig die Zeugenwahrnehmung funktioniert, führt der Kieler Professor für Forensische Psychologie Günter Köhnken Richtern und Staatsanwälten bei Vorträgen gern mithilfe eines Films vor. Das Video ist nur wenige Minuten lang und zeigt Handballspieler in weißen und schwarzen Pullovern. »Achten Sie genau auf die Ballwechsel zwischen den weißen Spielern und sagen Sie hinterher, wie oft der Ball von weiß zu weiß gewechselt ist.«

Es ist egal, wie viele Ballwechsel der Proband in dem bunten Filmchen gezählt hat, das Wichtigste wird ihm entgangen sein: Ein riesiger schwarzer Gorilla ist während des Spiels auf dem Spielfeld herumgelaufen, hat sich in den Vordergrund gedrängt, mit den Fäusten auf die Brust geklopft, den Bauch rausgestreckt und ist wieder verschwunden. Viele Kandidaten, die sich auf die Bälle konzentrieren, können beschwören, sie haben nichts Außergewöhnliches gesehen. Es klappt, sagt Köhnken, in einer erstaunlich hohen Zahl von Fällen: »Wenn man sich auf bestimmte Dinge konzentriert, bekommt man vieles andere nicht mit.«

Der Wissenschaftler, als psychologischer Gutachter vor deutschen Gerichten heiß begehrt, zeigt noch ein Video. Wieder soll man Ballwechsel zählen. Auch diesmal geistert ein Gorilla herum. Auch diesmal sieht ihn der Proband nicht, obwohl er ja gewarnt sein müsste. Köhnken: »Ein völlig normaler Vorgang.«

Was sind die Beweise auf zwei Beinen wert? Oft hängt an ihren zufälligen Beobachtungen das Schicksal eines Angeklagten.

Ein älteres Ehepaar kommt vormittags gegen elf von einem Besuch bei Freunden mit dem Auto heim. Aus dem Autofenster sehen die beiden im Nachbargarten zwei Kinder spielen. Die Kinder winken. Sie winken zurück: Das ist kein Film, das war bitterer Ernst. Die Kinder wurden bald darauf erwürgt im Feld gefunden. Weil die Richter der Zeugenaussage des Paars glaubten, fällten sie 1999 ihr Urteil: Lebenslang für Monika Böttcher.

Zeugenaussagen spielten eine zentrale Rolle bei der Frage, wer die beiden kleinen Töchter der jungen Frau umgebracht hatte, die 1986 in der Nähe von Bad Hersfeld hart an der Grenze zur DDR in Osthessen gefunden wurden. War es der KFZ-Mechaniker Reinhard Weimar, der Vater der beiden kleinen Mädchen? Oder war es die Mutter Monika Weimar, die später, nach ihrer Scheidung, wieder ihren Mädchennamen Monika Böttcher annahm? Drei Urteile ergingen im Fall Monika Weimar, geb. Böttcher. Erst wurde die Mutter wegen Mordes an Karola und Melanie verurteilt. Dann wurde sie freigesprochen. Dann wurde sie wieder verurteilt.

Mindestens eines der Urteile ist ein Justizirrtum. Welches, das ist bis heute nicht sicher. Weil die Wahrheitssuche im Fall Weimar zum Hütchenspiel wurde, hat der Fall über Jahre wie kein anderer die Öffentlichkeit beschäftigt. Ist eine Mutter in der Lage, ihre beiden süßen Töchter mit eigenen Händen zu erwürgen, einfach weil sie im Wege sind? Konnte das Unvorstellbare wahr sein? Leidenschaftlich wurden in den Medien und in der Öffentlichkeit die Debatten geführt. Ein erlösendes, klärendes Wort der Gerichte schien dringlicher als je zuvor. Wie war es wirklich mit dem Fall Weimar?

Es war, so viel wurde schnell klar, eine düstere Geschichte aus dem Teil Hessens, der im reicheren Süden gern »Hessisch-Sibirien« genannt wird. Auch im Ort Philippsthal, in dem die zierliche, blonde Krankenpflegerin mit den aquamarinblauen Augen lebte, war es ziemlich trostlos. Ab und zu Disco in Bad Hersfeld. Heirat mit 20, das Leben noch trister. Monika gab die Arbeit auf und wurde Hausfrau und alsbald Mutter: »Ich hatte niemals die Einstellung, dass ich Kinder wollte und dafür sorgen musste«, sagt sie später vor Gericht. Auch das notierten sich die Richter.

Irgendwann lernte sie im »Musikparadies« in Bad Hersfeld Kevin Pratt kennen, einen US-Soldaten, in den sie sich verliebte. Kevin drängte auf Scheidung, Monika wollte sich aber nicht vom Ehemann Reinhard trennen, er sei »ein Mensch, den man nicht allein lassen kann«.

Am 7. August 1986 werden Karola und die kleine Schwester Melanie erstickt und erwürgt zwischen Büschen und Brennnesseln nahe der Straße gefunden. Bald darauf wird Monika Weimar als mutmaßliche Täterin festgenommen. Doch die beschuldigt – nach langem Zögern – ihren Ehemann: In der Nacht zum 4. August sei sie »froh und müd« von ihrem Freund nach Hause gekommen, da habe sie die beiden toten Mädchen und ihren Mann Reinhard vorgefunden, der habe schon zuvor gegenüber Zeugen so etwas gesagt wie: »Bevor der Ami die Kinder kriegt, bring ich sie lieber um.« Reinhard habe dann die Kinderleichen weggebracht, sei zurückgekommen, und dann sei man gemeinsam schlafen gegangen.

Monikas Version, ob glaubwürdig oder nicht, ging in die Prozessgeschichte als die »Nachtversion« ein. Doch die Polizei glaubte an die sogenannte Tagversion: Erst am nächsten Tag, dem 4. August, so später auch die Anklage, habe die Mutter ihre arglosen Töchter ins Auto geladen, sei mit ihnen ein Stück gefahren, habe die eine »zum Austreten« ins Feld geschickt, die andere derweilen ermordet, sie versteckt, dann die andere, als sie zurückkam ... unvorstellbar?

Am 4. August um elf Uhr vormittags war das Ehepaar mit dem Auto am Garten der Weimars vorbeigekommen, die Töchter hätten gewinkt, sie hätten zurückgewinkt. So wiederholten die Zeugen es vor Gericht. Also konnten die Kinder nicht in der Nacht zuvor ermordet worden sein. Haben die Zeugten vielleicht andere Kinder gesehen? Nein, nein, sie habe, sagte die Zeugin, klar Karolas schwarze Haare erkannt.

Schwarze Haare? Karolas Haare waren blond.

»Hexe!«, scholl es der Angeklagten entgegen, als sie am 8. Januar 1988 zur Urteilsverkündung ins Landgericht Fulda geführt wurde. »Lückenlos geklärt« war nach Ansicht der *Spiegel*-Kolumnistin Gisela Friedrichsen der Fall Weimar: Die Nachtversion schien durch Zeugenaussagen eindeutig widerlegt, die Tagversion blieb die einzige überzeugende Erklärung für den Tod der Kinder. Monika Weimar wurde zu lebenslanger Haft verurteilt.

Neun Jahre saß Monika Weimar im Gefängnis, da begann die Suche nach der Wahrheit erneut. 1995 ordnete das Oberlandesgericht Frankfurt die Wiederaufnahme des Verfahrens an. Der Hamburger Strafverteidiger Gerhard Strate, ein Spezialist für das Aufspüren trügerischer Wahrheiten, hatte neue Spuren, neue Zeugen aufgetrieben. Die Nachtversion wurde wieder wahrscheinlicher, die Gefangene Böttcher vorerst in Freiheit gesetzt.

Es sei, sagt der Dichter Max Frisch, mit dem Irrtum so eine Sache: Mit dem Argument, sich geirrt zu haben, entscheide sich mancher für etwas ganz anderes. Doch: »Vielleicht täusche ich mich jetzt erst, oder sagen wir: heute noch mehr als damals.« So war es 1997 vor dem Landgericht in Gießen: Die Richter verhandelten die Causa Weimar/Böttcher ganz von vorn. Nach 55 Sitzungstagen wurde Monika Böttcher freigesprochen – aus Mangel an Beweisen. Jubelnder Beifall im Publikum. Eine Schöffin gratulierte. »Der schönste Tag in meinem Leben« sei das gewesen, sagte später die 38-jährige blonde Frau über dieses Erlebnis mit der Strafjustiz.

Doch etwas stimmte nicht mit diesem Freispruch. Es ging auch diesmal ganz entscheidend um die Beobachtung der beiden Zeugen, die aus ihrem Auto beim Heimkommen am 4. August kurz vor elf die Kinder hatten winken sehen und zurückgewinkt hatten. Wenn diese Zeugen recht hatten, konnte die Nachtversion ja nicht stimmen, es konnte nur die Angeklagte die Täterin sein.

Warum glaubten die Richter in Gießen den Zeugen nicht, anders als ihre Kollegen in Fulda, die Frau Weimar verurteilt hatten?

Das Ehepaar, das die Kinder um kurz vor elf Uhr noch lebendig gesehen habe, so begründete der Vorsitzende das Urteil, habe in der Hauptverhandlung einen durch und durch zuverlässigen Eindruck gemacht: »Die Kammer hat keinen Zweifel an der Glaubwürdigkeit der Zeugen.« Das Gericht glaubte ihnen aber dennoch nicht, es weigerte sich, eine »Verurteilung allein auf diese Zeugen zu stützen«. Das Gericht erklärte, es sei »nicht mit der für eine Verurteilung erforderlichen Sicherheit zu der Überzeugung gelangt, dass Frau Böttcher die Täterin ist«. Denn: »Dazu gehört nicht nur die objektive Sicherheit, sondern auch die subjektive, persönliche Gewissheit jedes einzelnen Richters.«

Da ist es wieder, das schwarze Loch der Beweiswürdigung. Diesmal allerdings wirkte es zugunsten der Angeklagten. Es reicht nicht, so lernen wir, dass etwas »objektiv« erwiesen ist, es muss auch »subjektiv« im höchstpersönlichen Kopf der Männer und Frauen hinter dem Richtertisch angekommen sein. So offen hat man das kaum je zuvor in einer Urteilsbegründung gelesen. Und dass der Urteilsleser über diese Bemerkung stolpert, war wohl Absicht. Denn es ist ein mittlerweile offenes Geheimnis unter Strafrechtlern, dass hinter den Kulissen des Gießener Wiederaufnahmeprozesses im Fall Böttcher ein dramatisches Tauziehen stattfand. Die drei Berufsrichter der Strafkammer wollten offenbar auch im zweiten Anlauf Frau Weimar verurteilen, der Plan scheiterte jedoch am

Veto der Schöffen, die sichtlich berührt waren vom Schicksal der blonden Frau. Also musste freigesprochen werden. Die Urteilsbegründung jedoch verfasst ein Berufsrichter, und so fand sich der Widerwille des Profis gegen die Subjektivität der Laienrichter in provozierenden Formulierungen.

Vielleicht war ja der Freispruch von Gießen wirklich der schwerere Irrtum. Jedenfalls ließ der Bundesgerichtshof die Urteilsbegründung nicht durchgehen. Wenn sie von den Aussagen der Winkzeugen nicht wirklich überzeugt gewesen seien, so die Revisionsrichter, dann hätten sie eben noch weitere Zeugen befragen müssen, die ebenfalls die Kinder am Vormittag noch lebend gesehen haben wollten. Der schönste Tag im Leben der Monika Böttcher entwickelte sich zum Albtraum: In Frankfurt wurde 1999 vor einer Schwurgerichtskammer der Fall Weimar zum dritten Mal verhandelt. Die Wahrheitssuche geriet zur Groteske, kaum noch jemand konnte in der Hauptverhandlung nachvollziehbar rekonstruieren, was vor 13 Jahren in Hessisch-Sibirien passiert war. »Die mit Abstand monströseste Verfahrensruine in der Geschichte der bundesdeutschen Strafjustiz« entdeckte damals der Gerichtsreporter der *Frankfurter Rundschau* im Landgerichtsgebäude der Mainmetropole.

Vergeblich versuchte im dritten Anlauf der Wahrheitsfindung Frau Böttchers Verteidiger Gerhard Strate, mit Glaubwürdigkeitsgutachten die Aussagen der Zeugen zu erschüttern, die Karola und Melanie am Vormittag des 4. August noch lebend gesehen hatten. Das Gericht bildete sich seine subjektive Überzeugung von der objektiven Wahrheit in höchst eigener, freier Beweiswürdigung: Die Tagversion ist erwiesen, Monika Böttcher ist schuldig, lebenslang, wie gehabt.

Niemand rief da der Frau mehr »Hexe« hinterher, das Mitleid mit der von der Wahrheitssuche so hart Gebeutelten überwog bei vielen Beobachtern der Tragödie in drei

Akten. Und es wuchs die Empörung über die Justiz, die so drastisch ihre eigene Unzulänglichkeit offenbart hatte und dennoch stur darauf beharrte, Gerechtigkeit zu produzieren. Gerechtigkeit für Monika Böttcher? Der Vorsitzende Richter Heinrich Gehrke, der das Urteil in Frankfurt verkündete, sah kein Problem: »Die Indizien waren eindeutig. Es gab mehr als 50 unzweifelhafte Belege dafür, dass sie es getan hat.«

Das Wesen

Frieden im Taunus. Heinrich Gehrke sitzt im Garten seines Hauses, die Enkel spielen in der Sandkiste. Nach 30 Jahren Strafprozess ist Ruhe eingekehrt in das Leben des erfahrenen Richters. Er ist sich noch immer sicher: Der Fall Monika Böttcher war ein klarer Fall. Trotzdem, sagt er, trotzdem: Er sei immer froh gewesen, »dass wir in Deutschland nicht die Todesstrafe haben«. Es sei doch »trotz noch so sicherer Schuldüberzeugung« immer beruhigend für einen Richter, »dass im schlimmsten Falle ein Fehler korrigierbar ist«.

Die Angst des Richters vor dem schlimmsten Fall: Auch ein erfahrener Profi wie Gehrke ist nicht frei davon. Ein Profi weiß, dass er das Leben anderer Menschen in der Hand hat: »Als Richter hat man so viel Macht, da muss man sehr, sehr vorsichtig sein.« Doch wie kann man sich vor Fehlern schützen?

Es gibt kein anderes Mittel als den eigenen Kopf und die eigene Erfahrung. »Ein Richter muss unterscheiden können zwischen dem, was er nur glaubt, und dem, was er beweisen kann«, sagt Gehrke. Er selbst. Er allein. Niemand nimmt ihm diese Einschätzung ab. Gerade im Umgang mit Zeugen ist das furchtbar schwer: »Es gibt eine Tendenz, dass Zeugen zu leicht geglaubt wird.«

Und wenn es auch im Fall Weimar so war? Haben die

Richter den Zeugen zu leicht geglaubt, die am 4. August kurz vor elf die beiden Kinder noch haben winken sehen? Wäre es nicht besser gewesen, das Gericht hätte den Anträgen der Verteidigung stattgegeben und die Aussagen mit Glaubwürdigkeitsgutachten überprüft? Falsch, ganz falsch, sagt Gehrke: »Man darf urrichterliche Aufgaben nicht auf Dritte abschieben. Ob er einem Zeugen glauben kann, muss ein Richter selbst nach juristischen Kriterien und richterlicher Erfahrung entscheiden. Und wenn er das nicht kann, hat er in dem Beruf nichts zu suchen.«

Mitten im sonnigen Grün des Taunusgärtchens tut sich das schwarze Loch wieder auf: Die Wahrheit ganz allein in seinem Kopf finden zu müssen ist die Verantwortung, die so mancher Jurist nicht tragen kann. Wie beurteilt ein gelernter Jurist, ob ein Zeuge die Wahrheit spricht? Die »juristischen Kriterien«, von denen der Profi Gehrke spricht, gibt es nicht. Das Gesetzbuch hält keine Beweisregeln bereit, das ist ja gerade die Krux der »freien Beweiswürdigung«. Bleibt nur: die richterliche Erfahrung. Was aber machen wir mit den unerfahrenen Kollegen oder jenen, die der bei Juristen verbreiteten Berufskrankheit der Selbstgerechtigkeit erliegen, die gegen Erfahrungen immun macht?

Gehrke weiß, dass es das Problem gibt, er weiß von Strafkammern, die sich »wie Duodezfürstentümer aufführen«, wo jeder Diskussion mit den Kollegen anderer Kammern über Rechtsfragen mit dem »Prinzip Schulterschluss« begegnet werde, mit dem alten, nicht nur Juristen-Spruch: »Das haben wir schon immer so gemacht.« Solche Richter lernen nicht. Ihr ganzes Streben geht dahin, genau das in ihre Urteilsbegründungen zu schreiben, was der immer selbe Kollege beim Bundesgerichtshof, der seit Jahren schon im Revisionsfall die Sachen überprüft, lesen will. Das haben sie schon immer so gemacht.

Trotzdem herrscht Einigkeit: Die Verantwortung, zwischen Glauben und Wahrheit zu unterscheiden, muss jeder Richter ganz allein tragen. Thomas Fischer, prominenter Autor des maßgeblichen Kommentars zum Strafgesetzbuch und Richter am Bundesgerichtshof, sieht gerade in der Glaubwürdigkeitsbeurteilung von Zeugen die »ureigenste Aufgabe« eines Richters, ja, das »Wesen der richterlichen Tätigkeit«. Wenn Juristen vom Wesen sprechen, tappen sie meistens im Dunkeln. So ist es unklarer denn je, wie die Verantwortlichen es eigentlich anstellen sollen, ihrer Verantwortung gerecht zu werden.

Weil dies wohl auch nicht zu klären sein wird, wächst die Neigung unter den Richtern, ihre untragbare Verantwortung abzuwälzen. Der Versuchung, der Gehrke im Weimar-Prozess widerstand, die Glaubwürdigkeit von Zeugen von einem Gutachter beurteilen zu lassen, geben immer mehr Richter nach. Eine ganze Branche von forensischen Psychologen lebt mittlerweile davon, Richter bei der Wahrheitssuche zu beraten und ihnen mit mehr oder weniger wissenschaftlichen Methoden die schwierige Entscheidung abzunehmen, ob eine Aussage – so das Fachwort – »erlebnisbasiert« ist.

Für Dogmatiker ist das ein Graus. »Unbehagen« empfindet der BGH-Mann Fischer. Schon die Aufgabe eines Glaubwürdigkeitsgutachters sei unklar, kritisieren Experten. Gutachter können beauftragt werden, wenn es um Tatsachen geht. Doch welche Tatsache wird eigentlich unter Beweis gestellt, wenn es um die Frage geht, ob man einem Zeugen glauben kann? Aussagen über Tatsachen können richtig oder falsch sein, aber es gibt keine falschen Tatsachen, auch keine richtigen Tatsachen, sondern nur Tatsachen. Dieser feine Unterschied ist Juristen bekanntlich ohnehin gleich, jedenfalls den Strafrechtlern, die seit mehr als 100 Jahren Menschen wegen Betrugs bestrafen, weil sie, so sagt es Paragraf 263 des Strafgesetzbuchs, ihren Opfern »falsche Tatsachen« vorgespiegelt hätten. Das sind eigentlich logisch gesehen alles Fehlurteile.

Die Begutachtung der Wahrheit von Zeugenaussagen, kritisiert Fischer, ermöglicht zudem Manipulationsmöglichkeiten. Mit »gezielter Auswahl« von Gutachtern des »Typs Fahnder« oder des »Typs Bedenkenträger« könnten Prozessbeteiligte das erwünschte Ergebnis in die Köpfe von Richtern hineinoperieren. So hätte sich im Überangebot arbeitsloser Psychologen ohne Probleme sicher einer gefunden, der höchste Bedenken gegen die Zuverlässigkeit der Winke-Zeugen im Weimar-Prozess erhoben hätte.

Es gibt bestimmte Situationen, da ist die Beratung des Richters durch Psychologen anerkannt: Wenn Kinder oder psychisch Gestörte als Zeugen aussagen müssen. Doch schon da zeigen sich die Schwierigkeiten: Ob ein Zeuge möglicherweise psychisch in seiner Aussagetüchtigkeit behindert ist, ist oft schwer erkennbar. Gerade über diese Frage – ob also ein Gutachter zuzuziehen ist – kann eigentlich nur ein Gutachter entscheiden.

Immer wieder hat der Bundesgerichtshof den Landgerichten in seinen Urteilen Hinweise gegeben, wie sie korrekt bei der Bewertung von Zeugenaussagen vorzugehen hätten. In seiner berühmtesten Entscheidung von 1999 – dem Jahr, da Monika Böttcher endgültig verurteilt wurde – verlangte das Gericht von den Kollegen der unteren Instanzen, ihrer Beweiswürdigung die sogenannte Nullhypothese zugrunde zu legen: Ausgangspunkt ist die Annahme, der Zeuge sage die Unwahrheit. Diese Hypothese gilt es zu widerlegen: Erst wenn sich ausschließen lässt, dass der Zeuge die Unwahrheit gesagt hat, darf seine Aussage verwendet werden.

Doch sogar beim 1. Strafsenat in Karlsruhe, wo die Lehre von der Nullhypothese einst entstanden ist, sieht man die Dinge schon lange nicht mehr so eng. In der Praxis, sagt Armin Nack, heute Vorsitzender Richter des 1. Strafsenats, sei die Nullhypothese zu streng. »Meistens wird mit der Fifty-fifty-Hypothese gearbeitet.« Das bedeutet: Es ist ebenso wahrscheinlich, dass der Zeuge die Wahrheit sagt, wie dass er die Unwahrheit sagt. Das entspricht der statistischen Wahrscheinlichkeit, dass beim Münzwurf eine Zahl oben liegt. Schau'n mer mal.

Die Chancen für weitere Justizirrtümer stehen deshalb auch fifty-fifty – mindestens.

Nachschlag

Die Wetten, dass Benedikt Toth unschuldig ist, stehen fifty-fifty.

Niemand außer dem jungen Mann selbst weiß, ob er wirklich seine Tante erschlagen hat oder nur Opfer seiner Lügengeschichten, seines ungewöhnlichen Verhaltens nach der Tat und einer Kette von Missverständnissen geworden ist. Fifty-fifty, halb und halb – man weiß es nicht. Juristisch ist die Sache damit einfach zu entscheiden: Toth müsste sofort freigelassen werden, denn seine Schuld ist nicht erwiesen. Es ist einer der einfachen klaren Sätze, die Richter Heinrich Gehrke so gern verkündet: »Wenn es nicht reicht, dann reicht es nicht.« Dann muss man das auch zugeben, auch wenn es, wie der erfahrene Jurist weiß, »einen Richter oft Mut kostet«. Mut braucht es vor allem, einen millionenteuren monatelangen Prozess mit einem Freispruch zu beenden, der die Kosten der gesamten Veranstaltung der Staatskasse zur Last fallen lässt.

Im Fall Benedikt Toth war es nicht richterlicher Mut, sondern ein freches juristisches Husarenstück einiger Anwälte, das wieder Bewegung in die Wahrheitsfindung brachte. Nachdem das Urteil des Landgerichts rechtskräftig geworden war, erhob der Bruder Benedikts Klage vor dem Zivilgericht München I mit dem Antrag, den Verurteilten wegen des rechtskräftig festgestellten Mordes an seiner Tante für »erbunwürdig« erklären zu lassen. Tatsächlich sieht Paragraf 2339 des Bürgerlichen Gesetzbuchs vor, dass dessen Erbschaft anfechtbar ist, der »den

Erblasser vorsätzlich und widerrechtlich getötet hat«. Der Bruder stand ebenso wie Benedikt im Testament der Tante, schied einer aus, würde sich der Anteil des anderen an dem Millionenvermögen der Tante vergrößern.

Doch es war nicht Missgunst, die Bruder gegen Bruder vor Gericht ziehen ließ. Denn als Mörder sollte Benedikt ohnehin von seinem Erbteil nichts mehr bekommen: Das Landgericht hatte mit dem Lebenslang-Urteil als Nebenfolge den »Verfall« seiner Erbschaft angeordnet, das Geld würde an die Staatskasse fließen. So hatte die Klage des Bruders vor dem Zivilgericht einen vernünftigen Zweck: Würde der böse Benedikt für erbunwürdig befunden, hätte er mit dem Tod der Charlotte Böhringer rein rechtlich gesehen überhaupt nichts geerbt. Wo aber nichts geerbt wurde, konnte auch nichts der Staatskasse verfallen. Das Vermögen, das Parkhaus, würde der Familie der Neffen erhalten bleiben.

Man darf nur vermuten, aber natürlich nicht behaupten, dass der Zweck der Klage noch ein anderer war: Wenn das Zivilgericht die Erbunwürdigkeit des Benedikt Toth feststellen sollte, mussten die Richter sich darüber klar werden, ob der Beklagte wirklich erbunwürdig war. Das hängt davon ab, ob der Beklagte seine Tante wirklich umgebracht hat. Eine neue Beweisaufnahme war fällig. Der Casus Toth war wieder offen. Zwar ist das Strafurteil rechtskräftig, aber jeder Richter ist in seiner Beweiswürdigung frei. Und beim Zivilgericht gilt nur, was der Kläger beweisen kann. Das Gericht kann sich zurücklehnen und abwarten, was ihm vorgeführt wird.

Zur Vorführung kam eine Tragödie: Bruder gegen Bruder. Nur wenn der jüngere dem älteren beweisen konnte, dass er ein Mörder ist, konnte er gewinnen. Und beide hofften doch so sehr, dass der Beweis misslingen möge.

Das Zivilgericht ist nicht der Ort für große Dramen. Die Richterin hörte sich kühl ein paar Zeugen an, deren Aussagen sie anders bewertete, als dies die Richter vom Strafgericht nebenan getan hatten. Im Sommer 2011 erließ sie einen »Hinweisbeschluss«. Darin heißt es, »nach vorläufiger Würdigung« der Beweislage könne der Kläger sich vor dem Zivilgericht jedenfalls nicht auf das rechtskräftige Strafurteil stützen. »Die Ausführungen des Schwurgerichts« im Strafurteil seien mit den Aussagen der Zeugen vor der Zivilkammer »nicht in Einklang zu bringen«. Das 220-Seiten-Urteil der Strafrichter, der ganze schöne Beweisring, war durchgefallen.

Das genügte. Auf eine endgültige Entscheidung zu seinen Gunsten wollte es der lebenslange Benedikt nicht mehr ankommen lassen: Seine Anwälte gingen zum Zivilgericht einfach nicht mehr hin, kassierten ein »Versäumnisurteil«. So bekam der Bruder – typisch Zivilrecht – formal recht, das Vermögen wurde ohne weitere Klärung der Angelegenheit von der Staatskasse zur Familie umgeleitet. Aber der »Hinweisbeschluss« mit den Zweifeln des Zivilgerichts am Beweis von Benedikts Täterschaft ist nun die Grundlage für des Verurteilten zweite Chance. Sein Anwalt hat die Wiederaufnahme des Mordverfahrens beantragt. Wenn dieses Buch seine Leser erreicht, werden Richter vielleicht abermals über die Wahrheit im Mordfall Böhringer beraten.

Ob diesmal ein Freispruch herauskommt? »Ich habe diese Wahnsinnstat nicht begangen!« Der Gefangene von Straubing gibt nicht auf. 2011 hat er sich einem Lügendetektortest unterzogen. Das Ergebnis ist eindrucksvoll. Der »Wahrheitswert« der Aussage Benedikts, so bestätigte die von der Verteidigung mit der Untersuchung beauftragte Diplom-Psychologin, sei »außergewöhnlich hoch«. Doch was von diesem Beweismittel zu halten ist, hat der Bundesgerichtshof den Richtern an den Landgerichten ebenfalls vorgeschrieben: nichts.

Zu Protokoll

»Wer die Menschen nicht mag, versteht nichts.«

Der BGH-Richter Thomas Fischer über die Schwierigkeiten der Justiz mit der Wahrheit, überforderte Juristen und Deals mit Gerechtigkeit

Darnstädt: Herr Fischer, was geht im Kopf eines Richters vor, wenn er sich ein Urteil bildet?

Fischer: Nehmen wir an, wir hören jetzt einen lauten Schrei, von dort unten vor dem Grundstück. Wir laufen hin und sehen: Da liegt auf dem Platz ein Mensch, und ein anderer steht mit einem blutigen Messer in der Hand daneben. Dann haben wir beide auf der Stelle eine Vorstellung davon, was da vermutlich geschehen ist.

D: Nun sind leider die meisten Kriminalfälle nicht so klar zu beurteilen.

F: Natürlich nicht. Aber das Beispiel zeigt das Prinzip. Wenn wir zwei Minuten brauchen, bis wir am Tatort sind: Was kann da alles passiert sein? Wenn man nachdenkt, kommt man auf eine ganze Menge von »alternativen« Möglichkeiten, sich über den Fall ein Urteil zu bilden. Aber am Anfang steht ein intuitiver Eindruck davon, wie es – angeblich – gewesen sein muss.

D: Erst urteilen – dann nachdenken. Machen Richter das genauso?

F: Die Entscheidungsvorgänge dürften in Wirklichkeit deutlich intuitiver vor sich gehen, als sich das in den schriftlichen Urteilsgründen darstellt. Die werden ja erst nachträglich geschrieben, das Urteil ist dann schon gefällt. Man muss als Richter ein großes Maß an Disziplin aufbringen, die intuitiven Entscheidungsvorgänge und -ergebnisse gegenüber sich selbst und auch in der Diskussion mit den Kollegen zu überprüfen und infrage zu stellen, also mit rationalen Gründen zu prüfen, ob sie gerechtfertigt sind.

D: Das Ergebnis steht fest, dann sucht man nach Belegen. Kann das funktionieren?

F: Das funktioniert immerhin eingeschränkt. Meist geht es ja um sehr differenzierte Entscheidungsvorgänge. Nehmen Sie als Beispiel die Entscheidung über die Strafzumessung. Es gibt ganze Bibliotheken darüber, nach welchen Regeln, mit welchen Argumenten, Zwecken, Maßstäben die Strafe zu bestimmen ist. Nach einer recht gut begründeten Theorie funktioniert es freilich in der Wirklichkeit gerade andersherum: Danach denkt der Richter, auf der Grundlage seines – unreflektierten – Weltbilds, seiner Persönlichkeit, seiner beruflichen und lebensweltlichen Erfahrung: Dieser Angeklagte kriegt sieben Jahre, weil die Tat sieben Jahre wert ist. Erst wenn man das gedacht oder eher gefühlt hat, beginnt man mit der Prüfung, welche rationalen Gründe eine solche Entscheidung rechtfertigen können.

D: Die intuitive Methode, die Wahrheit aus dem Bauch zu holen, scheint jedenfalls nicht gerade besonders zuverlässig.

F: Bei der Wahrheitssuche geht es immer um Beweiswürdigung. Und das ist eine außerordentlich schwierige Angelegenheit, sehr komplex. Die Wahrheit, die wir im Strafprozess ermitteln, ist eine raffinierte mehrfache Spiegelung von Sachverhalten, die sich nach bestimmten Regeln, auch Verständnisregeln, vollzieht. Und dabei geht es auch stets um Vereinbarungen: über Bedeutungen, über Sinn, über kausale Zusammenhänge, über das Maß von

Verantwortung für eigene oder fremde Handlungen, das wir den Menschen zumuten müssen und können.

D: Vereinbarungen über die Wahrheit? Wer vereinbart da was mit wem?

F: Es gibt eine Vielzahl von allgemeinen, kulturellen, aber auch spezifisch justiziellen Konventionen darüber, wie Wahrheit ermittelt wird und was das Ergebnis dieser Ermittlung bedeuten soll. Es ist selten so einfach, dass man sagen kann: Ja oder Nein. Ein Auto war weiß oder schwarz. Eine Vielzahl von Beweiswürdigungen beschäftigt sich mit differenzierten Handlungsabläufen, den dazugehörigen Motivationsstrukturen und Interaktionen zwischen Menschen. Nehmen Sie als Beispiel ein ganz belangloses, kurzes Gespräch mit einem Kollegen, das Sie kürzlich geführt haben: Es ist fast unmöglich, restlos alle Worte, Gesten, Motive, Gedanken, Sinnstrukturen einer solchen Begebenheit auch nur in Erinnerung zu behalten. Viel schwieriger ist es, sie aus einer Mehrzahl mehr oder minder verwirrter Schilderungen von Zeugen Monate später zu ermitteln. Solche Beweiswürdigung ist, von verschiedenen Seiten, in ganz hohem Maße subjektiv geprägt.

D: Ist Wahrheit also subjektiv?

F: Das Strafverfahren ist eine mehrfache Filterung der Wirklichkeit. Der erste Filter, der über der Realität liegt, ist das materielle Strafrecht. Was jemand denkt, will und wie er handelt, ist für das Recht überhaupt nur belangvoll und wahrnehmbar, wenn es Tatbestandsmerkmale eines Gesetzes verwirklicht. Nur solche Wirklichkeitspartikel kommen durch diesen Filter. Unser Denken oder Empfinden weiß zum Beispiel nichts vom »Vorsatz« oder von der »Handlung«. Stattdessen vollziehen wir mit Sinn, Erinnerung, Motiven aufgeladene Kommunikationen, Bewegungen. Dies sind Vorgänge von großer Komplexität, das Strafrecht aber nimmt daran nur wahr: A hat B geschlagen; er hat eine vorsätzliche Körperverletzungshandlung begangen. Nur das ist für die Erfüllung des Tatbestands von Belang. Viele Aspekte der Wirklichkeit landen so niemals in einem Urteil.

D: Man könnte sagen, das Strafrecht ist eine Konvention, welche Sicht auf die Wirklichkeit maßgeblich sein soll.

F: Das in Jahrhunderten entwickelte heutige System des Strafprozesses, angefangen von der polizeilichen Ermittlung bis zur rechtskräftigen Entscheidung eines Revisionsgerichts, regelt die Umformung und Verarbeitung von Wirklichkeit in einen Fall. Im Prozess wird der Fall zu einer Akte. Und diese Akte wird ein Urteil. Dabei wird die Realität immer wieder gespiegelt, durch mehrere Filter geschickt. Denken Sie beispielsweise, wie viele Filter eine Zeugenaussage durchlaufen muss, bevor sie in einem Urteil steht.

D: Der erste Filter ist also das Protokoll, das der Vernehmungsbeamte bei der Polizei anfertigt.

F: Das Protokoll ist schon seinerseits nur ein Resultat, etwas, das aus dem Filter herauskommt. Zunächst äußert sich ja eine Person, willkürlich aus dem Leben gegriffen, studiert oder nicht, intelligent oder dumm, böswillig oder naiv, des Deutschen mächtig oder nicht. Ihr gegenüber sitzt ein Polizeibeamter; der hat seine eigene Geschichte, seine eigene Subjektivität, und hört sich die Schilderung an. Nicht, um sich zu unterhalten: Er hat ein bestimmtes Erkenntnisinteresse, er hat Vorwissen, Vorurteile, subjektive Meinungen darüber, wie glaubhaft die Schilderung ist. All das fließt in die Vernehmung selbst, aber auch in die Protokollierung ein. Die große Mehrzahl der Vernehmungen wird ja nicht wörtlich protokolliert oder vom Tonband abgeschrieben. Es wird ein Gespräch geführt und dann abschnittsweise protokolliert. Dabei gibt der vernehmende Polizeibeamte entweder per Diktat oder durch Vorlesen beim Schreiben oder erst nachträglich die Aussage des Zeugen oder Beschuldigten in seinen eigenen Worten wieder. Dabei kann viel verloren gehen oder auch dazu-kommen, ohne dass dem irgendein böser Wille zugrunde liegt.

D : Aber das Gericht fragt den Zeugen ja später in der Hauptverhandlung noch mal; also kann es sich selbst einen Eindruck verschaffen.

F : Eine Erstaussage – sowohl von Zeugen wie von Beschuldigten – ist regelmäßig sehr wichtig. Sie hat aus verschiedenen Gründen oft prägende Wirkung für weitere Vernehmungen, aber auch für das Bild, das sich im Laufe des Verfahrens über den Fall bei den professionell Handelnden herausbildet. Ein Zeuge in der Hauptverhandlung vor einem Strafgericht ist in einer sehr druckvollen Situation. Er kann selten wirklich frei ein Abbild der Realität geben. Ihm gegenüber sitzen Richter, die die Akten gelesen haben, die die früheren Protokolle kennen, die für sich wiederum herausfiltern, was sie für wesentlich halten. Jedenfalls in den Verfahren vor dem Landgericht, also in den schwerwiegenderen Strafsachen, erfolgt ja auch keine wörtliche Protokollierung der Aussagen. Was der Zeuge oder Beschuldigte sagt, wird vom Vorsitzenden oder von einem der Beisitzer selektiv mitgeschrieben. Das Urteil wiederum ist eine Frucht der subjektiven Erinnerung an die Verhandlung. Der Wahrheitsgehalt steigt mit der Anzahl der Richter, die sich einig sind, dass eine bestimmte Erinnerung richtig ist.

D : Das Ergebnis der Hauptverhandlung, vielleicht wochenlanger Beweisaufnahme, durch den Filter der Erinnerung der Richter?

F : Der Berichterstatter, der das Urteil schreibt, hat keine spezielle Ausbildung für so etwas. Er hat nur seine Routine, und er hat Kenntnisse darüber, wie üblicherweise Sachverhalte und Argumente in einem Urteilstext dargestellt, präsentiert, kombiniert und präzisiert werden. Er hat insoweit also eine Art von Vorlagen.

D : Ist es nicht ein Fortschritt, wenn die Richter sich zunehmend wissenschaftlicher Kompetenz von Gutachtern bei der Wahrheitssuche anvertrauen?

F : Sicher. Aber es ist auch eine Delegation von Verantwortung, die eigentlich niemand den Richtern abnehmen kann. Der Richter ist dafür verantwortlich, was als Wahrheit festgestellt wird, niemand anderes. Es geht mir nicht darum, die Wissenschaft der Psychologie oder der neurologischen Hirnforschung aus dem Prozess herauszuhalten, oder gar zu irrationalen Begründungsstrukturen zurückzukehren. Es geht aber um das Maß – im wahrsten Sinn dieses Wortes – von Vertrauen, das wir in die Naturwissenschaften einerseits, in die normativ geregelten Verfahren andererseits haben.

D : Wenn die Wahrheitsfindung in die Hände von Gutachtern gerät, beschädigt das die Legitimität der Justiz?

F : Ja. Wer die Wahrheit sagt, wem zu glauben ist, wie hoch die Strafe sein soll: Das haben Richter zu entscheiden, nicht Oberärzte. Das Urteil muss für den Angeklagten und die Öffentlichkeit als Produkt eines unabhängigen und fairen Gerichts erkennbar sein; nur so kann es Legitimität und damit Geltung entfalten.

D : Selbst wenn es ein Fehlurteil ist?

F : Es geht um die Anerkennung von Geltung, um die Überzeugung, dass Gerechtigkeit hergestellt worden ist, eine gewisse ausgleichende oder Genugtuungsgerechtigkeit. Daneben besteht natürlich auch das Ziel, Strukturen zu festigen und die staatliche Gewalt, die das Strafrecht insgesamt darstellt, als legitime Gewalt zu bestätigen.

D : Ist denn nicht die beste Legitimation einer Entscheidung, dass sie auf Wahrheit beruht?

F : Die Antwort fällt auch oder gerade heute nicht ganz leicht. Nach ständiger Rechtsprechung des Bundesverfassungsgerichts ist es die oberste und wichtigste Aufgabe des Strafprozesses, die wirkliche Wahrheit herauszufinden, die ganze Wahrheit. Aber so einfach ist das eben nicht. Die Wahrheit einer Tatbestandsfeststellung vor Gericht kann in Konflikt geraten mit Wahrheiten, die als solche im Prozess gar nicht festgestellt werden können. Dann entstehen massive Legitimationsprobleme.

D: Welche Wahrheiten können das denn sein, die sich im Prozess nicht feststellen lassen?

F: Sie werden in einer großen Anzahl von Verfahren im Strafrecht wie in allen anderen Rechtsgebieten die Erfahrung machen, dass Menschen mit hohen Hoffnungen hineingehen und mit großen Enttäuschungen herauskommen. Um deren Wahrheiten geht es.

D: Das gilt sicher für Angeklagte wie ihre Opfer.

F: Besonders für die Opfer. Das gilt gleichermaßen in Zivilverfahren, weil häufig für die Menschen der Eindruck bleibt: Das, worum es mir eigentlich ging, ist gar nicht zur Sprache gekommen. Da geht es um rechtliche Spitzfindigkeiten, die sich die Profis wie Jongleure zuwerfen, aber um meine Probleme und Hoffnungen geht es gar nicht.

D: Delegitimiert sich also die Justiz durch Juristerei selbst?

F: Das Problem ist, dass die vor Gericht ausgeblendeten Wahrheiten genauso wahr sind wie die anderen auch. Aber die Justiz wird mit ihnen nicht fertig, weil sie dafür nicht geschaffen und nicht bestimmt ist. Nehmen Sie zum Beispiel den simplen Fall eines Betrugs: Die Justiz nimmt nur die Fälle von Betrug wahr, die sie bewältigen kann, die anderen sind systematisch ausgeblendet.

D: Welche denn?

F: Es könnte jemand kommen und sagen: Das ganze Finanzsystem, über dessen Zusammenbruch oder Rettung wir zurzeit in Europa sprechen, ist eine einzige kriminelle Veranstaltung, ein System zur Begehung von Betrug oder Untreue.

D: Und was würde ein Staatsanwalt sagen, wenn die Spitze der Deutschen Bank deshalb angezeigt würde?

F: Er würde gewiss kein Vorermittlungsverfahren führen, und zwar zu Recht. Denn unser Strafrecht ist nicht dazu da, die Grundlagen unserer Wirtschaftsordnung oder das Verhalten einer großen Mehrheit der Bevölkerung zu kriminalisieren. Wir können immer nur jene zwei oder drei Prozent der Bevölkerung mit strafrechtlichen Mitteln verfolgen, die wir als kriminell abweichend definieren. Wahrheiten, die darüber hinausgehen, die finden im Strafrecht gar nicht oder nur als sogenannte Rahmenbedingungen statt.

D: Aber Wirtschaftsprozesse mit Bankiers als Angeklagten haben doch auch schon in Deutschland stattgefunden.

F: Es geht dabei um wenige, denn das Strafrecht ist nur für die wenigen gemacht, nicht für ein ganzes System. Es ist auf der Suche nach einigen wenigen schwarzen Schafen in einer weiß gedachten Herde. Mit großen Herden von grauen Schafen kommt es nicht zurecht.

D: Die Auswahl bei der Strafverfolgung mag man kritisieren. Aber kann die Justiz nicht ihre Glaubwürdigkeit einfach dadurch beweisen, dass sie wenigstens den kleinen Ausschnitt der Wahrheitssuche, der ihr anvertraut ist, anständig erledigt?

F: Stellen Sie sich einen ganz banalen Betrugsprozess vor dem Amtsgericht vor. Es kommt jemand in den Gerichtssaal, der wegen Betrugs vorbestraft ist. Er hat bei irgendeinem Versandhaus für 800 Euro Waren bestellt. Die Waren kamen an; die Lastschrift ging zurück. Nun sagt er: Ich habe ganz bestimmt keinen Betrugsvorsatz gehabt. Ich habe gedacht, die Bank werde die Lastschrift einlösen. Ähnlich klingt es, wenn heute Bankvorstände sagen: Ich war ganz sicher, dass das mit den Derivaten klappt, und mit einem Volumen von Eigengeschäften, das das Eigenkapital um das Hundertfache und den Gesamtwert der Bank um das Zehnfache überstieg.

D: Große und kleine graue Schafe.

F: Wie filtern Sie aus dem Menschen, der möglicherweise subjektiv halbwegs geglaubt hat, was er versprach, eine Wahrheit, die Geltung beanspruchen kann, die vor dem Recht und seinen Anforderungen Bestand hat? Ich bin ziemlich sicher, dass unser Strafrechtssystem geneigt ist, dem zitierten Bankmanager seine Gutgläubigkeit zu glauben oder sie als unwiderlegbar hinzunehmen – und den insolventen Versandhauskunden wegen Warenkreditbetrugs zu bestrafen. Aber der wird möglicherweise sein Leben lang behaupten, dass dies ein schwerer Justizirrtum war. Denn er habe ja bestimmt bezahlen wollen, wenn er Geld gehabt hätte.

D: Und – hat er nicht recht?

F: Das kann man nicht allgemein sagen. Jeder weiß, dass es eine unendliche Vielzahl von Ambivalenzen gibt, die sich teilweise in den Prozessen und jedenfalls in den schriftlichen Urteilsgründen überhaupt nicht wiederfinden. Nehmen Sie die alltägliche Frage vor Gericht: Hat das Opfer einer sexuellen Nötigung zugestimmt oder nicht? Wie viele Zwischen-Wahrheiten gibt es da, die von der Justiz nicht berücksichtigt werden können.

D: Ist also die ganze Veranstaltung der Wahrheitssuche vor Gericht nur ein großes Theater, eine Inszenierung zur Erzeugung von Legitimität?

F: Ich würde sagen: In Wirklichkeit ist es, bildlich gesprochen, ein Balancieren auf einer sich mehrfach und dynamisch neigenden Ebene. Der Strafprozess verfolgt gleichzeitig mehrere Ziele: Wahrheit, Gerechtigkeit, Legitimität. Und er soll möglichst alles gleichzeitig optimal erfüllen. Das ist fast nicht möglich.

D: Die Juristen machen es sich aber auch besonders schwer. So müssen Richter auch über sogenannte innere Tatsachen Beweis erheben. Da geht es um psychische Vorgänge: Was hat sich der Täter gedacht, hatte er Vorsatz, hatte er niedrige Beweggründe? Ob jemand seine Tante erschlagen hat, kann man mit viel Glück beweisen, aber wie soll man beweisen, was er sich dabei gedacht hat?

F : Es ist jedenfalls nach unserem System erforderlich. Wenn man jemanden wegen Mordes verurteilen will, muss man zum Beispiel das Tatbestandsmerkmal »niedrige Beweggründe« beweisen. Dazu muss man zum einen eine Vorstellung davon haben, was als niedrig gelten soll. Denn die Tötung ohne niedrige Beweggründe, also der Totschlag, ist ja nicht eine solche aus edlen Motiven. Niedrig muss etwas ganz besonders Verachtenswertes sein. Ist Blutrache niedrig? Ist Eifersucht verachtenswert? Dies muss bewertet werden; es ist keine Frage von wahr und unwahr. Man muss herausbekommen, was die Person gedacht, gefühlt, gewollt hat: In den meisten Fällen ergibt sich das nur aus Schlussfolgerungen, aus Indizien, einzelnen Äußerungen, Verhaltensweisen. All das muss zusammengebracht werden. Diese Aufgabe stellt sich dem Richter immer wieder neu: die große Vielzahl von Ambivalenzen im Sinn und in der Motivation menschlichen Verhaltens und subjektiver Vorstellungen zusammenzufassen und auf scheinbar eindeutige Begriffe zu reduzieren. Dem muss man sich außerordentlich skrupulös nähern. Es ist nicht immer möglich, aber das ist ein ganz wesentlicher Teil der Aufgabe.

D : Nochmals: Kann man über das, was ein Mensch gedacht hat, Beweis erheben?

F : Oft gehen, aus den genannten Gründen, Tatsachenfeststellung und Bewertung ineinander über.

D : Werturteile lassen sich aber nicht beweisen.

F : Normative Festlegungen zu treffen und Grenzen zu bestimmen ist ein wesentlicher Teil richterlicher Tätigkeit. Natürlich gehen Richter mit ähnlichen oder denselben subjektiven Voraussetzungen an die Aufklärung von Sachverhalten heran wie alle anderen Menschen auch. Es kommt auch hier darauf an, um was für eine Persönlichkeit es sich handelt; was also der einzelne Richter für eine Bildung, einen Horizont, ein Verständnis, eine Empathiefähigkeit hat.

D : Ein Urteil ist also kein Markenartikel der Firma mit der Waage im Logo, sondern von Fall zu Fall besser oder schlechter.

F : Die Unterschiede zwischen Richtern dürften genauso groß sein wie die zwischen Augenärzten, Betriebswirten oder Journalisten. Deshalb ist es von äußerster Wichtigkeit, das Verfahren selbst, unabhängig von der einzelnen Richterpersönlichkeit, so zu gestalten, dass die Fehlerquellen überschaubar bleiben und durch das Verfahren selbst eine möglichst hohe Garantie von Wahrhaftigkeit entsteht.

D : Leistet das Strafverfahren das denn?

F : Ich glaube immer noch, dass das Verfahren im Grundsatz recht gut geeignet ist, die Wahrheit zu fördern. Aber es gibt in den letzten Jahrzehnten eine zunehmende Entformalisierung des Verfahrens, durch die es zu geradezu tragischen Kollisionen der Wahrheitssuche mit dem Anspruch auf Gerechtigkeit kommen kann.

D : In Prozessen über komplizierte Sachverhalte wird die Wahrheit immer häufiger zum Gegenstand von Deals zwischen Staatsanwaltschaft, Gerichten und den Verteidigern des Angeklagten.

F : Das liegt daran, dass Strafrecht gemacht ist für recht schlichte Sachverhalte, für Menschen mit überschaubaren Verhältnissen, für eine begrenzte Anzahl denkbarer Handlungs- und Motivstrukturen. Mit komplizierten Sachverhalten und intelligenten Beschuldigten, die den Richtern und Staatsanwälten vielleicht gar an Kenntnis, Bildung, taktischem Geschick überlegen sind, tut das Gericht sich auf quälende Weise schwer. Wir werden mit größeren Wirtschaftsprozessen seit Jahrzehnten nicht mehr angemessen fertig. Wir mussten inzwischen unser ganzes Strafprozessrecht ändern, um überhaupt noch die Illusion herzustellen, wir könnten substanziell beurteilen, was da passiert.

D : Die Illusion von Justiz ist erst kürzlich durch die Legalisierung von strafgerichtlichen Vereinbarungen über

Strafmilderung gegen schnelle Geständnisse befördert worden. »Verständigung im Strafverfahren« heißt das. Sind die Grenzen, die das Recht für den Handel mit der Wahrheit setzt, zu weit?

F : Es ist extrem einfach, die gesetzlichen Grenzen zu unterlaufen. Und deshalb wird es gemacht. Es gibt viele Berichte von Strafverteidigern, die glaubwürdig darstellen, dass es Gerichte gibt, die mit den Möglichkeiten der Informalität in einer nicht verantwortlichen Weise umgehen. Ich halte es für eine geradezu empörende Verharmlosung, dem entgegenzuhalten, es handle sich um Ausreißer oder Einzelfälle. Zum einen stimmt das nicht. Und zum anderen: Seit wann kann die rechtsstaatliche Justiz mit Einzelfällen von Rechtsbeugung leben?

D : Soll man Deals um die Wahrheit generell verbieten?

F : So ein heimlicher Handel kann nicht funktionieren. Er zerstört alles. Er zerstört 250 Jahre Prozessgeschichte. Ein ganz wesentlicher Teil unseres Selbstbilds als Rechtsstaat besteht darin, dass wir Kontrollen und Rechtsförmlichkeiten entwickelt haben, die unser Recht unabhängig machen von der Willkür eines Gerichtsherrn oder der Laune eines Richters. Wir sind stolz darauf, mit einem menschenrechtlich, grundrechtlich begrenzten Instrumentarium der Aufklärung gegen Beschuldigte vorzugehen, wenn wir die Wahrheit suchen. All das wird über den Haufen geworfen, wenn man hergeht und sagt, wir lassen, wenn es sein muss oder weil es aus Gründen der Arbeitsüberlastung leider nicht anders geht, eine kontrollfreie Anwendung von ausgehandeltem Recht auf ausgehandelte Sachverhalte zu.

D : Solange die Angeklagten dabei besser wegkommen als in einem streng formalen Prozess, geschieht ja niemandem Unrecht.

F : Es gibt Fälle, in denen Gerichte wesentliche Grundstrukturen eines Geständnisses vorgeben, etwa: Wir gehen davon aus, dass ein Geständnis in dieser und dieser Richtung erfolgt und die Fälle X bis Y erfasst. Das kann selbstverständlich zulasten des Angeklagten ausgehen. Es wird zum Beispiel dem Beschuldigten gesagt: Du hast relativ geringe Chancen, aus dieser Sache rauszukommen. Aber du bekommst Bewährung, wenn du dieses Geständnis ablegst. Anschließend kannst du weiter behaupten, du seiest von deinem Verteidiger dazu gebracht worden, das Geständnis wider die Wahrheit abzulegen.

D: Wenn Sie als Revisionsinstanz mit Landgerichtsurteilen zu tun haben, die offenbar auf erfundenen oder vereinbarten Wahrheiten beruhen, möchten Sie da nicht manchmal dazwischenhauen?

F: Ja, das kommt vor. Aber wir haben da zu wenige Möglichkeiten. Wir prüfen Urteile auf Rechtsfehler. In der Revision reden wir nur darüber, ob in den schriftlichen Urteilsgründen die Tatsachengrundlage lückenlos und widerspruchsfrei dargelegt ist oder Fragen offenlässt. Es geht in der Revisionsinstanz noch viel weniger als in der Tatsacheninstanz um einen direkten Zugriff auf die Wahrheit, sondern beinahe immer nur um deren Darstellung im Urteil – die kann gut oder schlecht sein –, gleichgültig, was wirklich war.

D: Ein guter Richter scheint so etwas wie ein guter Journalist zu sein: Er kann sich klar ausdrücken, weiß, was seine Leser beim BGH gerne lesen möchten, und lässt keine Fragen offen. Nur: Journalisten müssen sich an die Wahrheit halten.

F: Die Arbeit des Richters am Urteil ist eine Art Kunsthandwerk. Selbstverständlich hat ein Tatgericht die Möglichkeit, ein Urteil so zu schreiben, dass es nicht die Wirklichkeit des Verfahrens wiedergibt, aber revisionsrechtlich in keiner Weise angreifbar ist. Wenn sich aus der Urteilsurkunde selbst keine Anhaltspunkte wie logische Denkfehler oder Erörterungsmängel finden lassen, bleibt nichts als ein schlechtes Gefühl.

D : Können Sie denn nicht in die Prozessakten schauen, um sich Klarheit zu verschaffen?

F : Die Sachakten der Fälle liegen in der Revisionsinstanz meist in der Geschäftsstelle im Schrank. Sie werden für die Bearbeitung der Revision in der Regel nicht benötigt. Revisionsrichter dürfen gar nicht in die Akten schauen, um zu prüfen, ob es vielleicht auch irgendwie anders gewesen sein könnte, als festgestellt. Und sie tun es auch nicht. Wer 600 Revisionen im Jahr erledigen muss, hat weder Zeit noch Lust, auch noch in den Akten der Landgerichte nachzuschauen, ob vielleicht eine Spur übersehen wurde.

D : Das muss ein verdammt schlechtes Gefühl für einen Angeklagten vor dem Landgericht sein, wenn ihm klar wird: Du bist vollständig in der Hand deiner Richter. Niemand kann diesen Juristen über die Schulter schauen und sagen: Du hast bei der Beweisaufnahme Mist gebaut.

F : Das ist richtig. Aber eine weitere Instanz einzuführen würde die Sache nicht wesentlich verbessern. Es hätte aber viele Nachteile, die dadurch entstehen, dass die Verfahren sich unendlich in die Länge ziehen. Die Wahrheiten werden ja nicht klarer im Laufe der Zeit.

D : Was soll man also machen?

F : Die weitaus meisten Richter, das muss man klar sagen, arbeiten mit einem hohen Willen, alles richtig zu machen und möglichst gute Arbeit zu leisten, insbesondere auch in der Ermittlung von Wahrheit. Aber manche haben persönlich Hemmungen, sich allzu sehr auf die Tatsachen der Wirklichkeit einzulassen.

D : Sind Richter weltfremd?

F : Nicht mehr als alle anderen auch. Es ist doch ein allgemeines Lebensgefühl heute: überfordert zu sein von der puren Masse hoch spezialisierten Wissens. Es laufen so viele Sachverständige umher, die mehr wissen als man selber. Alles ist so schwierig und das Leben so unübersichtlich und kompliziert. Unter diesem Eindruck sagt man gern: Das ist so, weil es so ist. Und weil ich als Richter derjenige bin, der das zu entscheiden hat, bin ich weder verpflichtet, das zu begründen, noch mich mit den Details von Einwendungen zu befassen.

D: Würden Sie so eine Justiz als rechtsstaatlich bezeichnen?

F: Das ist ja weder die Regel noch ist es gar, von Einzelfällen abgesehen, eine subjektive Absicht. Es ergibt sich, und die Argumentationsroutinen begünstigen es: Warum soll ich mehr wissen über Borderline-Störungen als ein Universitätsprofessor für Psychiatrie? Das Publikum will Wissenschaft, das Gesetz verlangt Sachverständige. Also fragt man den Herrn Sachverständigen, ob der Angeklagte schuldfähig war, obwohl nicht er, sondern allein das Gericht für diese Frage zuständig ist. Der Sachverständige ist stolz, dass er den Prozess entscheidet. Das Gericht schreibt sein Gutachten ab und versichert, dies habe es ganz und gar verstanden, geprüft und festgestellt.

D: Sind Richter unzureichend für ihren Beruf ausgebildet?

F: Beklagenswert ist jedenfalls eine relativ schlechte Kenntnis vom wissenschaftlichen Standard der Psychologie oder – noch schlimmer – der soziologischen und kriminologischen Forschung. Der Umgang der Justiz mit den Psycho-Wissenschaften ist teilweise von schmerzhafter Beschränktheit. Etwa wenn nur auf das Ergebnis geschaut wird: Nützt uns das oder nicht? Sozialwissenschaften sind der Justiz weitgehend verborgen. Sie gelten vermutlich noch immer als ein wenig subversiv und unnötig verwirrend. Trotzdem muss man sagen, dass die große Mehrzahl der Richter, die heute im Strafrecht tätig sind, über wesentlich bessere Kenntnisse der sogenannten Hilfswissenschaften verfügt als vor 30 oder 40 Jahren.

D: Wie kann man lernen, ein guter Richter zu sein?

F: Vor allem ist es eine Frage der individuellen Auffassung vom Beruf. Ich denke, ein guter Richter zeichnet sich dadurch aus, dass er die Menschen mag: Nicht nur die Guten, Rechtschaffenen, Gradlinigen, sondern auch die anderen. Wer die Menschen nicht mag, versteht nichts und sieht immer nur sich selbst. Ich meine außerdem, dass der Richter über ein hohes Maß an Verantwortungsgefühl verfügen sollte. Denn es ist ja ein außerordentliches Privileg, Richter zu sein. Und deshalb muss man sich auch entsprechend verhalten.

D: Das wird niemand bestreiten. Aber wie kriegt man das hin?

F: Man muss Richter dazu bringen und ermuntern, Zeit ihres Berufslebens offen zu sein für die Welt außerhalb des Rechts und für die Fehlerquellen in ihrem eigenen Handeln. Das geht letztlich nur, indem man diesen Lernprozess institutionalisiert, etwa durch eine regelmäßige Supervision.

D: Da kann man schon das empörte Geschrei hören, so etwas verletze die richterliche Unabhängigkeit.

F: Das muss ja nicht bedeuten, dass da irgendwelche Oberrichter im Nachhinein Videoaufzeichnungen der Hauptverhandlung anschauen und die Kollegen kritisieren. Aber man kann sich vorstellen, dass Richter beispielsweise regelmäßig dazu angehalten werden, einmal im Jahr an Planspielen teilzunehmen, mit intensiver, wissenschaftlich fundierter Begleitung und Auswertung. Und wenn Richter auch während ihres Berufslebens damit konfrontiert würden, wie sie ihre Urteilstexte gestalten, würde das ihrer Würde und ihrer Macht keinen Abbruch tun, sondern ihrer Bildung helfen und ihrem Selbstbewusstsein auch. Die Unabhängigkeit ist ja nicht um der Richter willen da.

ACHTES KAPITEL

Ein Deal

Der Rechtsfrieden in Brandenburg

Was ist das Ziel von Strafjustiz? »Das Ziel des Strafprozesses ist die Schaffung von Rechtsfrieden auf dem Wege des gewissenhaften Strebens nach Gerechtigkeit.« So steht es am Anfang des »Meyer-Goßner«, des Handkommentars zur Strafprozessordnung, der auf jedem Richtertisch zu finden ist.

Das handliche Buch stand auch auf dem Tisch von Amtsrichter Riechmann in Potsdam. Doch wahrscheinlich hat der gar nicht hineingeschaut an jenem Oktobertag im Jahr 2000, als er sein Urteil über den Polen Artur Tokarczyk, 35, fällte. Zwei Jahre auf Bewährung wegen gewerbsmäßiger Steuerhehlerei. Ein Routinefall, langweilig, einer von vielen an diesem Tag, ein ganz einfacher dazu. Die Urteilsbegründung war mit einem Satz erledigt: »Der Angeklagte ist geständig.«

So hat man das gern als Amtsrichter, denn draußen auf dem Flur warten schon die nächsten Kunden, Zeugen sitzen gelangweilt herum, und jede Stunde, die sie warten müssen, kostet Geld. Doch an diesem schnellen kleinen Urteil sollte die Justiz nicht viel Freude haben. Der Strafprozess vor dem Amtsgericht Potsdam, so stellte sich bald heraus, diente weder dem Rechtsfrieden noch der Gerechtigkeit. Das alltägliche Verfahren erwies sich als schneller, kleiner, alltäglicher Justizirrtum. Ungewöhnlich ist nicht, was geschah. Ungewöhnlich ist allerdings der Schaden: Die Justiz sah sich schließlich einer Forderung von mehr als acht Millionen Euro gegenüber.

Das ist nach Expertenschätzung der Marktwert von fünf Tonnen »Seltener Erden«. Diese Elemente sind so wertvoll, dass sie weltweit gesucht und nur in Grammportionen gehandelt werden. Die Industrie leckt sich alle Finger nach den exotischen Bodenschätzen. Seltene Erden werden für Akkus, Laser, Elektromotoren und viele elektronische Geräte wie Handys gebraucht. Ohne Seltene Erden gehen in der digitalen Welt die Leuchtdioden aus.

Fünf Tonnen Seltener Erden. Der ungewöhnliche Schatz lagerte im Keller der Kunstgalerie Popov in der Berliner Wielandstraße. Wie er da hinkam und warum, was Artur Tokarczyk aus dem polnischen Städtchen Kolobrzeg damit zu tun hat und warum die Polizei schließlich bei ihm 62 verplombte Holzkisten mit dem teuren Zeug gerade in dem Moment beschlagnahmte, als Tokarczyk, »Import- und Export-Vermittler«, sie verkaufen wollte – das ist eine Geschichte, die ist zu verrückt für die Justiz. Weltweit organisierter Schwarzhandel mit seltenen Stoffen? Viel zu kompliziert.

Das Gericht wählte einen Weg zur Wahrheit, der mittlerweile alltäglich ist – eine Abkürzung. Die Justiz machte dem Polen nach fünf Monaten in Untersuchungshaft ein Angebot, das er nicht ablehnen konnte: Wenn er zugebe, dass er das rätselhafte Zeug illegal aus Polen nach Berlin geschafft habe, dann dürfe er sofort nach Hause zu Frau und Kindern fahren, sein Urteil werde zur Bewährung ausgesetzt. »Zum Zwecke der Prozessverkürzung«, heißt es im schönsten Gerichtsprotokolldeutsch, »wäre der Angeklagte einverstanden ... bezüglich seiner Person zu einer Verurteilung zu einer Bewährungsstrafe zu kommen und somit heute entlassen zu werden.«

Wer würde, nach fünf Monaten Knast, so ein Angebot nicht annehmen? Tokarczyk, des Deutschen kaum mächtig, hatte fünf Monate lang hartnäckig bestritten, irgendetwas Unrechtes getan zu haben. Nun ließ er seinen Anwalt zu Protokoll geben, dass er mit dem wie auch immer gefingerten Erdenschmuggel die Bundesrepublik um Einfuhrzoll und Einfuhrsteuern betrogen hat: »Ich habe es für möglich gehalten, aber es war mir egal.«

Gebongt. Im Namen des Volkes erkannte das Amtsgericht Potsdam für Recht: Der Angeklagte habe mit seinem Schwarzhandel den Staat um 1 121 112,21 D-Mark Einfuhrumsatzsteuer und um 248 308,35 D-Mark Zoll betrogen. Macht zwei Jahre auf Bewährung. Tokarczyk durfte nach Hause, den Stoff behielt die Justiz da, und seinen roten VW-Passat, mit dem er in Handelssachen unterwegs war, ebenfalls.

So ein kleines Geschäft mit der Gerechtigkeit ist vom Gesetz erlaubt. Solche Geschäfte werden in der deutschen Strafjustiz nahezu täglich abgeschlossen. Anders wäre die Bewältigung massenhaften Unrechts von den unterbesetzten Gerichten nicht möglich. »Die Sachverhalte«, so sagt der BGH-Richter Thomas Fischer im Interview, »werden immer komplizierter, die Justiz ist dafür nicht geschaffen.« Die »Verständigung« im Strafverfahren wurde eigentlich zur Abkürzung von komplizierten Wirtschaftsstrafverfahren eingeführt, deren Beweisaufnahme meist in Details geht, die selbst die Banker auf der Anklagebank nicht ganz verstanden haben. Doch der Deal um das Strafmaß ist zur Epidemie geworden. Gerade an den Amtsgerichten, wo Gerechtigkeit in kleiner Münze ausgeteilt wird, schätzen es die Richter, sich auf diese Weise Entlastung vom gewaltigen Druck zu verschaffen. Jeder Richter hat ein »Pensum« zu erfüllen, eine gewisse Anzahl von Fällen »abzuurteilen«. Schon das Wort macht deutlich, worum es geht: um Effizienz, nicht um Gerechtigkeit. Ein guter Richter ist im Sprachgebrauch der Kollegen nicht einer, der dem Rechtsfrieden dient, sondern »ein guter Erlediger«.

Niemand kann sagen, wie viele Fälle die Justiz täglich

mit diesem modernen Ablasshandel erledigt. Denn im Urteil taucht darüber nichts auf. Und die nächste Instanz kann das Ganze ohnehin nicht überprüfen. Denn regelmäßig ist der Verzicht auf Rechtsmittel Teil des Handels. Wenn etwas bei der Schwamm-drüber-Methode schiefläuft, kommt es in der Regel nicht ans Licht.

So wäre auch der Fall des Artur Tokarczyk einfach eine weitere Nummer auf der Erledigungsliste des Amtsrichters Riechmann geblieben, wenn diese Seltenen Erden nicht so selten wären. Dass so teurer Stoff in den Fängen der Justiz bleibt, konnte Tokarczyk schon deshalb nicht hinnehmen, weil die Erden gar nicht ihm gehörten.

Die unerträgliche Leichtigkeit des Seins

Nun möchte man die Geschichte, die von der Justiz so trickreich vernebelt wurde, aber doch kennenlernen. Was geschah wirklich mit dem Superstoff im Keller? Hier die ganze Wahrheit über fünf Tonnen Dysprosiumoxid, Lanthanoxid, Ytterbiumoxid und Yttriumoxid:

Die Geschichte beginnt mit einem Schnäppchen, das ein griechisch-russischer Kaufmann mit Wohnsitz in Italien in Moskau machte. Da erwarb er mit Genehmigung des russischen Außenministeriums die Erden, die wie so vieles auf dem Grauen Markt des aufkeimenden russischen Mafia-Kapitalismus herumgeisterten. Der Mann führte seinen Schatz ganz legal nach Bayern ein und lagerte ihn in der Halle einer Spedition. Die fünf Tonnen landeten schließlich, versteuert, verzollt, gut versichert und gut verplombt, im Keller des befreundeten Berliner Galeristen Sergej Popov. Denn da war der italienische russische Grieche Teilhaber und nutzte darum den Keller auch für seine Geschäfte. Es war eine typische Berliner Ost-West-Symbiose: Oben, in den Ausstellungsräumen der renommierten Kunstgalerie, ergingen sich Vernissagen-Besucher bei der

Betrachtung der Ausstellung »Die unerträgliche Leichtigkeit des Seins«, unten im Keller lagerten schwer die Seltenen Erden.

Nun kam unser Mann ins Spiel, auch ein Freund von Popov, der sich sein Geld mit der Vermittlung heikler Geschäfte auf dem Berliner Weltmarkt für dubiose Ware verdiente. Import-Export-Agent Tokarczyk hatte bald Kontakt zu einem Interessenten. »Miguel« nannte sich der Mann, der Interesse an zwei Tonnen der seltenen Ware bekundete, gegen Bargeld und ohne Rechnung, versteht sich.

Im Mai 2000 traf sich Tokarczyk mit ihm in einem Potsdamer Einkaufszentrum und übergab eine Materialprobe. Unglaublich, Dysprosium(III)-oxid mit einem Reinheitsgrad von mehr als 99 Prozent. Zwei Tonnen von diesem Zeug für 1,7 Millionen US-Dollar, zahlbar in D-Mark, das war der Deal. Das Geld sollte in Tausend-Mark-Scheinen in zwei Plastiktüten verpackt sein: eine für Popov, eine für Tokarczyk. Ein Bombengeschäft auch für Miguel, wenn man bedenkt, dass das Gericht später den Wert der vereinbarten Lieferung mit 7 759 636 D-Mark veranschlagte.

Anfang Juni 2000 geschah dann die Übergabe: Ein Lastwagen mit 62 Holzkisten voller heißer Ware rollt über die Autobahn zum Hotel »Sol Inn« in Michendorf. Tokarczyk und Popov lassen sich von Miguel die Plastiktüten mit dem Geld zeigen. Dann werden die Kisten ausgepackt. Weit allerdings kommen die Geschäftsleute nicht. Plötzlich rückt Polizei an und verhaftet die beiden Verkäufer. Miguel, wir ahnen es, war ein verdeckter Ermittler der Zollfahndung Brandenburg.

So kompliziert ist die Geschichte nun auch wieder nicht, und würden sich Richter ein wenig mehr im wirklichen Leben auskennen, hätte sie der Fall wohl nicht erstaunt. In Berlin trennte vor zwei Jahrzehnten noch die Mauer zwei Welten. Nun, da sie weg war, schien hier nichts mehr unmöglich. Es herrschte tatsächlich eine für die Rechtspflege kaum erträgliche Leichtigkeit des Seins.

Menschen aus aller Welt, russischer Kaviar oder Seltene Erden, amerikanische Spekulanten und ukrainische Mädchenhändler, chinesische Diplomaten und vietnamesische Zigarettenfälscher: In Berlin-Mitte mischte sich alles neu. Und nicht alles, was einem deutschen Juristen schrill vorkam, war deshalb schon kriminell.

Das merkten bald auch die Zollfahnder, die das Verfahren ins Rollen gebracht hatten. In einem Vermerk notiert das Zollfahndungsamt Potsdam schon ein halbes Jahr nach dem Urteil, dass hier ein »Missverständnis« vorlag. Man hatte zur Klärung, ob die Oxide rechtmäßig ins Land gekommen waren, einfach beim »Rechenzentrum der Bundesfinanzverwaltung Frankfurt« nachgefragt: War dort die Einfuhr von ein paar Tonnen Seltener Erden registriert? Die Kollegen in Frankfurt fanden in ihren Computern nicht einmal ein paar Gramm. Da es in Frankfurt keinen Vorgang über Steuern und Zölle für die Ware gab, so hatten die Fahnder dem Gericht erklärt, seien die Erden nicht versteuert und verzollt worden. Und das Gericht ließ sich überzeugen.

Dabei hatten die Ermittler einfach ins falsche Register gesehen: In Frankfurt werden Einfuhren wie solche, deretwegen Artur Tokarczyk zu zwei Jahren Haft verurteilt wurde, gar nicht verzeichnet. Es hatte also gar keinen Grund gegeben, seinen Beteuerungen, dass zumindest zollrechtlich alles mit rechten Dingen zugegangen war, zu misstrauen.

Die Staatsanwaltschaft in Potsdam, mit der neuen Faktenlage konfrontiert, sah keinen Grund zur Aufregung: Eine Wiederaufnahme des Verfahrens sei »nicht angezeigt«. Denn: »Der Verurteilte hat in der Hauptverhandlung die Tat eingeräumt.« Auch bei den Staatsanwälten gibt es schwarze Schafe, darum kann es natürlich vorkommen, dass ein übereifriger Vertreter sich auf eine dermaßen alberne Ausflucht verlegt. Doch es sollte sich bald zeigen, dass solch ein Umgang der Justiz mit ihren

Opfern Methode hat. Eine Wiederaufnahme wurde nach heftigem Bemühen des Rechtsanwalts vom benachbarten Amtsgericht in Frankfurt an der Oder zwar zugelassen, aber die Richter verurteilten den Polen abermals.

Die Logik der Juristen an der Oder: Der Angeklagte hat zwar die Gesetze offenbar nicht gebrochen. Er hat es aber vor Gericht zugegeben: »Ich habe es für möglich gehalten, aber es war mir egal.« Also hat er doch zumindest versucht, die Gesetze zu brechen, oder nicht? Auch der Versuch der gewerbsmäßigen Steuerhehlerei ist schließlich strafbar.

Erst das Landgericht hatte schließlich im April 2006, nach Jahren des Hin und Her, in einem Berufungsverfahren Erbarmen mit dem Mann, der aus der Leichtigkeit des Seins in das Mahlwerk der Gerechtigkeit gefallen war. Man könne, so entschieden die Berufungsrichter in Frankfurt an der Oder, nicht gut einen Angeklagten in ein falsches Geständnis hineinlocken und ihn dann daran aufhängen. Freispruch.

Weg ist weg

Sechs Jahre und viele Tage Verhandlungen vor mehreren Gerichten hat die Justiz gebraucht, um einen Fehler, der durch rechtlichen Leichtsinn entstanden war, wenigstens einzuräumen. Von Wiedergutmachung kann dabei keine Rede sein. Denn als der Freigesprochene Tokarczyk nicht nur seinen als »Tatwerkzeug« eingezogenen VW-Passat wiederhaben wollte, sondern auch die beschlagnahmte millionenteure seltene Ware, kam die Justiz in Verlegenheit: Die Sachen waren weg.

Die Affäre mit dem Passat ließ sich schnell aufklären: Das Auto war routinemäßig an einen Gebrauchtwagenhändler im Oldenburgischen verkauft worden, für 195 Euro. Ein Schnäppchen für den, denn der geschätzte

Zeitwert des Geschäftswagens betrug zum Zeitpunkt seiner Beschlagnahme rund 10 000 Euro.

Doch das war noch eine kleine Differenz, gemessen an dem Problem, das sich alsbald bei der Suche nach den Seltenen Erden auftat, die vor Jahren bei der Verhaftung Tokarczyks und im Keller der Galerie als vermeintliches Schmuggelgut sichergestellt worden waren. Fünf Tonnen eines weltweit begehrten Wertstoffs – einfach verschwunden?

Weg ist weg. Als die Anwälte Tokarczyks die Ware zurückverlangten, stellte sich heraus, dass die Staatsanwaltschaft das in Popovs Keller sichergestellte Material dem Zoll als »Fundsache« zu weiterer Verwendung überlassen hatte. An der »Amtstafel« der Behörde hängte daraufhin am 11.04.2002 das Hauptzollamt Berlin einen Zettel auf: »Im Rahmen dieser Bekanntmachung wird der Eigentümer der v. g. Seltenen Erden bis zum 30.04.2002 aufgefordert, seine Rechte beim Hauptzollamt Berlin, Zimmer 2301, anzumelden und zu begründen.«

Als auch nach einer Verlängerung der Frist bis zum 06.05. sich weder Popov noch der griechisch-italienische Importeur in Zimmer 2301 gemeldet hatten, verkauften die Zollbeamten die Millionenware an einen Rohstoffhändler für 1154 Euro. Was für ein Schnäppchen! Ertragreicher für die Justiz war da schon der Verkauf der knapp zwei Tonnen, die auf frischer Tat in Michendorf beschlagnahmt und mit dem Urteil gegen den Polen »eingezogen« worden waren: Das Material, dessen Wert in eben diesem Urteil mit gut sieben Millionen D-Mark bewertet worden war, brachte immerhin 5911 Euro. Die Verwertung der eingezogenen Stoffe fand in mehreren Partien zwischen 2004 und 2006 statt. Allerdings hatte das Amtsgericht in Frankfurt an der Oder schon im November mit der Zulassung der Wiederaufnahme gegen Tokarczyk die »weitere Strafvollstreckung« und damit auch die Einziehung des beschlagnahmten Materials »aufgehoben«.

Tokarczyk hatte von all dem wenig mitbekommen, er war längst wieder daheim in Polen. Und die Staatsanwaltschaft in Brandenburg ist noch heute der Auffassung, dass alles mit rechten Dingen zugegangen sei: »Amtspflichtverletzungen«, so teilte die Generalstaatsanwaltschaft Brandenburg den Anwälten des Justizopfers mit, seien »nicht erkennbar«.

Niemand hatte einen Fehler gemacht, Gesetze wurden nicht gebrochen. Dass fünf Tonnen wertvollen Materials und ein roter Passat unter die Räder kommen, passiert schon mal im großen Mühlwerk der Justiz. Lutz Beyer, der Rechtsanwalt Tokarczyks, hat Klage vor dem Landgericht Potsdam gegen das Land Brandenburg und die Bundesrepublik Deutschland erhoben. Die Schadensersatzforderung beläuft sich auf 8 148 325,60 Euro zuzüglich Zinsen.

Wenn Tokarzcyk am Ende vor Gericht recht bekommt, wird das der teuerste Justizirrtum der bundesdeutschen Geschichte.

Schuldlos hinter Gittern

Der Kohlhaas aus Nürnberg

Die üble Justizaffäre aus dem 16. Jahrhundert gehört bis heute zum Pflichtstoff an vielen Gymnasien. Der sächsische Junker Wenzel von Tronka hatte zwei Rappen des Brandenburger Pferdehändlers Michael Kohlhaas fast zugrunde gerichtet. Als der düpierte Kohlhaas deshalb vors Gericht in Dresden zog, verlor er seinen Prozess. Die Sache eskalierte, weil Kohlhaas aus Empörung über das Justizunrecht mit seinen Getreuen marodierend durch Deutschland zog und schließlich sogar die Stadt Wittenberg in Schutt und Asche legte. Die Geschichte – in Heinrich von Kleists Novelle zur Weltliteratur verdichtet – endet mit der Hinrichtung des Mannes, der aus Wut über ein Gericht zum Verbrecher wurde.

Die alte tragische Geschichte wird ein halbes Jahrtausend später, im Jahr 2013, wieder herbeizitiert von den Getreuen des Gustl Mollath, 56. Freunde, namhafte Juristen, Politiker setzen sich für den Mann ein, der 2006 von der bayerischen Justiz für verrückt erklärt und auf unbegrenzte Zeit in die geschlossene Psychiatrie eingewiesen wurde. Auch Mollath, einst harmloser Reifenhändler aus Nürnberg, wurde zum Rasenden, zum Rechtsbrecher, weil er meinte, an der Justiz verzweifeln zu müssen. Und wie schon in der Affäre Kohlhaas ist umstritten, ob man sich eigentlich mehr über die Untaten des Herrn aus Nürnberg oder über ein Fehlurteil der Justiz empören muss. Dass auch diesmal die eigentlichen Übeltäter bei Gericht zu suchen sind, erscheint nicht einmal dem Landesherrn mehr unmöglich. Horst Seehofer (CSU) griff Ende 2012 in den »Fall Mollath« ein und wünschte sich, »den Fall noch einmal neu zu bewerten«. Der Ministerpräsident: »Ich möchte in diesem Fall, dass man sich auf die Frage konzentriert, ob alles in Ordnung ist.«

Der Fall Mollath – ein Justizirrtum? Konzentrieren wir uns. Das Drama beginnt Ende September 2003 mit einer Allerweltsverhandlung vor dem Amtsgericht Nürnberg, »häusliche Gewalt«, ein Ehekrach mit Tätlichkeiten beim Ehepaar Mollath in der Nürnberger Volbehrstraße 4. Die Staatsanwaltschaft wollte das eigentlich als Routinefall per Strafbefehl erledigen, aber Gustl, der Ehemann, hatte auf einen richtigen Prozess bestanden.

Der Vorwurf beruht auf Behauptungen der Ehefrau Petra, die mittlerweile ausgezogen ist und bei ihrem Bruder Robert wohnt: Am 12. August 2001, zwei Jahre zuvor also, habe ihr Ex sie in der gemeinsamen Wohnung geschlagen, blutig gebissen, gewürgt bis zur Bewusstlosigkeit. Sie hat zwei Tage danach, ausweislich eines später ausgestellten Attests, die Blessuren einem Arzt in der Praxis vorgeführt.

Dass dies, zwei Jahre nach der angeklagten Tat, kein normaler Prozess werden würde, merkt der Richter erst, als der angeklagte Ehemann einen dicken Schnellhefter mit komplizierten, eng beschriebenen Papieren vorlegt. Das ist keine Verteidigung, sondern eine Anklage. Mollath geht es um Größeres. In wirren Texten, teils in Großbuchstaben, teils bis zur Unlesbarkeit voller Fehler, erklärt er die Weltgeschichte und Weltpolitik als eine große Verschwörung aus Geldgier und Gewinnsucht. Martin Luther kommt vor, der auch schon in der Geschichte vom Kohlhaas eine Rolle spielte, Idi Amin, der afrikanische Despot, aber auch die Landung der Amerikaner auf dem Mond ist Teil der Kriminalgeschichte. Jeder Journalist kennt solche Konvolute, sie erreichen die Redaktionen deutscher Zeitungen und Magazine fast täglich und sind unschwer als Machwerke geistig gestörter Leser erkennbar. Leser, die solches schreiben, laufen überall frei herum. Sie sind meist harmlos.

Richter verfügen allerdings über ganz andere Machtmittel als Journalisten. Das Amtsgericht Nürnberg setzt die Verhandlung aus und ordnet an, Gustl Mollath auf seinen Geisteszustand zu untersuchen.

Die Idee, dass mit dem Gustl etwas nicht stimmt, hatten auch schon andere gehabt. Der war unter der Fuchtel seiner dynamischen, erfolgreichen Frau, einer Vermögensberaterin bei der HypoVereinsbank, immer schrulliger geworden. Erst hatte er seinen Reifenhandel in den Sand gesetzt, dann sich bei der Restaurierung alter Ferraris verzettelt, schließlich saß er nur noch zu Hause und war depressiv. Den Kontakt zu Freunden hatte er abgebrochen, stattdessen zelebrierte er sein Unglück, einmal will Petra, seine Frau, ihn erwischt haben, wie er mit einem Strick um den Hals durch die Wohnung lief. So war der angebliche Übergriff vom August 2001 ganz gut zu erklären als Explosion nach ständigen Reibereien und Vorwürfen.

Im Mai 2002 zieht Petra schließlich aus, wenige Tage später gibt es, als sie ihre Sachen aus der Volbehrstraße holen will, noch einmal eine unschöne Szene, die später vor Gericht als »Freiheitsberaubung« des Ehemannes an seiner Frau gewertet wurde. Es schließt sich an, was Juristen, die recht oft mit dem Ende einer Ehe zu tun bekommen, genervt als »Rosenkrieg« bezeichnen. Petra besorgt sich ein Attest über die Verletzungen aus dem August 2001 und faxt es kommentarlos dem bösen Gustl. Bald darauf zeigt sie ihn wegen Körperverletzung an.

Der Ex ist aber auch nicht feiner. An den Arbeitgeber

seiner Frau, die HypoVereinsbank, schreibt er mehrere Briefe, in denen er Behauptungen über Geheimgeschäfte aufstellt, die seine Frau mit Kundenkonten und Schwarzgeld in der Schweiz organisiere. Die Bank überprüft die Vorwürfe gegen ihre Mitarbeiterin und deren Kollegen und kommt intern zu dem überraschenden Ergebnis: Mollaths Beschuldigungen seien, soweit nachprüfbar, »zutreffend«. Der Bericht verschwindet in der Schublade: Es müsse, so ein Vorstandsmitglied der Bank, alles unternommen werden, damit Mollath die Dinge »nicht in die Öffentlichkeit bringe«. Petra wird fristlos gekündigt, später allerdings wird das Arbeitsgericht die Kündigung aufheben.

Jetzt ist wieder Petra am Zug: Mit der Behauptung, Mollath horte daheim illegale Waffen, löst sie eine Hausdurchsuchung in der Volbehrstraße 4 aus. Zwölf Polizisten stellen das ehemals traute Heim der Mollaths auf den Kopf. Gefunden wird ein verrostetes Luftdruckgewehr, waffenscheinfrei.

»Für die Allgemeinheit gefährlich«

Die letzte Chance auf Frieden, wenigstens Rechtsfrieden zwischen den beiden Rosen-Kriegern, hätte die Verhandlung vor dem Amtsgericht in Nürnberg sein können. Doch die Ehefrau hatte vorgesorgt, dass es so nicht kommen würde. Dem Gericht faxte sie kurz vor der Verhandlung eine Bescheinigung einer Nervenärztin aus Erlangen. Die bestätigte darin, was sie per Ferndiagnose festgestellt haben wollte: dass Gustl »mit großer Wahrscheinlichkeit« ein gefährlicher Gestörter sei.

So treibt das Drama seinem ersten Höhepunkt zu. Das Amtsgericht beschließt die zwangsweise »Verbringung« des protestierenden Kandidaten ins Klinikum Erlangen zur »Beobachtung«, ob bei ihm eine »gravierende psychische Erkrankung« vorliege. Eine solche Zwangsuntersuchung ist nach der Strafprozessordnung nur in sehr gravierenden Ausnahmefällen erlaubt. Mollaths Anwalt, der prominente Hamburger Strafverteidiger Gerhard Strate, bezeichnet die Aktion mittlerweile als »Freiheitsberaubung«.

Das ist der Punkt, an dem der schwierige Mollath zum Kohlhaas wird. Anders als der Pferdehändler versucht er es erst mit der Waffe des geschliffenen Wortes: »Ich trete jetzt aus dem Rechtsstaat aus«, gibt er vor Gericht zu Protokoll. Mancher von der Justiz Enttäuschte mag ihn um diese Formulierung beneiden, Mollath muss bitter für sie büßen. Dem Mann, der sich von einer Verschwörung der Juristen mit seiner Teufels-Frau verfolgt fühlt, bescheinigen die Gutachter als Ergebnis ihrer wochenlangen »Beobachtung« ein »paranoides Gedankensystem«.

Der Exreifenhändler tat viel, um dieses Urteil der Psychiater zu untermauern. Wie Kohlhaas von der Idee geplagt, dass der Rechtsstaat ihm nicht mehr zur Verfügung stehe, nahm auch Mollath die Gerechtigkeit in die eigenen Hände. Er zerstach – das bewies ihm die Justiz später – mit einem spitzen Gegenstand die Reifen jener Autos, von denen er annehmen musste, dass sie von seinen Feinden benutzt wurden. Und Feinde sah er überall: Mehr als 100 Reifen soll der Fachmann so gemein geschlitzt haben, dass die Luft erst entwich, wenn das Auto fuhr. So etwas ist kein Scherz, das ist ein gefährlicher Fall von Sachbeschädigung.

Das Landgericht Nürnberg-Fürth, das schließlich die Sache wegen ihrer Brisanz vom Amtsgericht übernahm, ließ denn auch im Februar 2006 Mollath aus seiner Nürnberger Wohnung abholen und abermals zwangsweise in die Psychiatrie bringen. Das geschah unter entwürdigenden Umständen. Polizisten drangen in das Haus ein und fanden den Delinquenten versteckt hinter einer Kiste auf dem Dachboden. Es half ihm nicht: »Der Mann«, so

befand das Gericht, »ist für die Allgemeinheit gefährlich.«

Die Hände mit einem Gürtel vor dem Bauch gefesselt:
So wurde Gustl Mollath vors Landgericht geschleppt, wo
er nach einem Tag Verhandlung im August 2006 abgeurteilt wurde. Der Form nach war das Urteil ein »Freispruch«,
doch schlimmer kann ein Freispruch einen Menschen
kaum treffen: »Gustl Ferdinand Mollath, derzeit Bezirks-
krankenhaus Straubing« wurde verdonnert, ebendort für
unbestimmte Zeit zu bleiben: in der geschlossenen Abteilung der Psychiatrie.

Vorhang.

Im Jahr 2013 saß Mollath mit der Diagnose »paranoide Störung« noch immer schuldlos, weil schuldunfähig, hinter
Gittern. Er wurde Opfer eines schwarzen Lochs im Straf-
gesetz: Wer wegen psychischer Störungen vom Gericht für
»schuldunfähig« erklärt wird, kann zwar nicht bestraft
werden, dafür aber mit einer »Maßregel« der Sicherung
belegt werden, wenn er gefährlich erscheint. Anders als
die zeitlich begrenzte Strafe ist die Dauer der Psychohaft
von der Meinung der Ärzte abhängig: Erst wenn die Besse-
rung im Kopf des Delinquenten melden, kann das Gericht
ihn wieder herauslassen. Wäre Mollath wie ein gewöhn-
licher brutaler Ehemann als Schläger verurteilt worden,
wäre er längst wieder in Freiheit. Doch weil er von mehreren Medizinern, zuletzt 2011, für anhaltend geisteskrank
erklärt wurde, dauert sein Martyrium an.

Im normalen Strafverfahren gegen normale Verbrecher
ist die persönliche Schuld das Maß des Bösen: Nur, was
dem Täter vorwerfbar ist, darf geahndet werden. Die
Schuld ist darum für jeden Strafrichter die Richtschnur
für die Freiheitsstrafe, die er für ein Verbrechen »aus-
wirft«. Wenn ein Mensch ohne Schuld abgeurteilt werden
soll, ist diese Richtschnur gerissen. Für den Aufenthalt

in einer Anstalt kommt es nur noch darauf an, für wie »gefährlich« das Gericht den Täter hält. Das ist geradezu eine gesetzliche Einladung, missliebige Querulanten wie den kleinen Kohlhaas aus Nürnberg einfach auf immer in die »Klapsmühle« abzuschieben.

Das Bundesverfassungsgericht hat darum im Oktober 2012 die gerichtliche Praxis der unendlichen Zwangspsychiatrisierung hart gerügt. Der Anlass war ebenfalls ein Fall aus der Ehehölle. Eine ansonsten gutmütige Bayerin hatte den Tick, allen Plunder in der Ehewohnung aufzuheben, um ihn irgendwie weiterzuverwenden. Den Ehemann, der wohl gelegentlich – um sich Luft zu verschaffen – etwas wegwarf, betäubte und fesselte sie wiederholt, um sich mit ihrem Müll ungestört beschäftigen zu können. Als der Gatte einmal aus seiner Betäubung erwachte und sich von seinen Fesseln befreite, erschlug sie ihn in ihrer Rage mit einer vollen Mineralwasserflasche.

Schuldunfähig, entschied das Gericht, habe die Frau ihren Mann erschlagen. Weil ihr krankhafter »Sammelwahn« (Gericht) offenbar gefährlich war, musste die Delinquentin aber in eine geschlossene Anstalt. Das war 1999. Zwölf Jahre später, 2011, saß die Frau noch immer in Psychohaft – erst das Bundesverfassungsgericht befreite sie. Auch wer schwerstes Unrecht begeht, so die Karlsruher Richter, kann nicht ewig weggesperrt werden – es sei denn, das Gericht kommt zu dem Ergebnis, dass konkrete erhebliche Straftaten zu befürchten sind. Allgemeine Befürchtungen, es könne mal wieder eine Gewalttat passieren, reichen nicht.

Der Karlsruher Beschluss richtete sich gegen ein Urteil, das vom selben Gericht gesprochen wurde, vor dem auch Gustl Mollath stand: dem Landgericht Nürnberg-Fürth. Die Verlängerung der Unterbringung im Sammelwahn-Fall wurde vom Landgericht Bayreuth und dem Oberlandesgericht Bamberg verhängt. Eben diese Gerichte haben gegen Mollath entschieden. Der Verdacht liegt nahe, dass diese Richter auch im Fall Mollath nicht den hohen Erwartungen entsprochen haben, die das Grundgesetz an ihre Urteile stellt.

Ein »Fehlurteil« sei der Spruch des Landgerichts Nürnberg-Fürth gegen Mollath gewesen. Dieses Verdikt kommt von einem der Männer, die über den paranoiden Reifenhändler zu Gericht gesessen haben. Der Nürnberger Kaufmann Karl-Heinz Westenrieder hat schon an mehr als 60 Strafgerichtsverhandlungen teilgenommen – aber die vom 8. August 2006 scheint ihm gründlich schiefgelaufen zu sein: »Insbesondere wegen der heute für mich erkennbaren Unglaubwürdigkeit der Zeugin.«

Es kommt nicht oft vor, dass ein Laienrichter offen gegen ein Urteil protestiert, an dem er selbst beteiligt war. Und tatsächlich spricht viel dafür, dass das Gericht allzu bereitwillig der wichtigsten Zeugin geglaubt hat, die all das Unheil gegen Mollath erst ins Rollen brachte: seiner Frau. Der Ausgangpunkt der Tragödie, der Vorwurf der lebensbedrohlichen Schlägerei im Hause Mollath im August 2001, beruht nur auf der Behauptung des Opfers und seinem Attest. In solchen Fällen muss das Gericht besondere Sorgfalt üben. Das gilt besonders, wenn das angebliche Opfer und der Beschuldigte sich in einem schmutzigen Scheidungskrieg befinden.

Die »Feststellungen« des Gerichts beruhen auf der Aussage der geschiedenen Ehefrau, »an deren Glaubwürdigkeit die Kammer keinen Zweifel hat«. Sie habe die Taten »ruhig, schlüssig und ohne jeden Belastungseifer« geschildert. Kein Wort verschwendet das Gericht auf die wie Racheakte erscheinenden Waffenbeschuldigungen der Petra Mollath gegen ihren Mann, keine Frage, warum sie die Schläge erst 13 Monate nach der angeblichen Tat anzeigte. Den Akten des Amtsgerichts hätte das Landgericht den »Belastungseifer« der Frau entnehmen können, die noch wenige Tage vor der Hauptverhandlung eine »Bescheinigung« einer befreundeten Nervenärztin über ihren depperten Ehemann ans Gericht faxte. Das Attest der Arztpraxis, das die Blessuren der Ehefrau bestätigte, wurde vor Gericht zwar verlesen, doch auf Zeugen meinte das Gericht verzichten zu können. Sonst wäre aufgefallen, dass der fast ein Jahr nach der Tat bescheinigte Befund nicht von der Hausärztin, sondern von ihrem Sohn stammte, der als Assistenzarzt in der mütterlichen Praxis jobbte.

Angesichts dessen, was zwischen den beiden Eheleuten passiert war, hätte sich dem Gericht geradezu der Verdacht aufdrängen müssen, der später, im Jahr 2011, von einem Zeugen an Eides statt bestätigt wurde: Dass Frau Mollath offenbar ihren Ehemann mithilfe der Justiz aus dem Verkehr ziehen wollte, weil er sie – zu Recht oder nicht – bei ihrer Bank unmöglich machte. Edward Braun, ein alter Bekannter der Familie, gab später bei der Staatsanwaltschaft zu Protokoll, er habe 2002 einen Anruf von Petra Mollath erhalten: »Sie erklärte mir wörtlich: ›Wenn Gustl mich und meine Bank anzeigt, mach ich ihn fertig. Ich habe sehr gute Beziehungen. Der ist doch irre. Dann hänge ich ihm etwas an. Ich weiß auch, wie.‹«

Wenn das stimmt, ist Petra Mollaths Rechnung jedenfalls aufgegangen. Eine massive Körperverletzung würde reichen, ihren Mann auf Jahre als gefährlichen Gewalttäter in den Psychoknast zu schicken. »Insbesondere das Würgen eines anderen Menschen bis zur Bewusstlosigkeit«, so befand denn auch das Landgericht Bayreuth, das 2011 über die Fortdauer der Unterbringung zu entscheiden hatte, sei hinreichend, den deshalb Verurteilten auch künftig hinter Gittern in der Psychiatrie zu verwahren. Den Gutachtern, die bei Mollath übereinstimmend und immer wieder eine gefährliche paranoide Störung diagnostizierten, blieb gar keine andere Wahl. Sie waren, wie Gerichtsgutachter stets, angewiesen auf die »Anknüpfungstatsachen«, die das über den Tatvorwurf urteilende Gericht ihnen rechtskräftig geliefert hatte.

Vorhang wieder auf. So schnell wird das bayerische Kohlhaas-Drama nicht zu Ende sein. Die Justizministerin hat veranlasst, die Wiederaufnahme des Verfahrens gegen Mollath zu beantragen. Und in Nürnberg prüfen die Finanzbehörden nun, ob doch etwas dran ist an den Schwarzgeldvorwürfen des verrückten Gustl gegen die Bankerin, die mal seine Ehefrau war.

Der »Badewannenmord« (IV)
Vorhang zu

BUNDESGERICHTSHOF
BESCHLUSS

vom
8. September 2012
in der Strafsache
gegen

Manfred Genditzki
wegen
Mordes u. a.

Der 1. Strafsenat des Bundesgerichtshofs hat am 5. September 2012 beschlossen:

Die Revision des Angeklagten gegen das Urteil des Landgerichts München II vom 17. Januar 2012 wird als unbegründet verworfen, da die Nachprüfung des Urteils auf Grund der Revisionsrechtfertigung keinen Rechtsfehler zum Nachteil des Angeklagten ergeben hat.

Der Beschwerdeführer hat die Kosten des Verfahrens zu tragen.
Ergänzend zu den zutreffenden Ausführungen des Generalbundesanwalts merkt der Senat an ... Die u. a. nach Anhörung mehrerer Sachverständiger getroffenen Feststellungen des Tatrichters im angefochtenen Urteil beruhen auf einer rechtsfehlerfreien Gesamtwürdigung aller belastenden und entlastenden Indizien. Auch unter Berücksichtigung des umfangreichen Revisionsvorbringens liegt ein

Verstoß gegen gesicherte wissenschaftliche Erkenntnisse, Gesetze der Logik und Erfahrungssätze des täglichen Lebens erkennbar nicht vor.

Unterschriften Richter

Manfred Genditzki ist nun rechtskräftig verurteilt, im Oktober die 87-jährige behinderte Frau K. in ihrer Wohnung in Rottach-Egern angegriffen, schwer verletzt und anschließend in der Badewanne ertränkt zu haben. Nur noch ein Wiederaufnahmeverfahren kann ihn vor der Verbüßung einer lebenslangen Freiheitsstrafe retten. Doch sein Anwalt, der prominente Strafverteidiger Gunter Widmaier, kann ihm dabei nicht mehr helfen. Widmaier starb wenige Tage nach dem Urteil an einer Hirnblutung in seiner Kanzlei.

Bilanz

Shit happens

Am Freitag, dem 29. Juni 2012, starb der Biologielehrer Horst Arnold. In Völklingen, wo er zuletzt wohnte, fiel der 53-Jährige auf dem Rückweg vom Einkaufen tot vom Fahrrad. Sein Herz hatte plötzlich aufgehört zu schlagen. Horst Arnold ist der Mann aus dem dritten Kapitel. Er war von einer Kollegin bezichtigt worden, sie im Lehrerzimmer vergewaltigt zu haben. Er wurde deshalb verurteilt, in die Psychiatrie eingeliefert und saß fünf Jahre in Haft, bis die Justiz ihren Irrtum einsah und den Lehrer wegen erwiesener Unschuld in einem Wiederaufnahmeverfahren schließlich im Februar 2012 rechtskräftig freisprach. Das Justizopfer Arnold hat niemals wieder ins Leben zurückgefunden. Er konnte nicht mehr Lehrer sein – der Staat, der seinen Strafanspruch so furchtbar über den Mann in seinen besten Jahren niederfahren ließ, hatte ihn aus dem Beamtenverhältnis ausgeschlossen. So musste er, bis er tot umfiel, von Hartz IV leben. Sein Antrag auf Haftentschädigung über rund 45 000 Euro war, als er starb, noch immer in Bearbeitung.

Im Namen des Volkes: Die Strafjustiz hat das Leben des Lehrers Arnold zerstört. Kein Amtsträger der Gerechtigkeitsfirma hat sich je bei ihm entschuldigt.

Warum auch? Justizirrtümer gehören dazu. Ein Justizopfer, so kritisiert Beate Lakotta, Gerichtsreporterin beim

Spiegel, ist »ein Kollateralschaden des Rechtsstaats«. Im verantwortungsvollen und hochgefährlichen Handwerk des Richters ist eine Fehlerquote bereits einkalkuliert. Justizirrtümer zulasten eines Unschuldigen seien zuverlässig nur vermeidbar, sagt Armin Nack, als Vorsitzender Richter am Bundesgerichtshof einer der mächtigsten Juristen im Land, wenn die Justiz nur noch Freisprüche verkünde. Doch dann würde niemand mehr den Strafandrohungen des Gesetzes glauben. Auch wenn man jede denkbare Anstrengung unternehmen müsse, Fehlurteile zu vermeiden, sei, so Nack, »eine gewisse Fehlerquote letztlich unvermeidbar«. Andernfalls laufe man Gefahr, dass »eine Vielzahl Schuldiger zu Unrecht nicht bestraft wird«. Auch das seien schließlich Fehlurteile, wenn auch weniger schwerwiegende. Die hinnehmbare Quote müsse natürlich je nach Schwere des Vorwurfs und der drohenden Strafe variieren.

Shit happens – Justizirrtümer sind unvermeidlich: Das ist ein uralter Konsens um des Rechtsfriedens willen. »Dass Justizirrtümer immer passieren, wird man am Ende hinnehmen müssen«, schreibt der Strafrechtsprofessor und ehemalige Vizepräsident des Bundesverfassungsgerichts Winfried Hassemer in seinem Buch *Warum Strafe sein muss.* Der Beifall, der unter der versammelten Richterschaft bei solchen Worten losbricht, ist freilich geeignet zu übertönen, was Hassemer hinzufügt: »Jede Rechtsordnung« müsse »alles ihr Mögliche ins Werk setzen«, damit Fehler nicht passieren.

Doch die Idee, dass Justizirrtümer unvermeidlich seien, hat etwas wohlig Beruhigendes, für die Irrenden jedenfalls. Es gibt nur sehr wenige Richter, die darüber nachdenken, was eigentlich passiert, wenn sie etwas falsch machen. Warum auch? Ihnen passiert ja nichts. Und das Opfer ihrer Bemühungen bekommt, wenn es das dann noch erlebt, schließlich 25 Euro Entschädigung pro Tag unschuldig verbüßter Haft.

»Kommt es vor, dass Sie nach dem Urteilsspruch an dessen Weisheit zweifeln?«, fragten Kommunikationsforscher der Mainzer Universität rund 500 Strafrichter im Rahmen einer Studie. 76 Prozent antworteten mit »selten« oder »nie«. Es gibt keine Instanz, die den Tätern des Justizunrechts vor Augen führt, was sie anrichten. In den Justizministerien aller 16 Bundesländer werden keine Statistiken über Fehlurteile geführt, im Bundesjustizministerium schon gar nicht. Dort zieht man sich regelmäßig auf die Einsicht zurück, dass die Anwendung des Strafrechts ja Ländersache ist.

Auch in der Rechtswissenschaft, die sich von der Aufgabe nährt, die Anwendung der Gesetze durch die Richter zu diskutieren, zu kommentieren und bestenfalls zu systematisieren – und den Juristennachwuchs auszubilden –, interessiert das Problem kaum jemanden. Alle systematischen Untersuchungen über Justizirrtümer sind veraltet, die Bücher stehen seit Jahrzehnten unberührt in den Universitätsbibliotheken. Da ruht die Arbeit des Homburger Generalrichters a.D. (dieses Amt gab es damals) Eduard Hoffmann aus dem Jahr 1963, der unter dem Pseudonym Judex über »Irrtümer der Strafjustiz« schrieb und zu dem Schluss kam, »dass es keine Möglichkeit gibt, diese Frage auch nur annähernd, wenigstens größenordnungsgemäß zu beantworten«. Schon damals warnte der Strafverteidiger Max Hirschberg, der ebenfalls ein Buch darüber vorlegte, »dass Tausende von Unschuldigen in den Zuchthäusern schmachten«. Und Adolf Arndt, der legendäre »Kronjurist« der Sozialdemokraten, zürnte: »Eine Justiz, die Fehlsprüche als eine Art Kismet hinnimmt, ohne auf ein Höchstmaß an Vorbeugung zu sinnen, verliert ihre Glaubwürdigkeit und gibt sich selbst auf.« Arndts öffentliche Warnungen waren immerhin Anlass für eine Untersuchung, die das Bundesjustizministerium beim Tübinger Strafrechtsprofessor Karl Peters in Auftrag gab. Der Experte legte Anfang der Siebzigerjahre des vergangenen Jahrhunderts ein dreibändiges Werk über Justizirrtümer aus den Fünfziger- und den Sechzigerjahren vor: *Fehlerquellen im Strafprozess.* Seitdem im Westen nichts Neues.

Wenn ein Flugzeug abstürzt, ist das für die Betroffenen eine Tragödie, für die Gesellschaft der Vielflieger dieser Welt ein Schock. Und die Verantwortlichen des weltweiten Luftverkehrssystems, Experten der Airline, Aufseher der nationalen Luftfahrtbehörden, Ingenieure der Flugzeugindustrie, die Vorgesetzten des verunglückten Flugpersonals setzen sich mit ihrem riesigen Apparat in Bewegung. U-Boote werden kilometerweit bis an den tiefsten Grund des Meeres geschickt, Spezialisten puzzeln aus den winzigen Trümmerteilen, die an die Oberfläche kommen, die zerborstenen gewaltigen Leiber aus Stahl und Kunststoff in Millimeterarbeit zusammen wie Archäologen ihre Funde aus der Antike. Jahrelang werden Zeugen vernommen, Computerexperten rekonstruieren, was sich von den Hinterlassenschaften aus der Blackbox über die letzten Sekunden vor dem Unglück erfahren lässt.

Das alles geschieht im Dienst der einen Frage: Warum?

Denn ein Flugzeugabsturz ist etwas, das nicht passieren darf. Das weltweite Verkehrsgewühl am Himmel funktioniert nur, solange jeder, der daran teilnimmt, die beruhigende Sicherheit hat: Es kann nichts passieren, es ist alles bedacht, niemand irrt sich, und wenn doch, dann gibt es eine Instanz, die das merkt und korrigiert. Weil Luftverkehrslinien Dienstleistungsunternehmen sind, die vom Vertrauen ihrer Kundschaft leben, tun sie alles, um das gute Gefühl am Himmel zu erhalten. Mit verängstigten Passagieren kann man kein Geld verdienen.

Die Strafjustiz verkauft keine Tickets. Für die Kundschaft gibt es keine Alternative. Sie muss sich auf die Anklagebank setzen, nicht einmal Zeugen kommen freiwillig zur Firma mit der Waage im Logo. Sie kommen, weil sie müssen. Doch die Justiz ist mindestens so sehr wie die Zivilluftfahrt auf das Vertrauen ihrer Klientel angewiesen. Denn zur Klientel gehören nicht nur die Angeklagten und Zeugen, sondern alle Teilnehmer der großen Gemeinschaft der Rechtsunterworfenen, die damit rechnen müssen, vielleicht schon morgen mit der Justiz zu tun zu bekommen – zu Recht oder zu Unrecht.

Von diesem Vertrauen leben alle: Die Strafgesetze, deren Bewahrung den Richtern anvertraut ist, werden von den vielen Bürgern vor allem deshalb eingehalten, weil jeder damit rechnen muss, dass die Nichteinhaltung geahndet wird – aber eben nur die Nichteinhaltung.

Wenn Gerechte wie Ungerechte damit rechnen müssen, gleichermaßen in den Mühlen der Justiz zermahlen zu werden, lohnt sich der Weg des Rechts nicht. Es geht, wie in Unrechtsstaaten, nur noch darum, möglichst nicht aufzufallen. »Vor Gericht und auf hoher See sind wir alle in Gottes Hand« – jener vorwiegend unter küstennahen Juristen gern zitierte Satz ist überhaupt nicht komisch, er ist tödlich für einen funktionierenden Rechtsstaat. Wenn es möglich ist, dass ein Mann wie Horst Arnold in der Blüte seiner Jahre, ohne etwas Böses getan zu haben, von der Stelle weg verhaftet wird und ohne Möglichkeit der Gegenwehr von der Justiz seines Lebens beraubt wird, wie soll man da Vertrauen haben?

Die Justiz ist das einzige Großunternehmen, das es sich erlauben kann, aus seinen Fehlern nicht zu lernen. Der Klientel muss das Angst machen. Denn die Beteuerungen der Justizpolitiker, dass es ja nur ganz wenige Ausreißer seien, die in jeder Firma mal passieren, wären nicht einmal dann beruhigend, wenn sie stimmen würden. Ist es nicht der Rechtsstaat, der damit wirbt, dass seine Regeln immer gelten, auch unter schwierigen Bedingungen, auch in Ausnahmesituationen?

Irrtümer dürften im Staat – und die Justiz ist ein Teil davon – nicht anders behandelt werden als im Luftverkehr – und natürlich auch auf hoher See. Schon ein erster Blick auf die Fehler, die sich die Justiz in den beschriebenen Fällen geleistet hat, zeigt, dass es sich nicht um schicksalhafte unausweichliche Ereignisse handelt, die »in jeder Firma« passieren können. Justizirrtümer, so lehrt unsere Fallanalyse, beruhen zum großen Teil auf Funktionsstörungen im Apparat. Die Justiz hat Probleme, und die Tatsache, dass sie sich der Auseinandersetzung damit verschließt, ist sicher ihr größtes Problem.

Wozu ist Strafjustiz gut?

Die Strafjustiz hat ein Problem mit ihrem eigenen Dasein. Es ist nämlich nicht klar, wozu es sie gibt. »Rechtspflege«, dieser altmodische Ausdruck für die Aufgabe der Justiz, hat einen Kern von Redlichkeit. Rechtspflege ist wie Fußpflege oder Kleiderpflege eine Dienstleistung. Die Justiz ist – wie eine Fluggesellschaft – ein gewaltiges, kompliziertes Dienstleistungsunternehmen der Gesellschaft. Das Problem: Ihre Leistung ist gar nicht so einfach zu beschreiben.

Dass ihre Aufgabe eine Dienstleistung ist, leuchtet in der Ziviljustiz immerhin ein. Der Richter, der im Streit zwischen zwei Privatleuten entscheidet, zwischen Unternehmern etwa oder zwischen Mietern und Vermietern, der bietet tatsächlich den Service, eine durchsetzbare Entscheidung zu treffen, auf die sich zwei Streithähne ohne richterliche Hilfe nicht einigen können. Auch Verwaltungsrichter sind in ihrer Dienstleistung jedem Bürger willkommen: Sie bieten den Menschen Rechtsschutz gegenüber dem ungleich mächtigeren Staat.

Aber wozu sind die Dienste eines Strafrichters gut? Dieser Zweig der Justiz, so scheint es, ist an der falschen Stelle eingeklinkt. Ein Strafrichter schlichtet keinen Streit zwischen zwei Gleichberechtigten, es sei denn, man würde

im Ernst die Anklage als einen Streit zwischen Staatsanwalt und Delinquent über die gerechte Strafe ansehen. Der Strafrichter bietet dem Angeklagten auch keinen
Rechtsschutz vor den Übergriffen des mächtigen Staatsanwalts. Das tut er allenfalls noch im Ermittlungsverfahren, wenn es um eine vom Staatsanwalt beantragte Hausdurchsuchung oder Verhaftung geht. Wenn die Anklage
einmal zugelassen ist, der Angeklagte auf der Sünderbank
sitzt, dann wird das Gericht selbst zur Instanz staatlicher
Strafgewalt: Der Mann im Talar mit dem Samtbesatz, der
am Ende so dramatisch aufsteht, das Gesetz wie ein
Schwert in der Hand, der ist es, der »im Namen des Volkes«
ein Übel auf den Delinquenten herabfahren lässt.

In so einem Moment fühlt sich ein Verurteilter ganz
und gar nicht als Kunde eines Dienstleistungsunternehmens. »Wo kann man sich hier beschweren?«, wird er
sich zu Recht fragen. »Vor welchem Richter bekomme ich
Rechtsschutz gegen diese Manifestation staatlicher Gewalt?« Das war er schon, der Rechtsschutz, ist die Antwort. Dieses Urteil ist eine All-Inclusive-Lösung: Der stra-
fende Staat sitzt unter der Richterrobe. Man sieht ihn
nicht. Und man kann nichts gegen ihn machen.

Ist die Strafjustiz also eine Fehlkonstruktion? Der »Strafanspruch« des Staates, so erklärt es der Frankfurter Strafprozessprofessor Klaus Lüderssen, sei nach wie vor der
»Rahmen«, in dem die Strafgerichtsbarkeit ausgeübt
werde. Und darum sei es den Strafrichtern nie so richtig
gelungen, sich von der »Staatsraison« zu lösen, deren Büt-
tel ja eigentlich die Exekutive ist. Wen wundert es da,
wenn manche Richter sich als langer Arm der Polizei betrachten – und im Umkehrschluss die Polizei die Richter
als Vollender des Kampfes um Recht und Ordnung auf den
Straßen. Dies entspricht auch dem Bild, das die Strafjustiz
in weiten Teilen der Öffentlichkeit hat, die gelegentlich
Fackelzüge der Empörung veranstaltet, wenn ein Richter
einem Mörder nach dem Ende seiner Strafhaft die Freiheit

gewährt oder ihn aus zwingenden rechtlichen Gründen aus der Sicherungsverwahrung entlässt. Bei den Richtern, nicht nur bei der Polizei, liegt aus dieser Sicht ein guter Teil der Verantwortung für die Sicherheit.

Dass die Strafjustiz zwischen den Staatsgewalten changiert, mal ein bisschen Ordnungsmacht, mal ein bisschen Kontrollinstanz spielt, das zeigt sich nach Lüderssens Ansicht auch in der verqueren Rolle der Staatsanwaltschaft. »Die aus dem Grundgesetz klar ableitbare Auffassung, dass sie zur Exekutive gehört, wird ungern akzeptiert, vor allem von der Staatsanwaltschaft selbst.« Die Ankläger möchten gern zur Strafjustiz gehören, auf der Seite der Polizei fühlen sie sich unterbewertet. Sie sind aber kein Teil der Justiz, sondern weisungsgebunden wie jeder Polizeibeamte. »Was die Staatsanwaltschaft ist«, schreibt der Gelehrte Lüderssen, ein Mann, der seit den Siebzigerjahren des vergangenen Jahrhunderts große Verdienste um die Liberalisierung des verkrusteten deutschen Strafprozesses hat, »weiß niemand genau zu sagen.« Die Sache wird auch nicht klarer dadurch, dass es manche Bundesländer – wie etwa Bayern – für sinnvoll halten, ihre Richter zu zwingen, immer mal wieder als Staatsanwälte zu arbeiten – und die Staatsanwälte derweil Richter spielen lassen.

Möchte mit so einem Unternehmen jemand fliegen?

Die Justiz befindet sich im Blindflug. Ihre Ziele sind disparat. Wo geht es hin? Resozialisierung, Abschreckung, Sühne, Rache, innere Sicherheit, Wiedergutmachung? »Wir haben einen Schilderwald vor uns, wo zwar jedes Schild seinen Sinn, seinen Grund und seinen Anlass hat, alle zusammen aber eher verwirren und fehlleiten als orientieren«, schreibt Winfried Hassemer in seinem Buch *Warum Strafe sein muss.* Wozu ist Strafe gut? Warum sperrt die Justiz Menschen ein? Von der mühsamen wie nutzlosen Bemühung der Gelehrten, diese Grundfrage aller strafrichterlichen Arbeit zu klären, berichtet Strafrechts-professor Hassemer: »Seit Jahrhunderten arbeitet die Strafrechtswissenschaft an diesem Gebäude, reißt hier einen Flügel ein, baut ihn in neuer Form wieder auf, mauert Fenster und Türen zu, öffnet zwischen zwei Zimmern den Durchgang, schlägt eine Brücke zum Nebengebäude.«

Herausgekommen ist die Justiz als Spukschloss. Darin treiben so manche Geister ihr Unwesen, die man schon lange für tot hielt. Menschenverbesserer, die es sich zum Ziel gesetzt haben, mit ihrer Arbeit als Strafrichter den Angeklagten zum nützlichen Glied der Gemeinschaft zu machen, Richter, die rot sehen und mit drakonischen Strafen die Sicherheit auf den Straßen wiederherstellen wollen, Tröster und Psychiater, die den verstörten Opfern wirklicher oder vermeintlicher Straftaten Linderung verschaffen wollen. Solche Leute stehen der Wahrheitsfindung im Wege, doch hindern kann sie niemand, denn niemand kann sagen, welches das Ziel ist, das sie stattdessen ansteuern sollen. Es wäre allerdings ungerecht zu verschweigen: Auch in diesem Spukschloss haben sich Männer und Frauen eingerichtet, die mit viel Energie und manchmal auch Mut versuchen, den Laden am Laufen zu halten, die tatsächlich eine Idealvorstellung von Gerechtigkeit haben und sie mit viel Disziplin ihrer Arbeit zugrunde legen.

»Das Ziel des Strafprozesses ist die Schaffung von Rechtsfrieden auf dem Wege des gewissenhaften Strebens nach Gerechtigkeit.« So steht es am Anfang des kleinen »Meyer-Goßner«, des Handkommentars zur Strafprozessordnung, der auf jedem Richtertisch zu finden ist, bei den Staatsanwälten natürlich auch. Ist der Weg das Ziel oder das Ziel der Weg? Und wohin soll der Richter streben? Nach dem Ziel oder nach Gerechtigkeit oder nach dem Weg?

Es kommt immer darauf an, was man unter »Rechtsfrieden« versteht. Und zunehmend gerät der Begriff aus den

Händen der Justiz in die Macht der Innenpolitik. Die Politik vermittelt einer von Terror, Fundamentalismus oder einfach nur der zahlreichen Zuwanderung fremdsprachiger Menschen verunsicherten Öffentlichkeit den Eindruck, sie könne durch besonders schneidige Anwendung des Strafrechts das Leben sicherer, ruhiger, schöner machen. Entsprechend verändern sich die Erwartungen, die sich an die Strafjustiz richten. Gerechtigkeit? Angemessenheit einer Strafe? Zukunftschancen eines Strafgefangenen? Alles, was in Zeiten liberalen Strafrechts im Vordergrund der Rechtspolitik stand, muss heute der Hoffnung weichen, die Justiz könne innere Sicherheit schaffen. Die Strafjustiz hat im letzten Jahrzehnt einen rasanten Rollenwechsel absolvieren müssen. Die Institution zwischen den Stühlen der Staatsraison und der Gerechtigkeit ist nun fast vollständig auf die Seite der Polizei gerückt. Im Zeichen der allgegenwärtigen Prävention gegen das Unrecht werden Richter zu nützlichen Erfüllungshilfen für Law and Order. Das Bedürfnis nach sozialer Kontrolle prägt ihre Arbeit. Hassemer warnt: »Unsere Kontrollbedürfnisse entwickeln sich gleichsinnig mit den rasanten Fortschritten der modernen Informationstechnologie und der Möglichkeiten, in Bereiche einzudringen, die einem informationellen Zugriff bisher verschlossen waren.« Eine Entwicklung mit offenem Ende – denn, sagt Hassemer, »Sicherheitsbedürfnisse sind unstillbar«. Um den Erwartungen einer ungeduldigen Öffentlichkeit und der im Angesicht des Verbrechens immer nervöseren Politik gerecht zu werden, lässt sich die Strafprozessgesetzgebung und mit ihr die Justiz immer häufiger auf faule Kompromisse ein. Statt geduldiger Wahrheitssuche mit Augenmaß wird nun der Wahrheitsturbo angestellt. Da werden Zeugen gekauft, indem ihnen Strafnachlass angeboten wird, wenn sie als »Kronzeugen« gegen Mittäter aussagen. Die Versuchung solcher Zeugen, zum eigenen Vorteil die Taten der Angeklagten zu dramatisieren oder gar zu erfinden, nimmt die Justiz sehenden Auges in Kauf. Große Teile der Drogenrechtsprechung sind mittlerweile auf diese Weise in ihrer Glaubwürdigkeit beschädigt. Den Sumpf der Rauschgiftkriminalität glaubt die Justiz – deren Aufgabe das nicht ist – oft nur noch mit unsittlichen Angeboten an die Täter trockenlegen zu können. In der Not, sagen die Juristen, heilige der Zweck solche Mittel.

Welcher Zweck darf's denn sein?

Hat es dem Rechtsfrieden gedient, als die Brandenburger Justiz dem polnischen Händler Artur Tokarczyk im Wege der »Verständigung« anbot, den Schmuggel von mehreren Tonnen Seltener Erden zu gestehen und dafür aus der U-Haft entlassen zu werden? Es gab Komplikationen ohne Ende, denn Herr Tokarczyk hatte gar nichts geschmuggelt, die abenteuerliche Geschichte des begehrten Stoffs aus Russland lässt sich im achten Kapitel nachlesen. Am Ende ging Herr Tokarczyk als freier Mann nach Hause und schickte der Justiz eine Rechnung für fünf Tonnen Seltene Erden, die einfach verschwunden waren. Zwölf Millionen Euro Schaden – das ist 350-mal so viel Geld, wie das Land Brandenburg im Jahr 2011 als Entschädigung für unschuldig erlittene Haft ausgeben musste.

Wäre es nicht das Geld der Steuerzahler, so mancher könnte in Schadenfreude ausbrechen, dass Justizpfusch endlich auf die Rechnung kommt. Seit Jahren warnen Rechtspolitiker vor der »Verständigung« im Strafverfahren: Die kleine Abkürzung zur Wahrheit soll komplizierte Wirtschaftsprozesse beschleunigen und dem Gericht komplizierte Beweisaufnahmen da ersparen, wo die Materie für den normalen Juristen zu kompliziert wird. Doch der mittlerweile gesetzlich erlaubte Deal »schnelles Geständnis gegen milde Strafe« hat sich epidemisch an den Gerichten verbreitet. Kaum ein Richter ist vor der Versuchung gefeit, seinen überladenen Terminplan durch unsittliche Angebote für milde Strafen zu entlasten. »Der Mensch ist gut, aber das Kalb ist schmackhaft«, sagt der Dichter Alfred Polgar. So ähnlich ist es im Justizwesen: Jeder Richter ist zwar von der Strafprozessordnung beauftragt, stets die Wahrheit zu erforschen. Aber was ist schon die Wahrheit, wenn die Zeit knapp ist und draußen bereits die Zeugen für den nächsten Prozess warten? Mit der Sucht nach Beschleunigung ist es ähnlich wie mit der Sucht nach Sicherheit: Sie ist unstillbar. BGH-Richter Wolfgang Pfister warnt: »Die Verständigung hat die Tendenz, die tatrichterlichen Feststellungen von der Wahrheit zu entfernen. Wir riskieren, dass Taten in den Urteilen beschrieben werden, die so keinesfalls passiert sind. Wir sollten uns darüber im Klaren sein, welche Gefahren von dieser neuen Form des Strafprozesses ausgehen.«

Im Griff der Polizei

Die Strafjustiz hat auch ein Problem mit ihren Zulieferern. Die Lieferanten der Wahrheit sind den Richtern immer um eine Nasenlänge voraus. Polizei und Staatsanwaltschaft sind die Herren des Ermittlungsverfahrens und bestimmen, was dem Gericht zur Entscheidung vorgelegt wird. Der Ausschnitt des Lebens, den die Fahnder zum »Fall« machen, ist der Rahmen, der den Richtern für ihre Entscheidung gesetzt ist. Was wichtig ist und was unwichtig, das entscheidet sich so nach Vorgaben der Ermittlungsbehörden. Was die an Beweisen präsentieren, prägt die Wahrheitssuche im Prozess. Zwar kann die Verteidigung auch Beweisanträge stellen, doch ob sie erfolgreich sind, hängt davon ab, wie das Gericht den Fall sieht. Und wie das Gericht den Fall sieht, hängt davon ab, was in den Akten steht, die das Gericht studiert haben muss, bevor es überhaupt das Hauptverfahren eröffnet.

Welche Zeugen und welche Beweise in Betracht kommen, das haben die Ermittler längst vorsortiert: Sie haben alle Zeugen mehrfach vernommen, die Vernehmungen protokolliert. Sie haben alle Beweise von Gutachtern bereits untersuchen lassen, Schlussfolgerungen gezogen und das Ergebnis den Akten beigelegt. Sie haben auch alle Zeugen und alle Spuren aussortiert, die nichts beizutragen haben – nach Ansicht der Ermittler. Noch in einer laufenden Hauptverhandlung prägt die Vorarbeit der Polizei die Wahrheitsfindung. Polizeibeamten sagen als Zeugen vor Gericht aus, was ihnen Zeugen oder gar der Angeklagte bei den Ermittlungen anvertraut haben. Jeden Zweifel, den ihre Akten beim Gericht hinterlassen, können sie so live und notfalls unter Eid vor den Richtern ausbügeln. Wie es wirklich war, ob in den Ermittlungen auf Zeugen oder den Beschuldigten Druck ausgeübt wurde, ob entlastende Beweismittel unterschlagen wurden, um die Anklage »rund« zu machen, ob die Beamten sich vor ihren Aussagen vor Gericht abgesprochen haben, damit es keine Widersprüche gibt: Niemals wird das Gericht es erfahren.

Sind das gemeine Unterstellungen? Wie war es denn im Fall Harry Wörz, der wegen versuchten Totschlags an seiner Frau zu Unrecht verurteilt wurde, nachdem wichtige Indizien zu seiner Unschuld aus den Akten verschwunden waren? Wie war es denn im Fall der Familie Rupp, deren Mitglieder in Polizeiverhören unabhängig voneinander die frei erfundene Geschichte gestanden hatten, dass sie den Vater ermordet und an die Hunde verfüttert hätten? Und in Hannover, wo Staatsanwälte die Aussage der Tochter Jenny einfach im Schreibtisch verschwinden ließen, weil die so unglaubwürdig war, dass sie den angeklagten Vater auf einen Schlag entlastet hätte?

Die Justiz kann sich nicht auf ihre Hilfsorgane verlassen. Denn die haben ihre eigenen Vorstellungen davon, was der Wahrheitsfindung dient, der Gerechtigkeit – und ihrer Karriere als tüchtige Ermittler. Nicht nur der Angeklagte, auch seine Verfolger bei Polizei und Staatsanwaltschaft haben vor Gericht etwas zu verlieren. Ein Freispruch ehrt den Richter. Für die Polizisten, die manchmal jahrelang in so einem Fall ermittelt haben, bevor sie »ihren« Täter präsentieren, ist das ein Desaster. Für den Staatsanwalt, der gegen den Verdächtigen U-Haft durchgesetzt und dem Gericht eine Anklage präsentiert, manchmal Millionenkosten damit verursacht hat, kann es zum Karriereknick werden. Der Staatsanwalt muss, wenn etwas anders läuft als in seinem Antrag, zum Behördenleiter, zum »Lost«, dem Leitenden Oberstaatsanwalt. Und der »Lost« ist weisungsgebunden – am Ende gegenüber dem Justizminister. Nur ausnahmsweise und in seltenen Fällen würde tatsächlich ein Minister die Staatsanwaltschaft wegen einer erfolglosen Anklage rügen lassen. Aber es gibt in der Beamtenhierarchie subtilere Methoden, Druck zu machen.

Die Justiz ist nur so unabhängig wie ihr schwächster Diener. Und die Richter können kaum zuverlässiger arbeiten als ihr unzuverlässigster Agent. Dass die Ermittlungen der Zulieferer unvollständig, gefälscht, subjektiv verzerrt sein könnten, passt nicht ins Bild, das sich Politik und Öffentlichkeit von den professionellen Spurensuchern machen. Mit Millionensummen haben Politiker die Landeskriminalämter und das Bundeskriminalamt zu Expertenzentren ausgebaut, die es an Wissenschaftlichkeit mit manchem Universitätsinstitut aufnehmen können. Objektiv scheinen die Befunde, die von hier aus an die Staatsanwaltschaft und schließlich zu den Gerichten gelangen. Mit immer neuen Versprechungen über die Zuverlässigkeit der Aufklärung von Verbrechen preschen vor allem Experten der DNA-Analyse vor.

Sind die leisen grauen DNA-Untersuchungsgeräte in den LKA-Labors Wahrheitsmaschinen? Ihre Bediener tun so. Einen »Quantensprung« in der »effizienten Verbrechens-

bekämpfung« habe die Methode der Analyse von Genma-
terial »auf wissenschaftlicher Grundlage« gebracht, ju-
belt der Chef des Bundeskriminalamts Jörg Ziercke. DNA
steht für den englischen Namen der Substanz, die sich in
jeder menschlichen Zelle identifizieren lässt – »desoxyri-
bonucleic acid«.

Doch die Beweisführung mit diesen Eiweiß-Schnipsel-
chen wird überschätzt, und das macht sie so gefährlich.
Schon 2005 warnten Juristen des Bundesjustizministe-
riums in einem internen Papier vor blindem Vertrauen in
DNA-Nachweise. Die »Manipulationsmöglichkeiten« seien
vielfältig. Wenn falsche Spuren gelegt würden, die scheinbar objektiv zum Täter führten, gerate die »Unschuldsvermutung in Gefahr«. Der wegen seiner DNA Verdäch-
tigte komme praktisch in die Situation, seine Unschuld
beweisen zu müssen.

So ging es einem Berliner, der 2002 unschuldig wegen
versuchten Mordes an seiner Freundin verurteilt wurde.
Die Frau hatte einen Zigarettenstummel mit seinem Speichel in den Aschenbecher ihrer Wohnung gelegt und die
Tat erfunden. Und die Polizei hatte den DNA-Beweis im
Speichel der Kippe für ausreichend angesehen. Niemand
wunderte sich darüber, dass sich am angeblichen Tatort
weder Haut-, noch Faser-, noch Fingerspuren des Mannes
befanden. Die Tochter des angeblichen Opfers gab schließlich zu, die Mutter habe sich ihre Verletzungen selber bei-
gebracht, mit einer Hornhautraspel. Der Trick mit der falschen Zigarettenkippe ist mittlerweile beliebt. So berichtet
das Bundeskriminalamt von einem Fall, in dem die Polizei
bei einem Einbrecher eine ganze Tüte mit Zigarettenkip-
pen aus den Aschenbechern einer Raucherkneipe sicher-
stellte: Die wollte er am Tatort verstreuen und so den DNA-
Maschinen beim LKA einmal richtig etwas zu tun geben.

Die jahrelange Jagd nach dem »Phantom von Heilbronn«
zeigt, wie leicht Ermittler von der Evidenz der DNA-Spuren geblendet werden. An zahlreichen Tatorten in Süd-

deutschland, Österreich und Frankreich hatten die Fahnder immer wieder die gleiche DNA gesichert. Sie stammte, darauf deuteten Laboranalysen, offensichtlich von einer Täterin, die seit 1993 geradezu ubiquitär Verbrechen beging. In Wahrheit hatten die Fälle nichts miteinander zu tun. Die immer gleiche DNA-Spur stammte von einer Mitarbeiterin jenes Lieferanten, der die Spurensicherer der Polizei mit ihren Wattestäbchen ausstattete.

Die Kette der Wahrheitsfindung ist nicht stärker als ihr schwächstes Glied. Hätte die Polizei nicht, von der DNA einer Wattestäbchen-Verpackerin getäuscht, jahrelang in die falsche Richtung ermittelt, sie wäre wahrscheinlich schneller auf die wirklichen Täter des Polizistenmordes von Heidelberg und die rechtsradikale Zwickauer Terrorzelle NSU gestoßen.

Je besser die DNA-Diagnostik wird, desto problematischer wird die Beweisführung. Mittlerweile ist es mit raffinierten Methoden möglich geworden, auch geringste Berührungsspuren an Gegenständen dingfest zu machen – etwa an dem Messer, mit dem Jörg Kachelmann im dritten Kapitel angeblich seine Freundin bedroht hatte. Die in den Labors isolierten DNA-Reste bilden dann aber häufig nicht nur das Muster eines Berührers ab, sondern in wildem Durcheinander die Muster aller möglichen Menschenkontakte dieses Gegenstandes. So werden immer häufiger »Mischspuren« unterschiedlichsten DNA-Materials gesichert. Die Interpretation ist in den meisten Fällen Ansichtssache: Experten streiten, wie viele Merkmale eines Verdächtigen im Mischmaterial auftreten müssen, um die Spur sicher genug zuzuordnen. »Auch DNA-Testergebnisse produzieren oft Ergebnisse, die zweideutig und offen für persönliche Interpretationen sind. Das Endurteil hängt mehr von der subjektiven Sicht das Beurteilers als von festgelegten Standards ab«, heißt es im *Handbuch der Beweiswürdigung* von Andreas Geipel.

Entscheidend ist dann die Interpretation des Spuren-Analysten vom LKA. Kein Richter kann beurteilen, ob dessen Standards wirklich angemessen sind. So konnte es passieren, dass das Landgericht Karlsruhe den angeklagten Harry Wörz unter anderem aufgrund von Misch-DNA-Spuren im mutmaßlichen Tathandschuh verurteilte. Ein Gutachter im Wiederaufnahmeverfahren hielt die Interpretation der Übereinstimmungen hingegen für leichtfertig. Ergebnis: Freispruch.

Doch selbst wenn die Zuordnung von DNA-Spuren am Tatort zum Täter zutreffend ist: Was beweist das schon, außer dass der Täter dort schon einmal war oder Kontakt zu einem dort gefundenen Gegenstand hatte? Was er getan hat, wird dadurch nicht klarer. So kämpfen die Anwälte des als Münchner Tantenmörder verurteilten Benedikt Toth noch immer gegen die Beweisführung des Gerichts, das in DNA-Spuren Toths an den Kleidern der Ermordeten ein Indiz für seine Schuld sah. Benedikt war der Lieblingsneffe der Ermordeten und viel mit ihr zusammen. Wie oft mag er die Tante umarmt oder sie sich bei ihm untergehakt haben? Sind da DNA-Spuren ein Indiz für ein Verbrechen?

Wann ist eine Spur ein Indiz? Wann wird sie Grundlage einer Beschuldigung, Anlass eines Anfangsverdachts, Bestandteil der Akten, auf die das Gericht seine Wahrheitsfindung stützt? Diese Frage ist nicht nur im Fall der Sicherstellung von DNA an einem Tatort schwer zu beantworten. Das Bundeskriminalamt versucht es in einem Schulungstext für Kriminalbeamte: »Unter Spuren im weiteren Sinne ist alles zu verstehen, was sinnlich wahrnehmbar ist oder wahrnehmbar gemacht werden und der Verbrechensaufklärung dienlich sein kann. Diese Spuren müssen mit der Tat in Zusammenhang stehen, Rückschlüsse auf die Tat oder den Täter zulassen und zur Klärung der Tat oder zur Überführung des Täters beitragen können.« Das klingt gut, führt aber nicht weiter. »Alles, was sinnlich wahrnehmbar ist oder wahrnehmbar gemacht werden kann.« Man stelle sich vor, ein Polizist bei der Spurensicherung am Tatort, etwa einer Wohnung nach einem Mord. Alles, was sinnlich wahrnehmbar ist? Und wie entdeckt er Sachen, die erst wahrnehmbar gemacht werden müssen? Außerdem: »Diese Spuren müssen ... zur Klärung der Tat oder zur Überführung des Täters beitragen können.« Ob sie das »können«, war ja gerade unsere Frage. Was war zum Beispiel mit der Tüte voll mit Fingerlingen in der Wohnung von Harry Wörz' Frau aus dem zweiten Kapitel? Das war eine Spur, die später zum wichtigen Indiz für den wahren Tatablauf werden sollte. Aber konnten die Ermittler am Tatort das ahnen? Was war mit der Plastiktüte voller Schmutzwäsche (erstes Kapitel) am Tatort des »Badewannen-Mordes« von Rottach-Egern? Als die alte Dame tot in der Badewanne gefunden wurde, kam offenbar kein Ermittler auf die Idee, dem stinkenden Beutel eine Bedeutung beizumessen. Das Gericht, das deshalb nichts davon erfuhr, verurteilte den Hausmeister, weil es keinen Hinweis dafür fand, dass die Frau beim Wäschewaschen verunglückt sein könnte.

Der Essener Kommunikationswissenschaftler Jo Reichertz hat jahrelang die Erkenntnismethoden der Kripo erforscht und rekonstruiert, was im Kopf eines Ermittlers bei der Spurensuche vorgeht. Maßgeblich ist danach dessen »Vorverständnis« am Tatort, seine professionelle Erwartung, was hier passiert sein dürfte. Dieses Vorverständnis »verzaubert« die Dinge, die er sieht, eine Zigarettenkippe, ein Haar im Waschbecken: Passen sie zu seinen Erwartungen über den Hergang eines Verbrechens, werden sie zu »Indizien«. Passen sie zum normalen Lauf der Dinge, werden sie nicht berücksichtigt.

Spannend wird es erst, wenn der Kriminalist auf etwas stößt, was er sich weder so noch so erklären kann. Ein Babyschnuller im Luxusauto eines Kinderhassers zum Beispiel. Was nun? Reichertz vergleicht das, was nun passiert, mit der logischen Vorgehensweise der »Abduktion«: Der Wahrheitssucher erfindet eine »erklärende Hypothese«. Ein schönes Spiel für Kindergeburtstage: Wer kann eine Geschichte erzählen, die den Babyschnuller im Rolls-Royce erklärt? Doch Ermittlungen wegen eines Verbrechens sind kein Spaß. Hier geht es oft genug um das Leben von Menschen – nicht zuletzt das des Verdächtigen.

Was dem Richter schließlich als »Fall« zur Beurteilung vorgelegt wird, ist oft genug das Ergebnis von Phantasie und Kreativität. Wer will das kritisieren? Anders geht es nicht. Doch zu viele Juristen glauben an den Satz, der im Lichte der eindrucksvollen US-Fernsehkrimis aus der CSI-Serie so unwiderleglich erscheint: »Facts don't lie.« Das ist die Lebenslüge der Spurensucher.

Was die Akten über die Fakten sagen, ist problematisch. Was sie über Zeugen sagen, ist oft katastrophal. Jeder Richter weiß, dass kein Zeuge wirklich das gesagt hat, was über seine Aussage in der Akte steht. Und dass das, was er wirklich gesagt hat, noch lange nicht dem entsprechen muss, was er hätte sagen können, wenn man ihn nur richtig gefragt hätte. Die Wiedergabe von Aussagen in der Ermittlungsakte sei, so sagt BGH-Richter Armin Nack, die »Schwachstelle« der gerichtlichen Wahrheitssuche. Die Vernehmung eines Zeugen durch die Polizei sei zudem oft genug ein »gemeinsamer Rekonstruktionsprozess, bei dem Vernehmer und Vernommener den Tathergang quasi aushandeln«.

Auf Tagungen für Richter und Staatsanwälte wird das Problem seit Jahren offen diskutiert. Eine Untersuchung, die der Kieler Professor für Gerichtspsychologie Günter Köhnken mit Kollegen angestellt hat, ergab schon 1994, dass selbst in Protokollen, die unmittelbar nach einer Zeugenbefragung erstellt werden, etwa ein Drittel aller relevanten Aussagen eines Zeugen nicht auftauchen. Zu ähnlichen Ergebnissen kommt auch eine Studie des Bundeskriminalamts von 1977, die von einer »erheblichen Zahl« von Fehlern in untersuchten Ermittlerprotokollen berichtet.

Zwei Effekte sind es insbesondere, die Experten als Störfaktoren der Wahrheitsfindung herausgearbeitet haben:

- Der »Inertia-Effekt«, der Ermittler dazu veranlasst, solche Aussagen überzubewerten, die ihre Hypothese für das, was wirklich passiert ist, bestätigen.
- Der »Pygmalion-Effekt«, der Zeugen dazu veranlasst, das zu bestätigen, wovon sie vermuten, dass es der Ermittler gern bestätigt haben möchte.

Diese Schwachstellen im Verfahren sind auch durch die Hauptverhandlung nicht so einfach zu reparieren. Denn der Zeuge, der vor dem Richter live etwas anderes sagt, als über seine Aussage in den Akten steht, bekommt ein Problem: Ihm wird vorgehalten werden, dass er früher etwas anderes gesagt hat. Er wird ins Stottern geraten. Mangelnde Konstanz in der Aussage ist ein Unglaubwürdigkeitsindiz. Das weiß auch der Zeuge. Er wird versuchen zu erklären, dass er damals, bei der Polizei, falsch verstanden worden ist. Als Nächstes wird das Gericht dann den Polizeibeamten vernehmen, der damals die Aussage protokolliert hat. Der wird zunächst das Protokoll von damals nachlesen, um dann vor Gericht zu bestätigen, dass es damals, als er den Zeugen vernahm, genau so gewesen ist, wie es im Protokoll steht. Dies ist keine Verkettung von unglücklichen Umständen, sondern Alltag vor deutschen Strafgerichten. Viel dramatischer wird die Situation, wenn es nicht um eine Zeugenaussage geht, sondern um ein Geständnis des Beschuldigten im Vernehmungszimmer der Polizei, das er nun als Angeklagter vor Gericht widerruft. Ob man dem Widerruf glauben kann oder dem Geständnis, hängt von den Umständen ab. Die wahren Umstände aber bleiben ein Geheimnis der Ermittler.

Wer den Aufwand in den Labors der Landeskriminalämter kennt oder oft genug amerikanische Krimis im Fernsehen verfolgt, wird in der Dokumentation von Zeugenaussagen im Ermittlungsverfahren kein Problem sehen. Jedes Wort, jede Miene eines Zeugen, jede Frage des Beamten lässt sich digital ebenso einfach festhalten wie Raumtemperatur, Uhrzeit und Teilnehmer einer Vernehmung. Eine DVD oder ein Daten-Stick kommt in die Ermittlungsakte, fertig.

Doch bis heute sind in deutschen Vernehmungszimmern »Erinnerungstechniken des 19. Jahrhunderts« üblich: So drückt es Werner Leitner aus, Vorsitzender der Strafrechtsabteilung im Deutschen Anwaltverein und prominenter Strafverteidiger in München. »Wie zu Postkutschenzeiten« (Leitner) nehmen bei Vernehmungen immer noch entnervte Polizeibeamte Satz für Satz die Aussagen ins Protokoll, nicht ohne vorher das Gerede des Zeugen in eigene Sätze und der Polizei vertraute Sprache umformuliert zu haben. Da bei Ermittlungen stets Zeitdruck herrscht, wird nur das aufgezeichnet, was nach Ansicht des Ermittlers wirklich wichtig ist. Häufig wird zwar bei Vernehmungen ein Tonband aufgestellt. Dort diktiert dann aber der Vernehmungsbeamte zur Ausschrift durch die Geschäftsstelle nur seine Sätze hinein. Nach der »Verschriftung« der Vernehmung wird das Tonband regelmäßig gelöscht. Nirgendwo wird aufgezeichnet, was der Beamte zuvor unternommen hat, um dem Zeugen diese Sätze aus der Nase zu ziehen und sie schließlich von ihm per Unterschrift genehmigt zu bekommen.

Authentische Video- und Tonaufzeichnungen durch die Polizei sind vom Gesetz nicht vorgesehen. Schon vor Jahren hat die Bundesrechtsanwaltskammer einen Gesetzentwurf vorgelegt, der die Dokumentation der Vernehmung zur Regel machen soll. Alle Fragen und alle Antworten müssen danach in Bild und Ton festgehalten werden. Und am Schluss müssen Zeugen und Beschuldigte vor laufender Kamera bestätigen, dass es keine Gespräche und keine Absprachen gab, die nicht aufgezeichnet sind. Nichts davon ist seitdem passiert.

Leitner hat 2012 eine wissenschaftliche Studie über diesen Missstand im Ermittlungsverfahren vorgelegt. Er verweist auf die Vorbilder von Ländern wie zum Beispiel Großbritannien, wo die vollständige Ton-Bild-Dokumentation schon lange Selbstverständlichkeit ist. »Das Mutterland der Bürgerrechte«, schreibt Leitner, »schöpft alle technischen Möglichkeiten aus«, das sei »vorbildlich«. Denn: »Der Rechtsstaat zeigt sich immer dort, wo er sich an den besten verfügbaren Standards ausrichtet.« Doch Ermittler fürchten solche Forderungen und wissen sie zu sabotieren. Denn eine authentische Dokumentation der Zeugenvernehmungen würden dem Gericht enthüllen, wie oft Zeugenvernehmungen unter den Händen der Ermittler »gerundet und wasserdicht gegen Angriffe der Verteidigung« (Leitner) gemacht werden. Der Einwand in den Ländern, die sich gegen entsprechende Gesetzesänderungen wehren, ist immer derselbe: Eine vollständige Dokumentation sei zu teuer. Doch gerade diese Behauptung untergräbt die Glaubwürdigkeit der Justiz weiter. Wie soll eine Technik, die mittlerweile jeder Schulbub in seinem Zimmer von seinem Taschengeld einrichten kann, der Justiz unerschwinglich sein? Tonbildtechnik aus dem Vernehmungszimmer würde sogar, darauf weist Leitner hin, viel Geld sparen: Die Reisekosten und der Arbeitsausfall jener Polizeiteams würden entfallen, die Tag für Tag auf den Fluren der deutschen Strafgerichte warten, um schließlich als Zeugen auszusagen, wie es wirklich war bei der Vernehmung.

So bleibt es dabei: Die Verantwortlichen der Wahrheitsfindung, die Richter, können die Arbeit ihrer Zulieferer nicht kontrollieren. Das ist besonders tragisch, weil die Ermittlungsbehörden ihre Aufgaben nach ganz anderen Maximen erfüllen als die Strafjustiz. Polizisten sind Jäger. Ihnen geht es nicht um Gerechtigkeit und deren Voraussetzung, die Wahrheit. Ihnen geht es darum, einen Täter zu stellen und so eine Straftat aufzuklären. Ein guter Polizist ist, wem das gelingt.

»Polizeibeamte sehen es oftmals als ihr Verdienst an, eine Straftat aufgeklärt zu haben, und als Missgriff oder Versagen der Justiz, wenn diese Aufklärung nicht zu einer Verurteilung oder nur zu einer als subjektiv zu niedrig empfundenen Bestrafung führt. Dieses Denken ist nicht nur kontraproduktiv, sondern auch von einer gewissen ›Betriebsblindheit‹ geprägt.« So sieht es Heiko Artkämper, Staatsanwalt in Dortmund. Ein Staatsanwalt wäre eigentlich dazu da, zwischen den Maximen der Jäger und denen der Richter zu vermitteln. Doch der Profi weiß, wie schwer das ist. »Schwer verständlich, ja teilweise skurril« seien für die Kriminalisten die »Spielregeln der Hauptverhandlung« vor Gericht. Beweiserhebungs- und Beweisverwertungsverbote, Anhörungsrechte, Verteidigerrechte: All jene Vorschriften, die zum Schutz des Angeklagten und zur Einhaltung der Fairness bei der Wahrheitssuche in der Strafprozessordnung stehen, müssen den Ermittlern wie Knüppel zwischen den Beinen erscheinen.

Die Welt der Jäger und die Welt der Gerechtigkeit sind in kompliziertester Weise miteinander verschränkt. Kein Richter kann sich dagegen wehren, dass die Ermittler über die Akten Einfluss auf den Gang der Hauptverhandlung nehmen. Schon bei der ersten Entscheidung, die der Richter treffen muss, bevor es überhaupt losgeht im Gerichtssaal, führen die Jäger Regie: Über die Zulassung der Anklage zum Hauptverfahren entscheidet das Gericht allein aufgrund von Akten der Ermittler: »Das Gericht beschließt die Eröffnung des Hauptverfahrens, wenn nach den Ergebnissen des vorbereitenden Verfahrens der Angeschuldigte einer Straftat hinreichend verdächtig erscheint«, so steht es in der Strafprozessordnung. Die zweite, noch viel härtere Entscheidung folgt meist unmittelbar anschließend: Das Gericht muss, ebenfalls aufgrund der Aktenlage, entscheiden, ob der Angeklagte in Haft bleiben muss. In U-Haft hat ihn vorher auf Antrag der Staatsanwaltschaft ein anderer Richter geschickt, der Haftrichter. Und nun ist es das Gericht der Hauptverhandlung, das entscheiden muss, bevor überhaupt die Wahrheitsfindung begonnen hat: Nur wenn der Angeklagte »dringend verdächtig« ist, darf die U-Haft bestätigt werden. »Jedes Gericht geht in die Hauptverhandlung mit einem Vorurteil«, sagt der Hamburger Strafverteidiger Gerhard Strate. »Dringend verdächtig«! So einfach kommt kein Richter davon mehr herunter. Die Jäger haben ihn in der Falle.

Richter außer Kontrolle

Die Justiz hat ein Problem mit ihren Richtern. Richter sind unabhängig und nur dem Gesetz unterworfen. Doch was passiert, wenn sie sich nicht daran halten? Richter sind frei in der Suche nach der Wahrheit. Doch ist diese Freiheit grenzenlos? Richter müssen unabhängig und frei sein, das ist eine wichtige Grundlage für rechtsstaatliche Entscheidungen. Doch dem widerstreitet ein anderes, ebenso wichtiges Prinzip: Rechtsschutz vor Willkür. Dafür, dass ein Richter sich an die Gesetze hält, sollte die Revision sorgen. In dem Verfahren der Revision entscheidet der Bundesgerichtshof, ob die Richter der »Tatsacheninstanz« bei den Landgerichten das Recht richtig angewendet haben – das Recht des Verfahrens und die Strafgesetze, nach denen ein Täter verurteilt wurde.

Doch das klingt einfacher, als es ist. Denn welches Recht »richtig« ist, das ist in den meisten Fällen, in denen es zum Streit kommt, Ansichtssache. Über die richtige Auslegung der Gesetze entscheidet in letzter Instanz der Bundesgerichtshof, genauer der BGH-Senat, der für die Urteile des jeweiligen Landgerichts zuständig ist. Das ist immer derselbe, und ein schlauer Richter am Landgericht wird die Gesetze so auslegen, wie der Richter, der sein Aufseher in der Revision ist, es mag. Sonst wird das Urteil »aufgehoben«, und das tut weh.

Jedenfalls die Richter am Bundesgerichtshof sind also gar nicht dem Gesetz unterworfen, sondern nur ihrer Lesart des Gesetzes. Es gibt Fälle, in denen der Gesetzgeber über die Gesetzesauslegung durch die Revisionsinstanz so sauer war, dass er ein ganz neues Gesetz beschloss. Aber das ist eine andere Geschichte.

Das Problem der Rechtskontrolle liegt woanders: Das Handwerk der Rechtsanwendung ist in der Sprache der Richter »Subsumtion«. Sie stellen, so könnte man das übersetzen, einen Sachverhalt unter eine Gesetzesvorschrift und prüfen, ob's passt. Will man also nachfragen, ob ein Richter ein Gesetz richtig angewendet hat, muss man beides betrachten: den genauen Wortlaut des Gesetzes, wie er vom BGH verstanden wird (den sogenannten Obersatz), und die Tatsachenannahmen, die dem Gericht für seine Subsumtion zur Verfügung standen (den sogenannten Untersatz). Das macht die Revision kompliziert. Welches Recht im Detail gilt, kann der BGH ohne Weiteres sagen, er bestimmt es ja selbst. Ob aber die Behauptung des Gerichts stimmt, dass es im konkreten Fall zum »Untersatz« passt, hängt von den Details des Untersatzes ab. Dazu dient die Urteilsbegründung des Gerichts: Sie muss den Fall so genau schildern, dass die Revision beurteilen kann, ob er wirklich unter die Gesetzesvorschrift in der Lesart des BGH »passt«.

So einleuchtend dieses System der Rechtskontrolle klingt, so leicht ist es zu unterlaufen. Denn es liegt in der Hand des Landgerichts, den Untersatz in der Urteilsbegründung so zu schönen, dass der BGH zufrieden ist. Natürlich geschieht das nicht so plump, dass ein Richter ins Urteil einfach die Unwahrheit schreibt. Aber was die Wahrheit ist, liegt ja auch in der Hand der Richter. Wie der Richter seine Überzeugung von der Wahrheit gewinnt, ist im Wesentlichen seine Sache, wenn er dabei nur die Verfahrensregeln einhält – und die Gesetze logischen Denkens. Damit es den Gerichten nicht zu einfach gemacht wird, in der Urteilsbegründung die passende Wahrheit zu verkünden und damit die Revision auszuhebeln, verlangt der BGH allerdings auch, dass Richter im Urteil darlegen müssen, wie sie zu ihren Feststellungen gelangt sind. Ist die Beweiswürdigung des Gerichts nicht nachvollziehbar oder verstößt sie gegen allgemein anerkannte Standards der rationalen Überzeugungsbildung, lässt die Revision die Wahrheit im Urteil nicht gelten und damit auch nicht die Subsumtion.

Doch so unklar, wie die Maßstäbe für solche Rechtsüberprüfungen durch den BGH sind, so vielfältig sind die Methoden der Landgerichte, ihre Wahrheitsfindung von der kritischen Überprüfung durch das Revisionsgericht abzuschotten. Diese Grauzone in der richterlichen Kontrolle ist der Humus, auf dem Fehlurteile blühen.

So war es in dem spektakulären Fehlurteil gegen zwei Männer wegen angeblichen sexuellen Missbrauchs der Tochter des einen vor dem Landgericht Osnabrück (siehe fünftes Kapitel). Der Hamburger Strafverteidiger Johann Schwenn setzte eine Wiederaufnahme des Verfahrens und einen Freispruch der beiden Männer durch, die wegen der Falschbeschuldigungen der psychisch gestörten jungen Frau jahrelang in Haft sitzen mussten. Schwenn wies dabei nach, dass das Gericht im Urteil eine Zeugenaussage unterschlagen hatte, die unübersehbar die Unglaubwürdigkeit der angeblich Vergewaltigten belegte. Die Zeugen waren Verwandte des Mädchens, die in der angeblichen Tatnacht im Haus zu Besuch waren und im Zimmer neben dem angeblichen Opfer übernachtet hatten. Dieses Zimmer hätte der Täter vor der Tat durchqueren müssen. Doch die Verwandten hatten, trotz leichten Schlafs, nichts gehört. Mit diesen entlastenden Zeugenaussagen konfrontiert, hatte die Tochter plötzlich die angebliche Tat auf einen anderen Tag datiert. Das hätte jeden Richter misstrauisch machen müssen.

Doch im Urteil fand sich nichts davon. Die entlastenden Zeugenaussagen wurden nicht nur verschwiegen. Das Gericht behauptete auch noch, das angebliche Opfer hätte seine Aussage von sich aus »berichtigt«, was für ihre besondere Korrektheit und damit für ihre Glaubwürdigkeit spreche. In der Revision kamen die Osnabrücker Landrichter mit ihrer manipulierten Version durch. Wie hätte der BGH auch etwas bemerken sollen? Schwenn: »Die Richter hatten ja nur das Urteil. Was da nicht drinsteht, ist nicht gewesen.« Die Fehlleistung der Richter wurde damals als bedauerlicher Einzelfall heruntergespielt. Doch es ist ein BGH-Richter, der darauf hinweist, dass solche Verdrehungen in Gerichtsurteilen häufig vorkommen: In seinem 2012 erschienenen Kommentar zur Strafprozessordnung geht Ralf Eschelbach mit den Tricksereien seiner Kollegen am BGH vorbei hart ins Gericht:

»Nicht selten wird im Urteil die Einlassung des Angeklagten sinnentstellend oder selektiv wiedergegeben. Hat sich der Angeklagte mehrfach geäußert, kommt es vor, dass Widersprüche konstruiert werden, wo allenfalls Formulierungsunterschiede oder Ergänzungen vorliegen. Ähnlich kann es Entlastungszeugen ergehen, deren Aussagen im Urteilstext unverständlich oder widersprüchlich erscheinen, ohne dass dies für einen Prozessbeobachter angezeigt erschienen wäre. Umgekehrt wird Aussagen von Belastungszeugen Konstanz und Glaubwürdigkeit attestiert, wo eigentlich kein Anlass dazu bestünde. Einwände, die sich daraus gegen die Glaubwürdigkeit solcher Zeugen ergeben, werden von Urteilsverfassern relativiert oder übergangen. Auch wenn eine nach Aktenlage belastend erscheinende Aussage von dem Zeugen in der Hauptverhandlung abgeschwächt oder modifiziert wurde, wird dies oft im Urteil nicht erfasst. Wichtige Entlastungsbeweise werden verschwiegen. Nach Urteilslektüre wird von Verteidigern oft geäußert, man habe wohl ›im falschen Film‹ gesessen.«

Fragen über die Zuverlässigkeit der richterlichen Wahrheitsfindung werden in der Justiz systematisch ausgeblendet. Kein Verteidiger darf in der Revision vorbringen, dass das Gericht die Hauptverhandlung im Urteil verdreht dargestellt habe. Das Verbot der »Rekonstruktion der Hauptverhandlung« ist ein eiserner Grundsatz des Revisionsrechts: Kein BGH-Richter mag sich die Mühe machen, im Einzelnen der Frage nachzuspüren, wie der Prozess wirklich gelaufen ist. Die Akten des Landgerichtsprozesses liegen beim BGH zwar vor, doch sie bleiben – wie BGH-Richter Thomas Fischer sagt – »im Schrank«.

Nicht nur der BGH, auch die meisten Rechtspolitiker weisen kategorisch alle Vorschläge zurück, genauer zu dokumentieren, was im Prozess vor dem Landgericht wirklich gesagt worden ist. Anders als im Zivilprozess wird vor den Strafkammern der Landgerichte nicht einmal ein Wortprotokoll geführt. Ton- und Videoaufnahmen gibt es ebenso wenig wie im Ermittlungsverfahren. Für den Angeklagten erzeugt das ein flaues Gefühl: Was die Richter da vorn über ihn ins Urteil schreiben werden, kann keine Macht der Welt kontrollieren. Anders als bei Kleinkriminalität, die vor Amtsgerichten verhandelt wird, gibt es ja im Streit um Schwerverbrechen, die vor Landgerichten landen, nicht einmal das Rechtsmittel der Berufung: einen zweiten Aufguss der Wahrheitsfindung. Die Wahrheit der Landrichter ist endgültig.

Anders als im Fall des Justizskandals von Osnabrück steht Verurteilten, die Opfer einer gerichtlichen »Wahrheitsverdrehung« (Eschelbach) im Urteil wurden, oft nicht einmal das Ausnahmerechtsmittel der »Wiederaufnahme des Verfahrens« zur Verfügung. Denn eine Wiederaufnahme kann nur zugelassen werden, wenn »neue« Beweismittel auftauchen, sogenannte Nova. Doch ein Beweis, der im Urteil unterschlagen oder falsch gewürdigt wurde, ist kein Novum – er hat ja schon im ersten Verfahren vorgelegen.

Ein Unternehmen wie die Justiz, sagt der Münchner Strafverteidiger Leitner, fände vor dem Bundesgerichtshof normalerweise keine Gnade. »Wenn über Privatunternehmen geurteilt wird, betrachten die Gerichte jeden Mangel an betriebsinterner Überwachung als schuldhaftes Versagen. Aber wer passt in der Justiz auf?«

Der Angeklagte steht weitgehend hilflos vor dem bedrohlichen Apparat. Gegen Richterwillkür gibt es so gut wie keinen Rechtsweg. Eine »unerträgliche Rechtsschutzlücke«, so Richter Eschelbach, tue sich hier auf. Zahlreiche Justizexperten pflichten ihm bei: Die Situation eines Angeklagten vor Gericht sei nicht nur verfassungswidrig, sondern auch ein Verstoß gegen die Menschenrechte.

Das Fehlurteil von Osnabrück, von der Justiz eilig zugedeckt, ist gleichwohl in die Rechtsgeschichte eingegangen. Der Fall führte in der Rechtswissenschaft zu einer heftigen Debatte, ob Richter, die an der Wahrheit drehen, nicht wegen »Rechtsbeugung« bestraft werden müssen.

Die Strafvorschrift über »Rechtsbeugung« im Strafgesetzbuch ist die einzige Waffe gegen Richterwillkür. Doch sie ist stumpf. Der Bundesgerichtshof hat entschieden, dass ein Richter nur dann nach dieser Vorschrift bestraft werden kann, wenn ihm nachgewiesen wird, dass er sich »bewusst in schwerwiegender Weise vom Gesetz entfernt« habe. Allerdings ist dieser Nachweis praktisch unmöglich. Nicht einmal die Blutrichter des nationalsozialistischen Terrorregimes sind nach dieser Vorschrift verurteilt worden. Das Richterprivileg, das die Kollegen vom Bundesgerichtshof hier statuiert haben, reicht sogar noch weiter. Sie erfanden eine »Sperrwirkung« des Rechtsbeugungsparagrafen: Wer nicht wegen Rechtsbeugung verurteilt werden könne, dem können auch andere Straftaten, die regelmäßig mit einer Rechtsbeugung im Strafrecht einhergehen, nicht angelastet werden: Ein Richter braucht keine Anklage wegen Freiheitsberaubung des zu Unrecht Verurteilten befürchten. So ist die Richtertätigkeit die einzige, die über dem Gesetz steht.

Fälle wie der von Osnabrück zeigen nach Ansicht des Mainzer Strafrechtsprofessors Volker Erb, dass es so nicht bleiben kann: »Wer aus einer Position der persönlichen Unabhängigkeit heraus Entscheidungen über das Lebensschicksal von Menschen trifft, dabei über weite Wertungsspielräume verfügt und keinerlei Weisungen unterliegt, der ist Träger einer Macht, die sich im Fall ihres Fehlgebrauchs als furchtbar erweisen kann.« Ohne wirksame Kontrolle drohe, so Erb, »die totale Entfesselung richterlicher Macht«.

Erb hält darum das Richterprivileg, wie es der Bundesgerichtshof versteht, für unverantwortlich: Selbst »gröbstes berufliches Versagen mit noch so schwerwiegenden Konsequenzen« bleibe von »strafrechtlichen Folgen verschont«, wenn es nicht absichtlich, sondern leichtfertig geschehe. Dabei, so Erb, sei das »Strafbedürfnis« bei leichtfertigen Fehlverurteilungen sogar noch größer, weil das wichtigste Gut in Gefahr gerate, das die Justiz zu bewahren habe: »Vertrauen«, das gute Gefühl, dass Richter gewissenhafte Amtswalter sind, die nicht so einfach Fehler machen. Es gebe, schreibt der Rechtsgelehrte in einer wissenschaftlichen Ausarbeitung, »kein legitimes Argument für die sanktionslose Hinnahme eines zulasten von Unschuldigen praktizierten Schlendrians«.

Es wird noch eine Weile brauchen, bis sich die abweichende Meinung von Professor Erb in der deutschen Juristerei durchsetzt. Als der Strafverteidiger Johann Schwenn im Auftrag seines Mandanten die Osnabrücker Richter wegen Rechtsbeugung anzeigte, lehnte es die Staatsanwaltschaft ab, Ermittlungen gegen die Kollegen aufzunehmen. Als Schwenn dagegen Beschwerde einlegte, bekam er schließlich auch vom Oberlandesgericht eine Absage: Es gebe keine Anhaltspunkte für ein strafrechtlich relevantes Fehlverhalten der Richter. Dagegen erhob Schwenn für seinen Mandanten Verfassungsbeschwerde beim Bundesverfassungsgericht. Das Gericht nahm die Beschwerde nicht zur Entscheidung an: »Ihr kommt weder grundsätzliche verfassungsrechtliche Bedeutung zu, noch ist sie zur Durchsetzung der ... Rechte angezeigt.«

Die Wahrheit über die Wahrheit

Die Justiz hat ein Problem mit der Wahrheit. Die Schwierigkeiten beginnen damit, dass im Geschäftsmodell dieses Dienstleistungsunternehmens die Wahrheit gar nicht vorkommt. »Da mihi facta, dabo tibi ius.« Der lateinische Spruch charakterisiert bis heute die Arbeit von Richtern. »Gib mir die Fakten, und ich werde dir sagen, was Recht ist.« Richterliche Tätigkeit ist die Anwendung der Gesetze, Richter wissen, welche Gesetze gelten und wie sie zu verstehen sind. Ihre Gerechtigkeit besteht darin, sie für alle Fälle gleich und mit Augenmaß anzuwenden. Um die Fakten dagegen sollen sich andere kümmern.

Doch Strafrichter wissen, dass das oberste Geschäftsprinzip ihres Unternehmens auf einem Missverständnis beruht. Bei einer Umfrage, die Mainzer Kommunikationswissenschaftler 2011 in der Justiz anstellten, wurden 500 Strafrichter gefragt:

- »Was erschwert die Urteilsfindung mehr: die Unbestimmtheit der Rechtsnormen oder die Ungewissheit über den Sachverhalt?« 85 Prozent der Strafrichter sahen das Problem bei der »Ungewissheit über den Sachverhalt«, nur zwei Prozent sahen Probleme bei der Anwendung des Rechts.

- »Was empfinden Sie als den schwierigsten Teil der Urteilsfindung?« 63 Prozent sagten: »Die Feststellung des Tathergangs/Sachverhalts.«

In auffälligem Gegensatz dazu steht die Selbstgewissheit der Richter bei der Wahrheitssuche.

- »Kommt es vor, dass Sie nach dem Urteilsspruch an dessen ›Weisheit‹ zweifeln?« 76 Prozent zweifeln selten oder nie. Unfehlbarkeit gehört zum Selbstbild des Richterberufs.

Wie könnte man auch zugeben, auf wie dünnem Eis man täglich über das Schicksal anderer Menschen entscheiden muss?

Gib mir die Fakten, und ich sage dir, was Recht ist: Für diese Aufforderung der Justiz gibt es keinen Adressaten. Wer wird hier eigentlich aufgefordert? Es ist, so haben wir gesehen, im ganzen Justizapparat kein Faktenlieferant in Sicht, auf den sich ein Richter verlassen könnte. Er darf es ja gar nicht, die »Inquisitionsmaxime« in der Strafprozessordnung richtet sich an ihn.

Nun ließe sich ohne Mühe und mit Verweis auf die Strafprozessordnung zur Verteidigung der Firma anführen, die alte lateinische Maxime sei längst über Bord geworfen, der moderne Strafrichter sei selbst verantwortlich für die Wahrheit. Aber das stimmt nicht. Dass Richter sich so schwertun bei der Feststellung von »Tathergang/Sachverhalt« liegt daran, dass ihnen vor Amtsantritt niemand verraten hat, worauf es eigentlich ankommt im Richterberuf.

Sag mir die Facts, ich kenne die Gesetze: So lernt

es jeder Richter. »Der zentrale Fehler« im Justizsystem, sagt BGH-Richter Ralf Eschelbach, sei die »fehlende Ausbildung« in Sachen Wahrheitsfindung. Während des gesamten Studiums lernen angehende Richter nahezu ausschließlich, wie sie die Gesetze auszulegen haben. Die Juristenausbildung erschöpft sich im Studium des Rechts. Mit der Wirklichkeit und wie man sie feststellt, beschäftigt sich ein Jurist traditionell nicht. Im Examen wird geprüft, ob der Kandidat die »gemischt materiell objektive Theorie« zur Bewertung des Rücktritts von der Beihilfe zum untauglichen Versuch einer Straftat beherrscht. Doch keinen Tag seines Studiums hat der Kandidat darauf verwenden müssen, sich mit der Psyche von Tätern zu befassen, die eine Straftat versuchen – und sich dann doch nicht trauen. Welche Motive eines Mörders als »niedrige Beweggründe« im Sinne des Gesetzes gelten können, kann jeder Rechtsreferendar bei der Staatsanwaltschaft aufsagen. Fragt man ihn, woran man den Beweiswert eines Indizes erkennt, wird er ins Stottern geraten. Auch in der praktischen Ausbildung als Rechtsreferendar bei Gericht lernt der Jurist nichts über Wahrheitsfindung. Regelmäßig bekommt er von seinem Ausbilder Akten in die Hand gedrückt, die muss er rechtlich beurteilen, Voten abgeben. Gib mir die Akten, ich sag dir das Recht. Wie diese Akten zustande kamen und ob man sich auf sie verlassen kann, fragt keiner.

Die einzige Gewissheit, die Richter bei der Wahrheitsfindung haben, ist das gute Gefühl, dass ihnen, wenn sie irren, nichts passieren kann. Ein Richter, so haben wir gesehen, ist unabhängig, unabsetzbar, strafrechtlich praktisch immun und von der Revisionsinstanz effektiv nicht überprüfbar. Dieses Polster muss den Stress mildern, dem sich ein Richter aussetzt, der jeden Tag etwas tun muss, was er eigentlich nicht kann: die Wahrheit suchen. Doch mit diesem Polster ausgerüstet, wagen sich Strafrichter furchtlos auf beängstigende Expeditionen.

Beängstigend für den Angeklagten, aber auch für eine informierte Öffentlichkeit ist vor allem die gerichtliche Wahrheitsfindung mit einer besonders riskanten Methode, die sich als Doppel-Null-Methode bezeichnen lässt. Der Fall des Hausmeisters Genditzki aus Rottach-Egern ist ein Beispiel – wir haben ihn in diesem Buch nachhaltig kennengelernt. Der Mann kämpft seit Jahren gegen die Beweisführung der Münchner Justiz, die ihn wegen Mordes verurteilte: Er soll eine alte Dame, der er jahrelang im Haushalt geholfen und Gesellschaft geleistet hat, aus einer plötzlichen Verärgerung niedergeschlagen und in der Badewanne ertränkt haben.

Ein Mordurteil nach der Doppel-Null-Methode: Es gibt kein brauchbares Indiz dafür, dass überhaupt ein Verbrechen vorliegt und nicht etwa ein Unfall. Und es gibt kein brauchbares Indiz dafür, dass der Hausmeister etwas mit dem Tod der alten Dame zu tun hat.

Dennoch waren sich in zwei Verfahren zwei Strafkammern des Landgerichts München sicher, dass er der Mörder ist. Begründung: Es sind erstens keine Hinweise auf eine andere Todesursache als Mord zu finden, und es gibt zweitens keinen Hinweis auf einen anderen Mörder als den Hausmeister. Kein Motiv, keine Spuren. Aber da der Hausmeister der Letzte war, der bei ihr war, muss er es gewesen sein.

Die Methode, aus zwei mal null ein Lebenslang zu machen, ist deshalb so riskant, weil niemals auszuschließen ist, dass die Ermittler etwas übersehen haben, das dann doch Zweifel auslöst. Am Tatort in Rottach- Egern etwa war es eine Plastiktüte voll stark verschmutzter Unterwäsche, die zunächst niemand beachtet hatte und die darum bei der Wahrheitsfindung des Gerichts keine Rolle spielte. Ein Indiz dafür, dass die alte Dame beim Versuch, die Wäsche in der Badewanne einzuweichen, gestürzt und ertrunken ist?

Was ist Wahrheit? Die Frage ist einerseits dumm, weil unter Profis bekannt ist, dass es darauf keine Antwort gibt. Die Philosophie quält sich, so lange es sie gibt, mit »Wahrheitstheorien«, deren Diskussion den Rahmen dieses Buches sprengen würde. Versuchte man, dem Problem mit Mitteln der Justiz auf den Grund zu gehen, käme es wahrscheinlich zum Stillstand der Rechtspflege. Andererseits kann die Justiz es sich auch nicht erlauben, die Frage dahingestellt sein zu lassen. Denn das Strafgesetzbuch droht seine Strafen nur demjenigen an, der ein Vergehen oder ein Verbrechen begangen hat, und zwar wirklich begangen hat, nicht vielleicht oder vermutlich oder möglicherweise begangen hat. Ob es »wirklich wahr ist«, das hat die Justiz verbindlich festzustellen: die Wahrheit, nichts als die Wahrheit. Dabei, sagt der BGH-Richter Thomas Fischer im Interview (siehe Seite 266), gibt es nicht eine Wahrheit, sondern meist mehrere »Wahrheiten«, und dazwischen oft genug »viele Zwischen-Wahrheiten«. Welche davon vor Gericht gelten soll, sei oft genug Sache von »Vereinbarungen«.

Jeder Wissenschaftler hat es leichter. Wenn er seriös arbeitet und sich an der herrschenden Wissenschaftstheorie orientiert, wird er all seine Erkenntnisse unter Vorläufigkeitsvorbehalt stellen: Wir wissen nur, was wir heute wissen, morgen wissen wir mehr. Aber wann es genug ist für die Wahrheit, das können wir nicht wissen. Ein Richter, der so argumentiert, würde schnell Ärger bekommen. Er steht vor der ultimativen Forderung des Bundesgerichtshofs, der Strafprozess müsse »grundsätzlich den wahren Sachverhalt« ans Licht bringen, die »Erforschung der materiellen Wahrheit gilt als das zentrale Anliegen des Strafprozesses«, heißt es im Strafprozesskommentar von Meyer-Goßner.

Solche Forderungen nach der wirklichen Wahrheit sind gefährlich. Sie verleiten zu Maßlosigkeit der Wahrheitssuche. Wenn es wichtig ist, die »wirkliche« Wahrheit herauszubekommen, kann der Wahrheitssucher bei der Wahl der Mittel nicht zimperlich sein. Die Folter als Mittel der Wahrheitssuche ist in allen zivilisierten Rechtsordnungen verboten. Doch (noch) keine Regelungen gibt es für die Anwendung der Instrumente, die etwa die modernen Neuro-Wissenschaften bereitstellen. Hirnforscher sind schon heute der Ansicht, sie könnten das Böse, das ein Mensch sich denkt, das geheime Wissen, das er hat, auf digitalen Bildern sichtbar machen. Ein Blick ins Gehirn des Angeklagten oder entscheidender Zeugen könnte tatsächlich die Suche nach der »materiellen Wahrheit« voranbringen. Am Berliner Bernstein Center for Computational Neuroscience arbeiteten 2012 Psychologen an einer Studie, wie man »Täterwissen« elektronisch nachweisen kann.

Gerade die Suche nach den sogenannten inneren Tatsachen – dem Vorsatz des Täters, den »niedrigen Beweggründen« des Mörders – macht schon heute im Strafprozess die Wissenschaftler etwa als psychologische Gutachter zu den heimlichen Herren der Wahrheitsfindung. Und Wissenschaft ist bei der Suche nach Erkenntnis grenzenlos. Wer mit seinem Wahrheitsbegriff da nicht im Reinen ist, der ist vor der totalitären Versuchung nicht gefeit.

Die Justiz hat allerhand beschwichtigende Formeln gefunden, um ihr Problem zu bemänteln. Die »forensische Wahrheit« sei maßgebend, formulieren die Strafprozessrechtler. Danach ist als Grundlage der Wahrheitsfindung der Ausschnitt der Wirklichkeit maßgeblich, der sich vor dem Forum des Gerichts manifestiert hat. Solche wohlklingenden Relativierungen der Wahrheit knüpfen an eine unbestreitbare Erkenntnis an: Aussagen über Wahrheit lassen sich stets nur relativ zu einem bestimmten Ausschnitt der Wirklichkeit und zu einem definierten Zeitpunkt treffen. Darum ist Wahrheit, zumindest solche, mit der man arbeiten kann, immer relativ. Und da auch der beschränkteste Wirklichkeitsausschnitt stets nur ein Ausschnitt der prinzipiell unendlich vielen Elemente der »wirklichen« Wirklichkeit ist, kommt es darauf an, welche Details der Betrachter für die wichtigen hält. Darum ist Wahrheit – zumindest solche, mit der man arbeiten kann – immer auch subjektiv. All das ist in der Strafprozessordnung vorgegeben: Der Richter »schöpft« (Paragraf 261) die Wahrheit aus dem »Inbegriff der Verhandlung«, und zwar im Wege der »freien Überzeugung«.

Die Wahrheit über die Wahrheit: Es gibt sie nicht, zumindest nicht im Strafprozess. Als Wahrheit lassen wir gelten, was ein Richter unter Einhaltung der prozessualen und logischen Regeln aufgrund der von ihm gewissenhaft aufgestellten Tatsachenannahmen als Wahrheit findet. Wir nennen das »Wahrheit«, um nicht in Konflikt mit dem Strafgesetzbuch zu kommen, aber bei genauerem Hinsehen erkennen zumindest die wissenschaftstheoretisch Vorgebildeten unter den Juristen, dass es sich im Kern um Wahrscheinlichkeit handelt. Zwischen Wahrscheinlichkeit und subjektiver Wahrheit gibt es strukturell keinen Unterschied, die Wahrheit ist nur ein Grenzfall mit besonders hoher Quote. Darum ist es ehrenwert und nicht etwa ein Kompromiss, wenn Richter sagen, ihr Angeklagter sei mit »an Sicherheit grenzender Wahrscheinlichkeit« überführt.

So betrachtet scheint alles klar mit der Justiz und der Wahrheit. Und jeder Richter kann, wenn er dies gelesen hat, sich beruhigt zurücklehnen und sagen, er habe das ja schon immer so gemacht. Doch zum Zurücklehnen gibt es keinen Anlass. Die hier vorgenommene Rekonstruktion der juristischen Wahrheit muss vielmehr Unruhe auslösen. Die Qualität der subjektiven Wahrheit hängt ganz entscheidend von den Subjekten ab. Keine ruhige Minute dürfte ein Richter haben, der auf diesem Wege zu einem Urteil kommt. Die Wahrheit zeigt sich nicht objektiv, also als »wirkliche« Wahrheit, die man nur finden muss als »wahren Sachverhalt«. Kein Gerät macht ping, wenn sie endlich da ist. Alles steht in der Verantwortung des Richters, niemand kann ihm helfen. Nicht sein Bauch, sein Kopf ist gefragt. Wie kann er vor dem hohen Anspruch bestehen, den die Welt der präzisen Wissenschaften – also nicht die Juristerei – an die Methoden solcher Wahrheitsfindung stellt? Mit welchem Recht nimmt er sich heraus, von diesen hohen Standards – »wir sind ja hier nicht an der Uni« – abzuweichen und »intuitiv« über den Daumen zu peilen? Die Qualität der Wahrheitsfindung lässt sich nur verbessern, wenn die Justiz sich systematisch um die Subjekte der Wahrheitsfindung kümmert. Gesucht sind in Wahrheit wahrhaftige Richter.

Sechs Punkte für sofort

Wäre die Strafjustiz ein Dienstleistungsunternehmen wie andere auch, würden die Verantwortlichen für Qualitätsmanagement auf die in diesem Buch untersuchte Pannenserie ihrer Firma mit einem Sofortprogramm reagieren: Sechs Punkte für mehr Vertrauen in die Justiz.

Punkt eins: Neue Richter

Es muss bei der Ausbildung beginnen. Die aus dem alten Rom stammende Idee, dass es nur auf Rechtskenntnis ankomme, muss schon auf den Universitäten begraben werden. Ohne die Instrumente der Wahrheitsfindung, die Regeln der Logik und der Wahrscheinlichkeitsaussagen darf niemand mehr ins Richteramt. Ohne Wissen über die Erkenntnisse von Soziologie, Psychologie, Ökonomie und ihre Methoden darf kein Examen mehr möglich sein.

Punkt zwei: Kontrolle ist besser

Da nur gelehrt wird, was auch gelernt wird, und da nur gelernt wird, worauf es später im Beruf ankommt, muss die Kontrolle der Methoden richterlicher Wahrheitsfindung ausgebaut werden. Dem Revisionsgericht müssen umfassende Überprüfungsrechte zu der Frage aufgegeben werden, ob das Gericht bei seiner Wahrheitsfindung die Standards gewahrt hat. Richter müssen in regelmäßigen Schulungen das schwierige Handwerk der Wahrheitsfindung trainieren.

Punkt drei: Wahrheit braucht Zeit

Vor allem braucht die Wahrheit Zeit. Kompromisse mit der Wahrheit, voreilige Deals, falsche Geständnisse kommen zustande, weil das Ziel von Gerichtsverhandlungen immer häufiger ist, endlich fertig zu werden. Das bedeutet nicht, dass Prozesse länger dauern müssen – statt ständigem Personalabbau müssen mehr Richterstellen geschaffen werden. Dann kann die Justiz es sich auch leisten, sich in ihrem Urteil von den Vorgaben der Ermittlungsbehörden unabhängig zu machen. Bitte kein Geschrei, das sei zu teuer! Justiz ist von den Staatsgewalten die weitaus billigste. Am Beispiel Bayern: Rund 250 Millionen Euro waren 2010 an Kosten für Zivil- und Strafjustiz inklusive Staatsanwaltschaft veranschlagt, sieben Mal mehr hat im selben Jahr die Polizei bekommen.

Punkt vier: Fehler korrigieren

Wahrheit ist relativ, gebunden an den zufälligen Ausschnitt von Erkenntnissen, die im Laufe einer Hauptverhandlung ins Gesichtsfeld des Richters kamen. Weil es jederzeit neue Wahrheiten geben kann, müssen die Möglichkeiten der Wiederaufnahme von Strafverfahren deutlich erweitert werden. Die Rechtskraft eines Gerichtsurteils ist ein wichtiges Instrument zum Schutz eines Angeklagten vor mehrfacher Verurteilung. Aber es gibt kein Argument, die Justiz mit der Rechtskraft ihrer Urteile davor zu schützen, zugunsten des Verurteilten ihre eigenen Irrtümer zu korrigieren.

Punkt fünf: Richter vors Gericht

Wer es ernst meint mit der Wahrheit, darf nicht länger an der Privilegierung der Richter festhalten: Sie müssen notfalls durch das Strafrecht gezwungen werden, gewissenhaft und verantwortungsbewusst mit ihrer Macht umzugehen. Ein Richter, der fahrlässig die Wahrheit verfehlt, der sich nicht auf dem letzten Stand der Präzision bei der Erhebung von Beweisen befindet, sollte dasselbe Haftungsrisiko haben wie ein Arzt oder ein Flugkapitän. Grob fahrlässige Wahrheitspanscher unter den Juristen sollten wegen Rechtsbeugung bestraft werden können.

Punkt sechs: Eine Kultur der Zweifels

Die Justiz braucht eine neue Wahrheitskultur. Dazu gehört auch ein Mechanismus des Zweifels. Die Maxime »im Zweifel für den Angeklagten« ist nämlich »praktisch zur Leerformel geworden«, so der BGH-Richter Ralf Eschelbach. Die Entschlossenheit von Polizei- und Sicherheitsbehörden, die innere Sicherheit mit immer weiter gehenden Ermittlungsbefugnissen gegen Verdächtige voranzubringen, hat den Ehrgeiz der Jäger auf die Richter übertragen. Dass er zu häufig freispricht, lässt sich kein Richter gern sagen. Die Hightech-Methoden der Landeskriminalämter bei der Spurensuche sind zudem so teuer geworden, dass sie schon aus Kostengründen durchschlagende Überzeugungskraft im Strafverfahren bekommen. Welcher Richter würde es wagen, der Glaubwürdigkeit einer DNA-Analyse zu widersprechen?

Nach monatelangen Verhandlungen mit über 100 Zeugen und einer Legion von Sachverständigen als Richter zuzugeben, dass letzte Zweifel an der Schuld des Angeklagten geblieben sind, kostet Mut. Denn längst steht das Gericht unter dem Druck der Erwartungen, dass »etwas herauskommen muss« aus dem ganzen Aufwand. Was herauskommt, ist oft genug ein Justizirrtum.

Doch Justizirrtümer sind vermeidbar, wenn sich Richter darauf besinnen, was das Ziel ihrer Arbeit, der Zweck dieses ganzen riesigen Justizapparats mit seinen unaufhaltsam mahlenden Mühlen ist. Es ist eine ganz besonders zerbrechliche Art von Wahrheit: ihre Wahrheit.

ANHANG

Verzeichnis der Interviewpartner

Thomas Fischer,
Jahrgang 1953, ist Revisionsrichter im 2. Strafsenat des Bundesgerichtshofs, Rechtsprofessor an der Universität Würzburg und Verfasser des maßgeblichen Kommentars zum Strafgesetzbuch.

Günter Köhnken,
Jahrgang 1949, lehrt Rechtspsychologie an der Universität Kiel und ist einer der gefragtesten Glaubwürdigkeitsgutachter.

Hans E. Lorenz,
Jahrgang 1951, ist Vorsitzender einer Schwurgerichtskammer am Landgericht Mainz und durch seine Freisprüche in den »Wormser Massenmissbrauchsprozessen« bekannt geworden.

Johann Schwenn,
Jahrgang 1947, ist einer der bekanntesten Strafverteidiger Deutschlands und erfolgreich in zahlreichen Wiederaufnahmeverfahren gegen Fehlurteile. Er praktiziert in Hamburg.

Personenregister

Agostini, Daniela 230
Amin, Idi 292
Arndt, Adolf 305
Arnold, Horst 79, 82–84, 303, 307
Artkämper, Heiko 325

Baum, Jenny 152–155, 158
Baum, Kurt 152f., 156, 166
Baum, Marion, geb. Riffel 152–154, 156f., 166
Baum, Robert 152–155, 158, 166f.
Bayes, Thomas 73f., 80, 243
Beckstein, Günther 109
Beutel, Jens 159f., 164
Beyer, Lutz 290
Bloodsworth, Kirk 253
Böhringer, Charlotte 228, 231f., 235–237, 239–241, 245, 248, 252, 264f.
Böttcher, Monika 254–259, 261f.
Braun, Edward 299
Brießmann, Ermin 229

Dershowitz, Alan M. 71, 73

Erb, Volker 332
Eschelbach, Ralf 14–16, 106, 232f., 250, 329–331, 335, 342

Fischer, Thomas 261f., 266, 284, 330, 337, 347
Friedrichsen, Gisela 19, 256
Frisch, Max 256
Fürniss, Tilman 149f., 154, 163

Garrett, Brandon L. 104
Gehrke, Heinrich 259–261, 263
Geipel, Andreas 318
Genditzki, Manfred 11–13, 17, 50–53, 126–128, 213–215, 301f., 336
Good, Irving J. 71f.
Grasnick, Walter 62, 207
Greuel, Luise 78

Haas, Gabriele 164
Harris, Ryan 105
Hassemer, Winfried 304, 310–312
Heise, Thomas 19

Hempel, Carl Gustav 195
Herrmann, Ursula 237, 249
Hipp, Dietmar 19
Hirschberg, Max 305
Höcker, Ralf 16
Hoffmann, Eduard 305
Hoffmann, Nicole 151, 155,
165, 167
Hoffmann, Sonja 151, 155 f.,
164–166
Hoffmann, Thomas 151, 156,
164
Holzhaider, Hans 213
Hunger, Bertolt 19
Hüttenberger, Margareta 19

Jäger, Hans 34
Jopt, Uwe 166

Kachelmann, Jörg 54–59,
63–67, 69–71, 74 f., 77–81,
170 f., 318
Käfer, Gerd 252
Kafka, Franz 16
Kaiser, Heinrich 184
Kleist, Heinrich von 291
Knobloch, Peggy 109 f.
Knopp, Peter 46
Koch, Hans-Joachim 62
Kohlhaas, Michael 291 f., 295,
297, 299
Köhnken, Günter 69, 85, 147,
253, 321, 347
Kröber, Hans-Ludwig 132
Kühn, Andreas 208–211
Kulaç, Ulvi 109 f.

Lakotta, Beate 19, 303
Lec, Stanislaw 164

Leitner, Werner 323 f., 331
Lentini, John 193 f.
Lorenz, Hans E. 159–162,
165, 217, 247
Lüderssen, Klaus 309 f.
Luther, Martin 292

Maischein, KHK 21
Mauz, Gerhard 144, 148, 152
Meyer, Hans-Wilhelm 19
Meyer-Goßner, Lutz 60 f., 194,
337
Mollath, Gustl 291–300
Mollath, Petra 292–294,
298 f.
Möllers, Rainer 145, 147 f.,
150
Montgazon, Monika de 186 f.,
189 f., 193–195, 200 f.,
204 f., 211 f.
Montgazon, Theodor de
187–189, 201

Nack, Armin 61 f., 73,
243–245, 247, 250 f., 262,
304, 321

Oppenheim, Paul 195

Peters, Karl 195, 197, 305
Pfeiffer, Christian 141
Pfister, Wolfgang 314
Plass, Ute 154–156
Polgar, Alfred 314
Popov, Sergej 283, 285 f., 289
Popper, Karl 199
Pratt, Kevin 255
Püschel, Klaus 68

Reichertz, Jo 102–105, 320 f.
Riechmann, Amtsrichter in
    Potsdam 282, 285
Rohrbach, Hermann 179,
    181–183, 187
Rohrbach, Maria 179–181,
    183 f., 187, 201, 203
Rohrbach, Norbert 179
Rönnau, Thomas 252
Rösing, Friedrich 210
Rückert, Sabine 141
Rüping, Hinrich 194
Rupp, Andrea 97, 100 f., 111 f.,
    116
Rupp, Hermine 97 f., 100 f.,
    109, 111 f., 114, 116
Rupp, Manuela 97, 100 f.,
    110–115
Rupp, Rudolf 94–98, 100 f.,
    109, 111–117, 122–125, 315
Rüßmann, Helmut 19, 62

Savigny, Carl von 118, 122
Schünemann, Bernd 120,
    122, 251
Schwarzer, Alice 79
Schwenn, Johann 139–141,
    143, 163, 168, 172, 328 f.,
    333, 347
Seehofer, Horst 292
Seeliger, Hans 157
Seidenspinner, Utta 19
Simpson, O. J. 71 f.
Specht, Walter 181–184
Steller, Max 159
Strate, Gerhard 233, 256, 258,
    295, 326

Tokarczyk, Artur 282–290,
    313
Toth, Benedikt 228–232,
    234–238, 241–248,
    250–252, 263–265, 319
Turczer, Brigitte 145

Unkelberg, Klaus Jürgen 152,
    154, 156

Veh, Christian 122 f.
Veit, Stephan 153 f., 156
Volbert, Renate 105

Westenrieder, Karl-Heinz 298
Weidmann, Thomas 120 f.
Weimar, Karola 254–256,
    258
Weimar, Melanie 254 f., 258
Weimar, Monika, geb.
    Böttcher 254–259, 261 f.
Weimar, Reinhard 254 f.
Widmaier, Gunter 126–128,
    214, 302
Willingham, Cameron Todd
    193
Witting, Peter 229
Wörz, Harry 20–24, 26–41,
    43–48, 315, 319 f.
Wulff, Christian 60

Ziercke, Jörg 317